CE QUE PENSENT DES ENTREPRENEURS DE CE LIVRE

Quel ouvrage merveilleux rempli de bon sens !
En effet, les pépites et histoires inspirantes de Henry Ford sont une invitation à apprendre davantage de cet entrepreneur qui fut un personnage clé de la révolution industrielle.
La première voiture que j'ai achetée était une Ford de couleur rouge et je l'adorais.
Mon arrière-grand-père était paysan, mon père était ouvrier dans une usine, et moi je suis une femme entrepreneur qui respecte leur héritage. Le fait que Henry Ford issu de la campagne ait suivi depuis sa tendre enfance ce que j'appelle « sa petite étoile au fond de lui » donne de l'espoir à chacun d'accomplir sa mission.
À vous d'appliquer ses pépites de la révolution industrielle à la révolution numérique !
Croyez en vos rêves, faites confiance à l'instant et passez à l'action maintenant, en avant !

Zuzana Chroma,
Mentor pour entrepreneurs qui se bougent,
créatrice de Sister Mind
www.zuzanachroma.com

CE QUE PENSENT DES ENTREPRENEURS DE CE LIVRE

C'est un honneur et avec beaucoup de joie que d'apporter mon humble touche personnelle à l'œuvre d'Henry Ford édité par les Éditions Cadel. C'est un livre dont tout entrepreneur doit lire au minimum à trois reprises afin de s'imprégner de la vision d'un des plus grands bâtisseurs du siècle dernier.

« *Le profit ne doit pas être le point de départ, mais le résultat des services que rend une entreprise.* » Henry Ford

Si en lisant ce merveilleux livre, vous implémentez dans votre vie et votre carrière ne serait-ce que cette simple phrase et que vous en faîtes la vôtre, vous n'aurez plus aucun souci à vous faire pour votre avenir et ceux de vos enfants.

Malgré que ce livre soit écrit pour la toute première fois, il y a près d'un siècle, les idées qu'il renferme sont encore d'actualité de nos jours.

Mikaël Messa
Entrepreneur, Auteur et Conférencier

CE QUE PENSENT DES ENTREPRENEURS DE CE LIVRE

Henry Ford a renoncé à la conformité pour la poursuite de ses rêves, de la mission qu'il s'est donnée. Il a dû faire face à une tonne de critiques, et d'échecs, mais sa volonté de réaliser sa mission a été plus forte que les obstacles. Inspirez-vous de ce parcours hors du commun, et passez à l'action.

Martin Latulippe
Conférencier, auteur
et coach de renommée internationale

La vie d'Henry Ford gagne à être connue, car elle ne peut se résumer au Fordisme. Ce fils d'immigré ayant grandi dans une ferme a créé un des plus grands groupes industriels de son époque. Et rien n'est plus passionnant que de pouvoir comprendre sa philosophie, celle d'un self-made-man. C'est un livre à dévorer !

Michael Ferrari
Fondateur de l'Académie Esprit Riche

CE QUE PENSENT DES ENTREPRENEURS DE CE LIVRE

Si vous recherchez l'inspiration pour allier succès et partage au plus grand nombre, lisez ce livre qui vous révèle les secrets pour trouver cet équilibre. Merci à Steeven d'avoir réédité cette autobiographie qui j'en suis sûre aidera de nombreux entrepreneurs à vivre leurs rêves...

Frédérique Montrésor
Directrice créative/Chef de projet
www.bleu-ebene.com

Wow, ce livre regorge de principes de réussite démontrés par le parcours d'Henri Ford.
Ce qui m'a le plus frappé dans son récit, au-delà de sa capacité à rester focalisé sur sa vision et à mettre la valeur du travail au centre de sa vie, c'est la façon dont il incarne le fait que l'argent ne doit jamais être l'objectif d'une entreprise.
Comme il le dit si bien : « L'argent vient tout naturellement, comme le résultat du travail bien fait ».
En tant qu'entrepreneurs, nous devons nous fixer comme objectif de rendre la vie de nos clients meilleure.
Car si nous atteignons cet objectif, la réussite sera un résultat qui arrivera tout naturellement.

David Vennink
Fondateur de KaiZen Attitude

HENRY FORD : L'AUTOBIOGRAPHIE

Du même auteur :

- Aujourd'hui et Demain, Publication : Payot, 1926

HENRY FORD

L'AUTOBIOGRAPHIE

MA VIE
ET
MON ŒUVRE

Éditions
Steeven Cadel

Titre original : *My life and Work*

Premier tirage : novembre 1924 aux éditions Payot

ISBN-13 : 979-10-95040-00-2

NOTE DE L'ÉDITEUR

Les Éditions Cadel sont fières de rééditer l'ouvrage d'Henry Ford qui vous procura une profonde source d'inspiration.

Cette édition se veut la plus fidèle à l'édition de 1924 en apportant également des améliorations de traduction.

Enfin, nous vous remercions pour l'achat de ce livre. Les Éditions Cadel soutiennent l'association Mécénat Cardiaque en reversant une partie des bénéfices. L'association Mécénat Cardiaque permet à des enfants souffrant de malformations cardiaques de venir en France et d'être opérés lorsqu'ils ne peuvent être soignés dans leur pays d'origine par manque de moyens financiers et techniques.

SOMMAIRE

BONUS OFFERT

ENREGISTREZ VOTRE LIVRE

Recevez gratuitement une série de photographies au retraçant la vie d'Henry Ford en allant sur :

https://www.steevencadel.fr

PRÉFACE DE LA NOUVELLE ÉDITION

Quand est-ce la dernière fois que vous avez pu passer plusieurs heures avec un milliardaire et l'un des hommes les plus influents de l'histoire ?

Ce livre extraordinaire vous permet d'entrer dans l'esprit du célèbre Henry Ford, de comprendre son fonctionnement, ses points de vue, sa manière de penser.

En tant qu'Expert en Stratégies de Réussite, des milliers de personnes rejoignent chaque année mes séminaires dans un but d'améliorer leurs finances, leurs relations ou leurs affaires.

L'un des principes essentiels que j'y transmets est le suivant :
Si nous voulons avoir plus de réussite dans notre vie, nous devons étudier la réussite.
Si nous voulons être plus heureux, nous devons étudier le bonheur.
Si nous voulons réaliser de grandes choses dans notre vie, nous devons étudier la grandeur.

Ce livre est une rare opportunité de découvrir et d'étudier le monde prolifique d'Henry Ford.

Quelle était sa philosophie sur le travail, les affaires, la culture d'entreprise, l'argent, la misère, la richesse, la charité ?

Qu'est-ce qui lui a permis de passer de la misère à une réussite si éclatante ?

Sa philosophie est enfin accessible et elle se trouve entre vos mains.

À travers l'autobiographie de Ford, vous voyagerez plus d'une centaine d'années en arrière, en plein cœur de la société industrielle.

Cependant, les clés que Ford nous partage, restent immuables encore de nos jours.

Les crises humaines et économiques sont toutes différentes, mais les principes pour y faire face et les transformer en quelque chose de meilleur restent inchangés.

Ce livre est une mine d'or à condition de le traiter comme telle.

Il serait dommage de le lire en travers, puis de le refermer quelques heures plus tard en se disant « c'était intéressant… »

Je vous invite à dévorer ce livre, à véritablement l'étudier, à souligner et relire certains passages.

J'ai lu des milliers de livres dans ma carrière et rares sont les livres d'un tel niveau de profondeur comme celui que vous tenez entre vos mains.

J'ai lu ce livre dans un état d'esprit d'humilité, avec l'envie d'apprendre d'un des plus grands hommes d'affaires de l'histoire et je n'ai pas été déçu !

J'espère que vous le lirez avec autant d'enthousiasme et de soif d'apprendre que je l'ai fait. Car je crois qu'au bout du compte, nous cherchons tous à croître, à nous développer et à devenir meilleur.

Ouvrez votre esprit et laissez-vous guider par la plume d'Henry Ford.

Vous ne pourrez qu'en ressortir inspiré et enrichi.

Max Piccinini
Auteur Bestseller, Expert en Stratégies de Réussite
et Fondateur de ReussiteMax.com

PRÉFACE
DE L'ÉDITION ORIGINALE

Chaque siècle eut ses héros, chaque peuple ses grands hommes. Mais le domaine où ils s'illustrèrent a varié avec les âges, les lieux et les genres de civilisation. Les plus anciens furent les guerriers.

Le premier qui fut roi fut un soldat heureux,

a dit Voltaire. Puis vinrent les législateurs, les fondateurs de religions, les tribuns, les savants, les artistes, les ploutocrates[1]. Mais ce n'est pas un honneur pour l'humanité que les plus nombreux et les plus admirés soient encore les hommes de guerre.

Les Américains du Nord, qui ont sur bien des points des conceptions originales, soutiennent volontiers que la supériorité des intelligences est moins variée qu'on ne le croit et qu'elles s'adaptent généralement aux objets qui, de leur temps, confèrent la puissance ou la célébrité.

---

[1] Personne qui tire sa puissance, son pouvoir politique de l'argent.

Voici quelle est leur thèse :

« Le travail le plus en honneur à chaque époque a toujours attiré les plus hautes intelligences de cette époque. Lorsque, sous les Médicis, c'étaient la peinture et la sculpture, les cerveaux les plus vastes s'y adonnaient. Léonard de Vinci, Michel Ange embrassaient toutes les connaissances, même techniques, de leur temps, mais ils étaient avant tout peintres et sculpteurs. Les grands navigateurs du règne d'Élisabeth, les hardis pionniers comme le Français Lassalle seraient aujourd'hui des hommes de chemins de fer. »

Cette idée revient souvent sous la plume des Américains[2].

Il est difficile de suivre ces auteurs dans leurs théories sur l'interchangeabilité des aptitudes. Sans doute, l'histoire nous montre Mahomet, le prophète d'Allah, conduisant des troupes armées ; mais on se représente malaisément Machiavel peignant des Descentes de croix ; le Cardinal Richelieu en apôtre de la résignation ; Frédéric II s'illustrant dans des bucoliques ; Jean-Jacques Rousseau à la tête d'un gouvernement ; Napoléon, qui chantait faux, composant des symphonies.

Il est toutefois exact qu'à notre époque, c'est dans les voies de la science et des transformations de la matière que s'engage la majorité des grands esprits.

L'universelle et indiscutable médiocrité des hommes politiques et des diplomates, dont le prestige fut autrefois si grand, y forme un piquant contraste. Tandis que les uns créent des œuvres utiles et durables, les autres ne savent plus accoucher que de conceptions informes ou mort-nées

[2] États-Unis-France, par Victor Cambon

et l'intérêt que les foules leur portent encore n'apparaîtra bientôt que comme un préjugé des anciens temps.

Une analyse rigoureuse de l'Histoire des siècles modernes démontrerait que les conquêtes des hommes sur la nature établissent, plus lentement sans doute, mais plus sûrement leur autorité que les agressions auxquelles ils se livrent entre eux.

La découverte de mines, les innovations scientifiques, une meilleure utilisation de la matière, le perfectionnement des transports donnent à un pays une hégémonie durable en lui assurant à la fois la richesse matérielle et la supériorité des instruments de travail et de combat.

De tout temps, les plus intenses efforts de l'homme ont été requis pour fabriquer des armes. Archimède y consacra le meilleur de son génie ; les Romains écrémaient dans l'Empire les plus habiles artisans pour construire leurs machines de guerre ; les épées de Damas et les lames de Tolède étaient forgées avec les aciers les plus fins ; et, de nos jours, les chantiers les plus vastes construisent des cuirassés et les plus puissantes usines fabriquent des canons et des blindages. Et comme voilà que tout cela se démode, de même que se sont démodés le sabre et la hallebarde, demain verra des engins nouveaux, plus terribles encore, dont c'est encore la science, poussée à ses dernières limites, qui créera les éléments.

Malgré quoi la docile locomotive a créé plus de changements dans le monde que les prodiges militaires de Napoléon.

Avec ou sans guerre, les peuples arriérés sont destinés à succomber les uns après les autres devant ceux qui sont armés de la science ; et l'avantage définitif restera, non à celui qui lui aura arraché ses secrets, mais à ceux qui sauront en réaliser les applications.

Voilà quelques-unes des raisons pour lesquelles les faits de l'histoire moderne ne reconnaissent pas les mêmes causes que les événements qui ont animé les époques antérieures.

La définition elle-même de la science s'est modifiée. On nous enseignait naguère que le terme de « scientifique » s'appliquait aux connaissances issues d'études livresques, aux théories consacrées par des maîtres, aux formules et aux calculs. Les Américains en ont élargi le champ en l'étendant à toute expérimentation ou observation méthodique. Le « scientific management » de F. W. Taylor en est l'exemple le plus connu.

Il est nécessaire de se reporter à cette extension du mot science pour comprendre qu'Henry Ford s'en réclame à chaque page de son livre et lui prédise la domination du monde, bien qu'il ne possède point (c'est lui qui le déclare) de formation scientifique supérieure telle que nous la concevons.

Henry Ford est au premier chef un self-made-man, un autodidacte, comme nous disons, non sans quelque pédantisme qu'il remplace, lui, par un humour très suggestif ; et c'est précisément parce que sa personnalité n'a été ni déformée par l'empreinte d'une école, ni imbue de préjugés sociaux que son autobiographie constitue la libre émanation d'une intelligence supérieure, à la fois primesautière[3] et réfléchie, indépendante et disciplinée, réaliste et profondément humaine.

Henry Ford est né en 1863 à Dearborn, dans l'État du

---

[3] Qui décide, agit selon son premier mouvement, ses impulsions.

Michigan, où son père, modeste agriculteur, lui fit donner le simple enseignement de l'école primaire, au travers duquel l'adolescent manifesta un goût invincible pour la mécanique.

En 1875, âgé de douze ans, il rencontre fortuitement sur une route une locomobile à vapeur. La vue de cet appareil l'enthousiasme et détermine sa vocation.

À 17 ans, il entre, aux regrets de son père, comme apprenti dans un atelier de mécanique ; il y construit de ses mains une voiture à vapeur.

En 1883, on lui donne à réparer un moteur à gaz Otto, le premier qui ait paru aux États-Unis. Aussitôt après, il construit un moteur à explosion de son invention.

Revenu à la ferme paternelle, il y installe un petit atelier de mécanique, se marie, et monte une scierie à moteur pour défricher une forêt.

En 1890, il entre comme mécanicien à la *Société d'électricité Edison.*

En 1892, il fabrique, à temps perdu, sa première automobile, ce qui engloutit ses modestes économies.

À ce moment, quelques amis lui proposent du capital et un poste d'ingénieur pour exploiter ses voitures.

Ne s'entendant plus avec eux sur le programme à suivre, il les quitte bientôt et se met à son compte avec d'infimes ressources. Il établit un nouveau modèle de voiture ; puis, cédant à l'engouement universel, une voiture de course. Cette voiture arrive première dans une grande épreuve et la réputation de Henry Ford s'affirme (1896).

Il fonde alors la *Société des automobiles Ford*, et commence à réaliser son rêve, le type unique d'automobile utilitaire. La première année, il vend 1 700 voitures.

L'année 1906 marque la date où Ford édifie sa première grande usine. Il se rend maître de la majorité des actions de la Société ; il fabrique et vend dans l'année 8 423 voitures.

Un gros procès enraye cet essor ; Ford le gagne, et, en 1909, sa fabrique livre plus de 18 000 autos du même modèle.

Il augmente encore les dimensions de ses ateliers et arrive en 1910 à une production de 34 500 voitures occupant plus de 42 000 personnes.

De mois en mois, grâce à des prodiges d'organisation, Henry Ford diminue le nombre d'hommes employés à la construction de ses châssis et, par suite, le prix de revient et simultanément les prix de vente, tout en augmentant les salaires. Il s'efforce de donner à des mutilés et à des infirmes des besognes à leur portée qui assurent leur existence.

En 1911,	il construit	78 000	voitures
En 1912	-	168 000	-
En 1913	-	248 300	-
En 1914	-	308 000	-
En 1915	-	533 000	-
En 1916	-	785 000	-

En 1917, il est contraint par les événements d'augmenter ses prix ; aussitôt la vente décroît, elle n'est plus que de 706 600.

C'est à ce moment qu'il entreprend à travers l'Europe sa

croisade humanitaire pour faire cesser les hostilités ; mais à partir du jour où les États-Unis se décident à entrer dans la lutte, Ford affecte la plus grande partie de ses usines à des fabrications de guerre.

Malgré quoi l'année 1918 voit sortir 533 700 voitures. Puis, à partir de 1919, la fabrication reprend sa marche ascendante avec une vertigineuse progression

En 1919	-	999 600	voitures
En 1920	-	1 250 000	-

En 1921, il célèbre la sortie de sa cinq millionième automobile et en juin 1924 de sa dix millionième.

Aujourd'hui[4], la production est de 7 000 voitures par jour, sans compter les tracteurs agricoles dont on prévoit que le nombre atteindra bientôt un million par an.

Tout homme qui produit quelque chose ne peut être qu'impatient de connaître par quels moyens Henry Ford, parti de rien, est arrivé en vingt ans, seul et sans aide, à être le plus grand producteur du monde, car non seulement le monde n'a jamais vu un cerveau créateur extrayant chaque année de la matière brute pour 15 milliards de francs[5] de produits utiles à l'homme sous toutes les latitudes, mais encore n'ayant à partager avec personne l'honneur d'avoir conçu, mis en œuvre et accompli cette fabuleuse réalisation.

Henry Ford a trouvé le temps de le raconter lui-même.

Et cet homme, qui s'est élevé en si peu d'années au faite de la renommée, nous apparaît dans son autobiographie dénué

---

[4] La préface a été écrite en 1924.

[5] Soit l'équivalent de 12 milliards d'euros (en euros constants).

de toute vanité et de tout égoïsme. À mesure que sa fortune s'accroît, au point de dépasser aujourd'hui celle des personnages les plus opulents de l'Histoire, il semble que se soit développée parallèlement en lui une philanthropie sans cesse agissante et qui paraît dominer toutes ses préoccupations.

Sa sollicitude et son indulgence sont acquises aux humbles ; Ford réserve toutes ses sévérités envers ceux qui ne font pas profiter l'humanité des trésors dont l'hérédité, la chance ou la rapacité les ont investis.

À certains passages, on le croirait prêt à s'affilier à quelque collectivisme idéologique, tendance que sa propre situation rendrait paradoxale, mais c'est pour mieux montrer que les meneurs démagogiques ne se soucient en rien de l'intérêt des travailleurs qu'ils exploitent et mystifient.

Un perpétuel mélange, fréquent chez les Américains, d'esprit pratique et d'idéalisme règne à travers toute l'œuvre. Le récit de sa vie, de ses luttes, de ses échecs et de ses succès révèle l'homme d'action à la volonté audacieuse et tenace qui ne connaît pas le découragement ; l'exposé de ses opinions met en vedette l'idéaliste ardent qui croit à la fois à l'efficacité indéfinie de la science et à l'amélioration progressive de l'espèce humaine et des conditions sociales.

Le style, dont le traducteur a respecté la tournure américaine, ne se dépare d'aucune trace de jactance personnelle ; par contre, il s'agrémente d'un humour savoureux qui lui communique une vie intense. Mais l'originalité hardie des conceptions, les affirmations contraires aux idées généralement admises dans l'industrie constituent la trame de ce livre étonnant.

Si l'exposé n'en était fait par Henry Ford lui-même, nombre

de lecteurs en nieraient l'authenticité. Certes, beaucoup d'entre eux ne le trouveront point de leur goût et l'auteur aurait à redouter bien des haines, si sa situation unique au monde ne le rendait invulnérable aux coups qu'on voudrait lui porter.

Supposons qu'un autre que Ford écrive que « le profit ne doit pas être le point de départ, mais le résultat des services que rend une industrie », quelle presse lui feraient les industriels de nos jours !

Et cette autre pensée qui s'étale dans les conclusions du livre : « Faire passer l'intérêt du service rendu avant celui du producteur et ne pas réduire l'industrie au fait de vendre cher ce que l'on produit à bas prix. »

Henry Ford affirme, avec une ardeur qui a tous les accents de la sincérité, que c'est à de tels principes, qu'il ne méconnut jamais, qu'il doit, d'abord sa réussite, mais surtout les services qu'il a pu rendre à ses contemporains ; son but ayant été de mettre à la portée de tous un élément utile à tous.

Et partant de là, il s'élève, en de vigoureuses diatribes, contre le monde des financiers, des spéculateurs, des mercantis, des thésauriseurs, des capitalistes improductifs.

Il ne pardonne guère plus à ceux qui ne savent pas organiser le bon marché de la production : tous, selon lui, sont des gaspilleurs de temps et de produits et des propagateurs de vie chère.

Il entrevoit enfin dans la diffusion et la mise en œuvre des règles dont sa réussite démontre l'efficacité sans réplique, la possibilité pour tous les hommes de se procurer non seulement les éléments nécessaires à leur vie matérielle, mais en plus les bienfaits d'une existence confortable, débarrassée dès lors de la haine et de l'envie que le contraste des conditions inspire aux déshérités d'aujourd'hui.

De ce faisceau d'idées nettes et vigoureusement affirmées se dégage une impression d'ardeur, de ténacité et de confiance en l'avenir singulièrement réconfortante. Au sein d'un peuple jeune, Ford est un surhomme dont les regards perçants sont braqués uniquement sur l'avenir vers lequel, sans se retourner jamais, il marche d'un pas assuré. S'arrêter, piétiner sur place, lui apparaît un non-sens et quiconque met des entraves au progrès commet un crime de lèse-humanité.

Pacifiste, il déclare une guerre impitoyable à la paresse, à la routine, au gaspillage, à l'égoïsme, éternels facteurs, suivant lui, de la misère. Optimiste, il est convaincu que le travail dont il a donné l'exemple et la formule en aura tôt ou tard raison.

Quel incomparable enseignement pour les peuples ou les individus vieillis qui s'abandonnent aux événements, qui parlent sans agir, noircissent le papier de projets qu'ils n'exécutent pas !

M. Victor Cambon
Ingénieur et journaliste français

INTRODUCTION
QUELLE EST L'IDÉE ?

C'est à peine si nous commençons à mettre en œuvre les ressources de notre pays. Nous avons beau vanter nos merveilleux progrès, nous n'avons encore qu'égratigné la surface du sol. Admirables nos progrès, sans doute ! Mais si l'on compare ce qui est fait à ce qui reste à faire, les résultats acquis paraissent vraiment minuscules. Quand on pense que la force consacrée au seul labour de la terre dépasse celle qui est employée par toutes nos industries réunies, quelles perspectives d'activité s'offrent à l'imagination.

Lorsqu'on voit l'effervescence qui agite tant de pays, l'inquiétude qui règne de toutes parts, le moment n'est-il pas bien choisi pour esquisser, à la lumière de ce qui a déjà été réalisé, ce qui pourrait l'être dans l'avenir ?

Les expressions de force motrice, d'outillage, d'industrie font naître dans beaucoup d'esprits l'idée d'un monde dur et froid comme l'acier, d'où les arbres, les fleurs, les oiseaux, la verdure, disparaîtront, chassés par l'usine, et où l'on ne verra bientôt plus que des machines en métal et des hommes-machines.

Je crois, au contraire, que c'est seulement en perfectionnant le machinisme et ses applications, en nous rendant plus habiles dans l'exercice de notre activité industrielle, que nous pourrons nous donner le loisir de jouir des arbres, des oiseaux, des fleurs et de la campagne. On a trop réussi, je crois, à bannir de la vie tout agrément, en se persuadant qu'il y a incompatibilité entre le fait de vivre et le travail qui en donne le moyen. Nous sommes si prodigués de notre temps et de notre énergie qu'il ne nous en reste guère à consacrer à nos plaisirs et, cependant, l'outillage industriel, l'argent, les produits, n'ont d'utilité que dans la mesure où ils nous procurent la liberté de vivre : ce ne sont que les moyens de cette fin. Par exemple, je ne considère pas les machines qui portent mon nom simplement comme des machines. Si elles n'étaient que cela, je m'occuperais d'autre chose. J'y vois la réalisation concrète d'une théorie qui tend à faire de ce monde un séjour meilleur pour les hommes. Le succès commercial très exceptionnel de la *Société des Automobiles Ford* n'a d'importance que parce qu'il fournit la démonstration, évidente pour tous, de l'exactitude, jusqu'à ce jour, de cette théorie. À ne le considérer que sous cet aspect, je suis à même de critiquer le système industriel en vigueur, l'organisation de la fortune et de la société, du point de vue d'un homme qui n'a pas été leur victime.

En envisageant l'état présent des choses, je ne pourrais pas, si je pensais en égoïste, y souhaiter du changement. S'il ne me fallait que de l'argent, le système social actuel serait parfait : il me fournit de l'argent en abondance. Mais ce qui me préoccupe, c'est le rendement. Le système actuel ne permet pas le meilleur rendement, parce qu'il encourage toute espèce de gaspillage, et empêche beaucoup de travailleurs d'obtenir l'exact équivalent de ce qu'ils produisent. Et personne n'en profite. Le progrès est entièrement affaire d'organisation et d'ajustement.

Les idées neuves

Je ne proteste pas contre l'attitude railleuse de la majorité à l'égard des idées nouvelles. Il vaut mieux être sceptique devant les nouveautés, exiger qu'elles fassent leurs preuves, que de se précipiter, dans une perpétuelle exaltation, à la suite de toute idée nouvelle qui passe. Le scepticisme, si par là on entend la prudence, sert de volant à la civilisation. La plupart des troubles aigus qui agitent notre époque viennent de ce que l'on a adopté des idées neuves sans s'être bien assuré, d'abord, si elles étaient bonnes. Une idée n'est pas nécessairement bonne parce qu'elle est vieille, ni nécessairement mauvaise parce qu'elle est nouvelle, mais lorsqu'une vieille idée donne des résultats, elle a pour elle le poids de l'expérience. Les idées sont, par elles-mêmes, quelque chose de fort précieux, mais ce ne sont jamais que des idées. Il est à la portée de tout le monde d'en concevoir, mais ce qui importe c'est d'en tirer une application positive.

Ce que j'ai à cœur aujourd'hui, c'est de démontrer pleinement que les idées mises en pratique chez nous sont susceptibles des applications les plus étendues, qu'elles ne concernent pas particulièrement les automobiles et les tracteurs, mais composent, en quelque manière, un code universel, que je tiens, avec conviction, non pour une innovation utopique, mais pour le code conforme à la nature.

Ce que veut la nature, c'est que l'on travaille, et que l'on n'attende la prospérité et le bonheur que du travail honnête. Les maux du genre humain proviennent en grande partie de ce que l'on essaie de s'écarter de cette voie. Les pensées que je suggérerai ne s'éloigneront pas de la stricte observation de cette loi naturelle. Je tiens pour évident qu'il faut travailler. Si j'ai pu réaliser quelque chose, c'est pour m'être attaché à cette idée : du moment qu'il faut travailler, le mieux est de le faire avec intelligence et prévoyance ; mieux on fait son travail, mieux on s'en trouve. Tout cela, je pense, n'est autre chose que du simple bon sens.

Je ne suis pas un novateur. Je ne suis d'avis que l'on tente beaucoup trop de réformes dans le monde, et que l'on s'occupe beaucoup trop des novateurs. De ceux-ci, il existe deux espèces, toutes les deux sont malfaisantes.

L'homme qui se donne le nom de novateur veut détruire ce qui existe. Il mettra en pièces une chemise, parce que le bouton du col n'entre pas dans la boutonnière. Mais il ne pensera pas à élargir la boutonnière. Les novateurs de cette espèce ne savent jamais ce qu'ils font. L'expérience et les innovations ne vont pas ensemble. Il arrive qu'en présence des faits le novateur ne puisse conserver toute son ardeur. Il faut donc qu'il fasse abstraction de la réalité.

Depuis 1914, de nombreuses personnes ont acquis un appareil mental tout battant neuf. Il y en a beaucoup qui n'ont commencé à penser qu'à partir de ce moment. Leurs yeux se sont dessillés : elles se sont aperçues qu'elles étaient dans ce monde. Puis, avec un frisson d'indépendance, elles se sont imaginées capables de l'envisager d'un regard critique, et il leur est apparu imparfait. À assumer cette position souveraine de critique du système social (ce qui est le droit de chacun), on éprouve une ivresse qui ébranle un peu le jugement. Celui de nos très jeunes critiques en est très ébranlé. Ils balaieraient très volontiers toute la société présente, pour en mettre une nouvelle à la place. C'est précisément ce que l'on vient de faire en Russie. C'est là-bas que les procédés des constructeurs de sociétés peuvent le mieux être étudiés. La Russie nous enseigne que c'est des minorités, et non des majorités, que procède la force de destruction. Elle nous enseigne aussi que lorsqu'il plaît aux hommes d'édicter des lois sociales contraires à celles de la nature, la nature y oppose son veto plus inexorablement que les Czars. La nature a opposé son veto à la République des Soviets, parce que celle-ci l'a méconnue. Ce qu'ils ont méconnu surtout, c'est le droit du travailleur aux fruits du travail. On entend des gens dire : « il va falloir que la Russie se mette à travailler ». Mais cela ne définit pas la situation. À vrai dire, la pauvre Russie travaille, mais son travail ne sert à rien : ce n'est pas du travail libre. Aux États-Unis, un ouvrier fait ses huit heures par jour. En Russie, il travaille de douze à quatorze heures. Aux États-Unis, s'il plaît à un ouvrier de se reposer un jour ou une semaine, et qu'il puisse le faire, rien ne l'en empêche. En Russie, sous le soviétisme, l'ouvrier va à son travail, qu'il le veuille ou non. La liberté du citoyen a fait place à une discipline de prison, qui met tout le monde sur le même pied, c'est-à-dire en esclavage. La liberté consiste à travailler pendant le temps convenable, et à gagner, par ce moyen, de quoi vivre convenablement, tout en restant maître de régler à sa guise le détail de sa vie privée. Cette liberté particulière et cent autres pareilles, composent, au total, la grande Liberté idéale, et mettent de l'huile dans les rouages de la vie quotidienne.

Privée d'intelligence et d'expérience, la Russie n'a pu vivre. Dès qu'elle s'est mise à faire administrer ses fabriques par des commissions, il en est résulté le gâchis et la ruine, et il y a eu plus de discours que de production. L'exclusion des travailleurs qualifiés a eu pour suite le gâchage, par milliers de tonnes, de coûteux matériaux. Les fanatiques, avec des discours, ont conduit la nation à la famine. Aujourd'hui, les Soviets, après avoir mis à la porte les ingénieurs, les administrateurs, les contremaîtres, leur promettent de larges traitements, s'ils veulent bien revenir. Le bolchevisme réclame maintenant à grands cris l'intelligence et l'expérience qu'il traitait, hier, avec tant de dédain. Tout ce que les innovations ont fait pour la Russie, c'est d'arrêter net la production.

Il existe dans notre pays un élément pervers qui voudrait bien se glisser entre les hommes qui travaillent de leurs mains et ceux qui pensent et organisent pour les travailleurs qui travaillent de leurs mains. Les mêmes influences qui ont chassé de Russie le talent, l'expérience et la capacité, s'emploient ici activement à susciter des mésintelligences. Il ne faut pas souffrir que des étrangers, des destructeurs, des ennemis du bonheur du genre humain viennent mettre la division dans notre peuple. C'est sur l'union que repose la force de l'Amérique, et sa liberté.

La Routine

D'autre part, nous possédons des réformateurs d'un autre genre, qui ne se donnent pas ce nom. Ils ressemblent singulièrement aux réformateurs d'extrême gauche, mais tandis que ceux-ci n'ont pas d'expérience et ne veulent pas en avoir, les autres ont beaucoup d'expérience qui ne leur profite pas. Je fais ici allusion aux réactionnaires qui seront surpris de se voir rangés dans la même catégorie que les bolchevistes. Les réactionnaires veulent revenir à un état de choses antérieures, non pas comme au meilleur possible, mais parce qu'ils s'imaginent connaître cet état de choses.

L'une de ces équipes veut donc démolir la société pour en instituer une meilleure. L'autre tient la société pour tellement bonne qu'on pourrait bien la laisser continuer telle quelle... et se décomposer. La seconde conception provient, comme la première, de ce que l'on ne sait pas se servir de ses yeux pour voir. Il est tout à fait possible de détruire la société, mais il n'est pas possible d'en construire une nouvelle. On peut empêcher la société d'aller de l'avant, mais on ne peut l'empêcher de rétrograder, de se décomposer. Il y a sottise à espérer, si tout est jeté à terre, que cela donnera à chacun ses trois repas chaque jour ; ou à croire que si tout était pétrifié il en résulterait une distribution de dividendes. Le malheur commun des innovateurs et des réactionnaires, c'est de perdre de vue les réalités, les fonctions primordiales de la vie.

Gardons-nous de confondre une disposition d'esprit réactionnaire avec une disposition à revenir au Bon sens. Nous venons de traverser une époque signalée par des feux d'artifice de tout genre, et par la confection d'une foule de cartes routières idéalistes. Mais cela ne nous a conduit nulle part. Ce fut un Congrès, non une étape. De belles choses ont été dites, mais, en rentrant à la maison, nous y avons trouvé notre fourneau éteint. Les réactionnaires, plus d'une fois, ont tiré profit de la désillusion par de telles crises pour annoncer le retour « au bon vieux temps » ce qui veut dire, en général, « aux méchants vieux abus » ; et d'aucuns, complètement privés de vision, les considèrent comme des hommes pratiques. Leur rentrée au pouvoir est souvent saluée comme la restauration du bon sens.

Les fonctions de la vie

Les fonctions primordiales de la vie sont l'agriculture, l'industrie et les transports. La vie sociale est impossible sans elles. Elles forcent l'armature du monde. Cultiver, fabriquer, acquérir sont des fonctions aussi anciennes que les besoins de la vie humaine, et aussi modernes que tout ce que l'on peut imaginer. Elles découlent des conditions essentielles de l'existence matérielle. Dès le moment où elles s'arrêtent, la vie sociale s'arrête aussi. Au jour où nous sommes, par l'effet du système social, tout se désorganise, mais on peut espérer l'amélioration de cet état de choses, si les bases restent sûres. La grande illusion est de croire que l'on puisse changer ces bases, enlever à la fatalité sa part dans le fonctionnement social. Sur quoi repose la société ? Sur les hommes et les moyens grâce auxquels on cultive, on fabrique, on transporte. Tant que l'agriculture, l'industrie et les transports survivent, le monde peut résister à n'importe quelle transformation économique ou sociale. En travaillant à son métier, on travaille pour le monde.

Le rôle de la loi

Le travail ne manque pas. Les affaires ne sont autre chose que du travail. Quant à la spéculation sur des choses qui sont déjà produites, elle n'entre pas dans les affaires. Ce n'est que de la volerie plus ou moins considérée. Mais ce n'est pas par la loi qu'on la fera disparaître. La loi ne peut pas grand-chose. Son œuvre n'est jamais constructive. La loi ne peut que jouer le rôle d'agent de police. Il est donc superflu de réclamer des lois à nos capitales d'États, ou à Washington, dans un intérêt que la loi est impropre à servir. Tant que nous compterons sur la législation pour faire disparaître la misère ou pour abolir les privilèges, nous verrons la misère se répandre et les privilèges se fortifier. Nous n'avons que trop compté sur Washington ; nous n'avons eu que trop de législateurs (moins cependant que d'autres pays) qui nous ont promis de réaliser par des lois ce que les lois ne peuvent réaliser.

Quand on fait croire à tout un pays, comme au nôtre, que Washington est une sorte de paradis où résident, derrière des nuées, l'omniscience et la toute-puissance, on crée dans les esprits une disposition à compter sur un secours extérieur qui est de mauvais augure pour l'avenir. Ce n'est pas de Washington que nous devons attendre du secours, mais de nous-mêmes. C'est à nous au contraire qu'il appartient, à l'occasion, de porter aide à Washington, comme au centre de distribution où tous nos efforts se coordonnent pour le bien général. C'est nous qui pouvons aider le gouvernement, le gouvernement ne peut rien pour nous.

Le dicton connu, « moins de gouvernement dans les affaires et plus d'affaires dans le gouvernement » énonce un principe très favorable, non seulement aux affaires et au gouvernement, mais surtout à l'intérêt des citoyens. Ce n'est pas pour les affaires que les États-Unis ont été fondés. La Déclaration d'Indépendance n'est pas une charte d'affaires, ni la Constitution des États-Unis une convention commerciale. Les États-Unis (territoire, population, gouvernement, affaires) ne sont qu'un moyen de donner au peuple une vie digne d'être désirée. Le gouvernement n'est qu'un serviteur et ne devrait jamais être autre chose. Du moment où le citoyen devient un accessoire du gouvernement, la loi naturelle ne tarde pas à se venger, car cette relation est antinaturelle, immorale et antihumaine. On ne peut vivre sans entreprises, et l'on ne peut vivre sans gouvernement. Les affaires et le gouvernement nous sont nécessaires à titre de serviteurs, comme l'eau, comme les céréales. Si on en fait des maîtres, on renverse l'ordre naturel des choses.

Le bien du pays est rigoureusement notre affaire, à nous particuliers. C'est chez nous qu'il est à sa place, et qu'il court le moins de risques. Les gouvernements peuvent bien promettre de donner quelque chose pour rien, mais ils ne peuvent pas tenir cette promesse. Ils peuvent jongler avec les monnaies, comme ils l'ont fait en Europe, (et comme le font les banquiers dans le monde entier, tant que cet exercice leur rapporte), avec accompagnement de niaiseries solennelles. Mais c'est le travail, le travail seul, qui pourra continuer à livrer la marchandise, et cela, chacun, au fond de son cœur, en est convaincu.

Il n'est guère à craindre qu'un peuple intelligent, comme le nôtre, veuille détruire les rouages essentiels de la vie économique. La plupart des hommes savent que l'on ne peut avoir quelque chose pour rien. La plupart des hommes sentent, même s'ils ne le savent pas, que l'argent n'est pas la richesse. Les théories qui consistent à tout promettre à tout le monde, sans rien demander à personne, ne tardent pas à être répudiées par l'instinct de l'individu moyen, même si son intelligence ne lui fournit pas d'arguments contre elles. Il sait qu'elles sont fausses. Cela lui suffit. L'ordre de choses présent, confus, parfois stupide, plein d'imperfections a cependant un avantage sur tout autre : il fonctionne. Sans aucun doute, il s'absorbera graduellement dans un autre ordre de choses, et ce dernier, lui aussi, fonctionnera, mais non pas tant en vertu de ce qu'il sera que de ce que les hommes y mettront. La raison pour laquelle le bolchevisme n'a pas fonctionné, et ne peut fonctionner, n'est pas une raison économique. Il importe peu que l'industrie soit aux mains des particuliers ou sous le pouvoir de la communauté ; il importe peu que la part du travail reçoive le nom de salaire ou celui de dividende ; il importe peu que l'on nourrisse, habille et loge la population comme on fait pour les soldats, ou qu'on lui permette de manger, de s'habiller, et de se loger à sa guise. Ce ne sont là que des détails. L'incapacité des dirigeants bolchevistes se mesure, précisément, aux embarras qu'ils font là-dessus. Si le bolchevisme a échoué, c'est parce qu'il était à la fois antinaturel et immoral. Notre système à nous tient debout. Est-il sans défauts ? Au contraire, il en a mille ! Est-il mal ajusté ? Oui, il est mal ajusté. En toute justice et en toute raison, il devrait s'écrouler. Mais il tient debout, parce qu'il est soutenu par deux principes fondamentaux, l'un économique, l'autre moral.

Le travail

Le principe économique, c'est le travail. Le travail, c'est l'élément humain qui permet à l'homme de bénéficier de la fécondité de la terre. C'est le travail humain qui fait de la récolte ce qu'elle est. Tel est le principe économique : chacun de nous travaille sur une matière qu'il n'a pas créée, qu'il n'aurait pu créer, qui est un présent de la Nature.

Le principe moral, c'est le droit de chacun sur son travail. On le formule de diverses façons. Parfois, on le nomme droit de propriété. II se présente aussi sous la physionomie de ce précepte : « Tu ne voleras point ». C'est le droit de chacun sur sa propriété qui fait du vol un crime. Quand un homme a gagné son pain, il y a droit. Si on le lui vole, on fait pire que de voler du pain : on porte atteinte à un droit sacré.

Quand on ne peut pas produire, on ne peut pas posséder. Mais certains objectent : « Quand on produit, ce n'est que pour les capitalistes ».

Le capital

Les capitalistes qui deviennent tels parce qu'ils ont perfectionné les procédés de production sont une des bases de la société. Ils ne possèdent en réalité rien en propre : ils ne font qu'administrer de la richesse au profit des autres. Les capitalistes qui deviennent tels par le commerce de l'argent sont un mal nécessaire, mais provisoire. Ils peuvent même n'être pas un mal du tout, si leur argent va à la production. Si au contraire, ils en font usage pour compliquer la répartition des produits, en élevant des barrières entre le producteur et le consommateur, ils se conduisent en mauvais capitalistes, et sont voués à disparaître du jour où s'établira un rapport plus juste entre l'argent et le travail, c'est-à-dire dès que l'on aura bien compris que du travail, du travail seul, on peut atteindre la santé, la richesse et le bonheur.

Il n'y a pas de raison pour qu'un homme qui veut travailler n'ait pas la faculté de le faire et de recevoir la valeur intégrale de son travail. Il n'y a également pas de raison pour qu'un homme capable de travailler, mais qui ne veut pas travailler, ne reçoive pas, lui aussi, la valeur intégrale des services qu'il rend à la communauté. On doit très certainement lui permettre de recevoir de la communauté l'équivalent de ce qu'il lui donne. S'il ne lui donne rien, il n'a rien à en recevoir. Il a droit à la liberté de mourir de faim. Cela ne conduit à rien de prétendre que chacun doit recevoir plus qu'il ne mérite, sous le prétexte que quelques-uns, en effet, reçoivent plus qu'ils ne méritent.

La chimère de l'égalité

On ne peut imaginer de pire absurdité, ni rendre un plus mauvais service au genre humain, que de vouloir l'égalité de tous les Hommes. Très certainement, tous les Hommes ne sont pas égaux et toute conception démocratique qui a pour objet de les rendre égaux ne tend qu'à arrêter le progrès. Tous les Hommes ne peuvent pas rendre des services égaux. Les Hommes de grande capacité sont moins nombreux que les hommes de moindre valeur, et il est possible aux moins capables, par leur masse, de terrasser les autres : mais, en agissant ainsi, c'est à leurs propres dépens qu'ils remportent la victoire. Ce sont les hommes de valeur qui servent de dirigeants à la communauté et permettent aux citoyens de moindre capacité de vivre avec moins de peine.

Une conception de la démocratie qui a pour effet l'abaissement du niveau de la capacité favorise le gaspillage.

Il n'y a pas, dans la nature, deux objets semblables. Les voitures que nous construisons sont absolument interchangeables. Les pièces qui les composent ont toute la ressemblance que les procédés, de l'analyse chimique et l'emploi des plus parfaites machines aux mains des meilleurs ouvriers permettent de leur donner. Elles n'ont besoin d'aucune espèce d'ajustage, et en voyant ainsi deux machines Ford à côté l'une de l'autre, absolument identiques d'aspect, et tellement pareilles de fabrication que n'importe quelle pièce de chacune des deux pourrait servir à l'autre, on pourrait croire assurément ces deux machines pareilles. Eh bien ! Elles ne le sont pas. Elles se comporteront différemment sur la route. Il y a chez nous des employés qui en ont conduit des centaines, quelques-uns même des milliers ; ils vous diront qu'il n'y a pas deux Ford qui marchent exactement de la même manière ; qu'après qu'ils auront conduit une voiture neuve pendant une heure, et même moins, si cette voiture est placée dans un lot d'autres voitures neuves, essayées pendant une heure également, chaque chauffeur sera incapable de reconnaître la sienne à la vue, mais la reconnaîtra très bien en la faisant marcher.

Je me suis exprimé ci-dessus en termes généraux. Tâchons d'être plus précis. Il faut que chacun puisse vivre sur un pied proportionnel au rendement de son travail. Le moment est bien choisi pour traiter cette question, car nous venons de traverser une période où le rendement était bien le moindre souci de la plupart des industriels. On en était venu à ne plus se préoccuper du prix de revient ou du rendement. Les commandes venaient sans peine. Tandis que, autrefois, c'était le client qui faisait une faveur au négociant en s'adressant à lui, les conditions avaient changé, au point que c'était le négociant qui faisait une faveur au client, en consentant à lui vendre. C'était un état de choses, véritable monopole, mauvais pour les affaires. Les profits exagérés sont mauvais pour les affaires. Quand on n'est pas forcé de travailler dur, c'est mauvais pour les affaires. Les affaires ne se portent jamais aussi bien que lorsqu'elles sont obligées, comme les poulets, de gratter le sol pour s'alimenter. Tout venait trop aisément. Il s'était produit un affaiblissement du principe qui réclame un rapport honnête entre la valeur et le prix. On n'avait plus besoin de soigner la clientèle. Beaucoup d'industriels avaient même l'air de dire à leurs clients : « Vous pouvez aller vous promener. » C'était très fâcheux pour les affaires. Certains gens donnaient à cet état de choses anormal le nom de prospérité. Ce n'était pas de la prospérité. Ce n'était qu'une vaine course après l'argent. Les affaires ne consistent pas à courir après l'argent.

Il est très facile, si l'on n'a pas dans l'esprit un plan très net, de se laisser inonder par l'argent, puis de s'efforcer d'en gagner davantage, d'oublier tout à fait de vendre au public ce qu'il lui faut. Les affaires qui n'ont pour but que l'argent sont très incertaines. Elles ont des déplacements capricieux, une marche irrégulière, et prospèrent rarement pendant de longues années. Le rôle des affairés est de produire en vue de la consommation, et non en vue de l'argent ou de la spéculation. Produire pour la consommation, cela veut dire produire des articles de bonne qualité à bon marché, des articles qui seront utiles aux acheteurs et non pas seulement au fabricant. Si le facteur argent est détourné du rôle qui lui appartient, la production sera détournée de son but en faveur du producteur, et c'est bien la façon d'agir la moins prévoyante qui soit.

Producteurs et clients

Un industriel ne peut réussir qu'en satisfaisant sa clientèle. Sans doute, il pourra bien tenir quelque temps, grâce à des circonstances exceptionnelles, en ne satisfaisant que lui même, mais, dès que le public s'apercevra qu'il est trompé, la déconfiture de l'industriel sera proche. Pendant la période de prospérité que nous avons vue, la production ne cherchait que son propre intérêt. Aussi, au moment où le public a ouvert les yeux, combien d'industriels ont sauté ! Ils ont prétendu qu'on était entré dans une période de dépression. Pas le moins du monde. Mais ils étaient entrés en lutte avec le bon sens, et c'est une entreprise qui ne peut réussir. Lorsque l'on cherche trop à gagner de l'argent, on prend le meilleur moyen d'en perdre, mais quand on travaille en vue du bon travail pour la satisfaction de faire ce que l'on considère comme son devoir, alors l'argent se défend admirablement lui-même.

L'argent vient tout naturellement, comme résultat du travail bien fait. Il est très nécessaire d'avoir de l'argent, mais nous n'oublierons pas que l'argent n'est pas fait pour nous procurer le repos. Il est fait pour nous procurer le moyen de rendre de nouveaux services. À mon sentiment, rien n'est plus odieux qu'une vie d'oisiveté. Nul n'a droit à l'oisiveté. Il n'y a pas, dans la civilisation, de place pour l'oisif. Tout projet qui envisage la suppression de l'argent ne tient qu'à compliquer les affaires, car on a besoin d'une mesure de la valeur. Que notre système monétaire actuel soit une base satisfaisante pour les échanges, c'est fort douteux. Je reviendrai sur ce point dans un autre chapitre. Le reproche que j'adresse surtout au système monétaire présent, c'est qu'il tend à acquérir une existence propre, et à réfréner la production au lieu de la faciliter.

Simplifier le travail

Mon effort s'exerce dans le sens de la simplification : si l'on manque de tant de choses, si les produits de première nécessité eux-mêmes coûtent tellement cher (sans parler de cette portion de luxe à laquelle chacun, à mon avis, devrait pouvoir participer), c'est parce que tout ce que nous fabriquons est beaucoup plus compliqué qu'il ne le faudrait. Notre vêtement, notre nourriture, notre mobilier, tout cela pourrait être beaucoup plus simple et en même temps plus beau. Mais, au temps jadis, il y avait une certaine façon de faire les choses, et, depuis, on a toujours fait de même.

Je ne veux pas dire qu'il faille adopter des modes ridicules. Cela ne s'impose pas. Il ne s'agit pas de revêtir un sac ayant un trou ménagé pour la tête, ce qui ferait un habillement plus facile à confectionner que commode à porter. De même, bien qu'une couverture donne peu de peine à un tailleur, nous n'arriverions pas à produire grand-chose si nous allions drapés dans des couvertures, à la façon indienne. La vraie simplicité s'entend de ce qui rend le plus de services et de ce qui est en même temps le plus commode à l'usage. Ce qu'il y a de fâcheux dans les réformes radicales, c'est qu'elles prétendent toujours contraindre les gens à faire usage de tels articles déterminés. Je soupçonne la réforme du vêtement féminin, qui consiste, semble-t-il, dans son enlaidissement, d'être due à l'initiative de femmes laides, qui voudraient que toutes les autres leur ressemblassent. Ce n'est pas ainsi qu'il faudrait s'y prendre. Partez d'un article qui va bien, et ensuite cherchez le moyen d'en éliminer les parties qui sont tout à fait inutiles. Cette règle s'applique à tout, à une chaussure, à un vêtement, à une maison, à une pièce de machine, à un chemin de fer, à un bateau à vapeur, à un aéroplane. En y supprimant tout l'inutile et en simplifiant le reste, nous réduisons aussi le prix de revient. C'est de la simple logique. Mais, chose bizarre, la façon dont on procède d'ordinaire est tout autre. On commence par abaisser le prix de fabrication, au lieu de commencer par simplifier l'article fabriqué. C'est par l'article qu'il faudrait commencer. D'abord, il faut s'assurer s'il est aussi bien fait que possible, s'il fait le meilleur usage possible ; ensuite se demander : mes matériaux sont-ils les meilleurs, ou seulement les plus coûteux ? Puis encore : n'y a-t-il pas moyen de simplifier l'article ou d'en diminuer le poids ? Et ainsi de suite.

Il n'y a pas plus de bon sens à donner trop de poids à un objet fabriqué qu'à mettre une cocarde au chapeau d'un cocher. Il y en a même moins, car la cocarde peut aider le cocher à reconnaître son chapeau, tandis que l'excès de poids de l'article fabriqué n'entraîne qu'un gaspillage de force. Je ne comprends pas du tout comment on a pu se figurer que la force dépendait du poids. Cela s'explique quand il s'agit d'un bélier, mais à quoi bon traîner un poids lourd, s'il n'est pas destiné à enfoncer un obstacle ? Dans les transports, pourquoi donner du poids en excès à la machine ? Pourquoi ne pas ajouter plutôt ce poids au chargement que la machine est destinée à transporter ? Nous savons bien que les hommes gras ne courent pas aussi vite que les maigres et cependant nous construisons la plupart de nos véhicules comme si un poids mort de graisse avait pour effet d'augmenter notre agilité ! S'il y a de la pauvreté, c'est en partie parce qu'on transporte tant de poids inutile.

Un jour, on découvrira le moyen d'éliminer mieux encore le poids mort. Prenons le bois, par exemple. Pour certains usages, le bois est actuellement la meilleure substance connue, mais il fait perdre beaucoup de force. Le bois qui entre dans une voiture Ford contient trente livres d'eau. Il doit y avoir un moyen de trouver mieux que cela. Il doit bien y avoir quelque méthode qui permette d'obtenir la même force et la même élasticité sans avoir à traîner ce poids inutile. Et ainsi de mille opérations.

On constate trop de complications dans la manière dont se font chez nous les travaux de ferme. Je crois bien que nos fermiers, en général, n'emploient d'une façon réellement profitable que le vingtième environ de leur activité. Si on équipait une usine quelconque sur le modèle de la plupart de nos fermes, les ouvriers y seraient les uns sur les autres. La dernière manufacture d'Europe est à peine aussi mal installée que la moyenne de nos bâtiments d'exploitation rurale. La force motrice est à peine employée, et non seulement tout se fait à la main, mais il est rare qu'on consacre une pensée à l'organisation logique du travail. Au cours de ses occupations chez lui, un fermier montera douze fois par jour à une échelle branlante. Pendant des années, il transportera de l'eau au lieu d'installer quelques mètres de tuyaux. Tout ce qui lui vient à l'esprit, quand il a un travail exceptionnel sur les bras, c'est de louer de la main-d'œuvre supplémentaire pour le faire. Il considère l'argent consacré à des améliorations comme une dépense inutile. Les produits du sol à leur prix le plus bas, sont encore trop chers. Les bénéfices du fermier, pour aussi gros qu'ils soient, sont encore moindres qu'ils ne devraient être. Ce sont les va-et-vient inutiles, les efforts gaspillés, qui font la cherté des produits et la faiblesse des bénéfices.

À ma ferme de Dearborn, tout se fait à la machine, et beaucoup de causes de gaspillage ont été éliminées, mais nous ne sommes pas arrivés encore à l'exploitation véritablement économique. Je n'ai pu, jusqu'à présent, consacrer à cette tâche les cinq ans ou les dix ans d'études laborieuses qu'elle réclame, et ce qui reste à faire dépasse ce qui a été fait. Cependant, jamais, quel que fut le cours des produits, les bénéfices n'ont manqué d'être très beaux. Je ne suis pas agriculteur, je suis industriel en agriculture. Du jour où l'agriculteur se considérera comme un industriel, et constatera l'horreur du gaspillage soit dans la main-d'œuvre, soit dans les matériaux, les produits agricoles seront assez bon marché pour que chacun ait de quoi manger, et les bénéfices de l'agriculture seront tels qu'elle apparaîtra comme la moins hasardeuse et la plus profitable des occupations.

C'est par manque de connaissances, c'est par faute de savoir en quoi consiste réellement le travail de la terre, et comment il faut s'en acquitter que la culture passe pour peu lucrative. À la façon dont est conduite l'exploitation agricole, aucune industrie ne pourrait rapporter. L'agriculteur n'a pour guides que le hasard et l'exemple de ses ancêtres. Il ne sait pas produire économiquement, et il ne sait pas vendre. Un manufacturier qui n'en saurait pas davantage ne tarderait pas à se ruiner. Le fait que les agriculteurs peuvent tout de même vivre montre bien quels profits merveilleux pourrait donner le travail de la terre.

Le moyen d'obtenir, dans l'industrie ou la culture, une production abondante et à bon marché, c'est-à-dire de quoi vivre pour tout le monde, est tout à fait simple. Mais, par malheur, la tendance générale est de compliquer des affaires qui sont toutes simples. Prenons, par exemple, un perfectionnement.

Les perfectionnements

Quand on parle de perfectionnement, on pense en général à un changement apporté à un objet. Un produit « amélioré », c'est un produit qui a changé. Ce n'est pas ma manière de voir. Mon principe n'est pas de me mettre à fabriquer avant d'avoir trouvé ce qu'il y a de mieux à faire. Cela ne veut pas dire, bien entendu, qu'un produit ne doive jamais être changé, mais je crois qu'en fin de compte, il y aurait bénéfice à ne pas même essayer de fabriquer un article avant d'être tout à fait fixé sur son utilité, et de s'être assuré qu'il est parfaitement étudié et que les matières premières sont de la meilleure qualité. Si vos recherches ne vous donnent pas cette assurance, continuez à chercher jusqu'à ce que vous l'ayez acquise. C'est l'article à fabriquer qui est le point de départ de la fabrication. L'usine, l'organisation, la vente, les combinaisons financières suivront le produit. Avec un bon article, vous aurez en main un ciseau bien aiguisé, et, finalement, vous irez plus vite par ce moyen-là. S'être lancé dans la fabrication avant d'être bien sûr de son article, voilà la cause inavouée de bien des échecs. Il y a des gens qui ont l'air de croire que la grosse affaire c'est l'usine ou le dépôt de vente, ou les soutiens financiers ou l'administration. La grosse affaire, c'est le produit, et lorsqu'on se met précipitamment à fabriquer avant que les études ne soient complètes, on ne fait que perdre son temps. J'ai mis douze ans avant d'arriver à un modèle T (que l'on appelle aujourd'hui la voiture Ford), qui fut à ma convenance. Je n'ai pas essayé de me lancer sérieusement dans la fabrication avant d'avoir un article sérieux. Depuis lors, cet article n'a pas subi de changement essentiel.

On fait sans cesse chez nous des expériences sur des idées nouvelles. Au voisinage de Dearborn, on rencontre sur les routes toute espèce de modèles de voitures Ford. Ce sont des modèles d'expérience, mais ce ne sont pas des modèles nouveaux. Je n'ai pas pour principe de laisser échapper une bonne idée qui se présente, mais je ne déciderai jamais précipitamment qu'une idée est bonne ou mauvaise. Si une idée me semble bonne, ou seulement me paraît offrir des possibilités, j'ai pour règle de la mettre à l'étude sous tous les points de vue. Mais tester une idée est quelque chose de très différent que d'apporter un changement à la voiture. Tandis que la plupart des fabricants sont plus disposés à modifier un produit qu'à modifier leur méthode de fabrication, je suis exactement la voie opposée.

Les gros changements, chez nous, ont eu lieu dans les méthodes de fabrication. Elles ne restent jamais fixes. Je ne crois pas que, dans la fabrication de nos voitures, il y ait une seule opération qui soit la même que lorsque nous avons fait notre première voiture du modèle actuel. C'est pourquoi nous les fabriquons à si bon marché. Les quelques changements apportés à la voiture ont été faits dans l'intérêt de la commodité ou lorsqu'on s'est aperçu qu'une modification dans son agencement pouvait lui donner plus de solidité. Les matières employées dans la construction changent au fur et à mesure de nos progrès dans la connaissance des matières premières. Nous ne voulons pourtant pas voir notre production arrêtée, ni nos prix de revient augmentés, au cas où il y aurait rareté de telle ou telle matière. C'est pourquoi nous avons, pour la plupart de nos pièces, créé des matières de substitution. L'acier au vanadium, par exemple, est notre meilleur acier. C'est par son emploi qu'on obtient la plus grande solidité pour le poids le plus faible. Mais il ne serait pas prudent de laisser reposer tout l'avenir de nos affaires sur la possibilité de se procurer de l'acier au vanadium. Aussi, nous avons créé un substitut. Tous nos aciers sont spéciaux, mais pour chacun nous avons au moins un et quelquefois plusieurs substituts bien éprouvés et vérifiés. Il en est de même pour toutes nos matières premières et aussi pour nos pièces détachées. Au début, nous ne fabriquions qu'une faible partie de nos pièces, et aucun moteur. Aujourd'hui, nous fabriquons la plupart de nos pièces et tous nos moteurs, parce que cela nous revient à meilleur compte. Mais nous visons également à fabriquer un certain nombre d'exemplaires de chaque pièce, afin de ne pouvoir être gênés par quelque crise du marché ou paralysés par le manquement d'un usinier incapable d'exécuter une commande. Le prix du verre a été poussé à une hausse excessive, au cours de la guerre, et nous sommes les plus grands consommateurs de verre du monde. Aussi, maintenant, nous construisons une verrerie. Si nous avions consacré toute cette activité à changer notre produit, où en serions-nous ? Mais en ne touchant pas au produit, nous avons pu nous consacrer toute notre énergie au perfectionnement de notre fabrication.

La partie principale d'un ciseau, c'est le tranchant. S'il est un principe unique sur lequel repose notre affaire, c'est celui-là. Il importe peu qu'un ciseau soit bien fait, ou qu'il soit en acier de premier choix, ou qu'il soit très bien forgé : s'il n'a pas de tranchant, ce n'est pas un ciseau. Ce n'est qu'un morceau de métal. En résumé, ce qui importe, ce sont les services que rend un article, et non pas ceux qu'il est censé devoir rendre. À quoi bon employer une force énorme pour actionner un ciseau qui ne mord pas, alors qu'il suffit de frapper légèrement sur un ciseau bien aiguisé ? Le ciseau est fait pour couper et non pour recevoir des coups de marteau. Le martèlement n'est qu'un détail du métier. Donc, quand on veut travailler, pourquoi ne pas se donner tout entier à sa tâche et l'exécuter le plus rapidement possible ? Dans le commerce, le tranchant du ciseau, c'est le point où le produit atteint le consommateur. Quand un produit est mal conditionné, il ne mord pas. Pour le faire pénétrer dans la clientèle, il faut s'imposer des efforts inutiles. Dans une fabrique, le tranchant c'est l'ouvrier muni de sa machine. Si l'homme n'est pas bon, la machine ne peut pas l'être non plus. Si la machine est mauvaise, l'ouvrier l'est également. Toutes les fois qu'on est dans le cas d'employer plus de force que n'en exige absolument le travail à exécuter, il y a gaspillage.

La parcimonie et le gaspillage

Le fond de ma pensée est donc que le gaspillage et l'avidité font obstacle à une production vraiment bonne.

Il ne faut ni gaspillage ni avidité. Le gaspillage, pour une bonne part, vient de ce qu'on ne comprend pas ce qu'on fait, ou de ce qu'on le fait avec négligence. L'avidité, c'est simplement une sorte de myopie. Je me suis efforcé de fabriquer avec un minimum de gaspillage, tant à l'égard de la matière que du travail, et de vendre avec un minimum de bénéfice, en basant le total de mon bénéfice sur un gros chiffre d'affaires. Dans mon processus de fabrication, je tiens à donner les salaires les plus élevés possibles, c'est-à-dire le maximum de pouvoir d'achat. Comme cela aussi tend à abaisser le prix de revient, et que nous vendons à très petit bénéfice, il nous est possible d'offrir nos produits à un prix en harmonie avec le pouvoir d'achat du public. De la sorte, tous ceux qui ont affaire à nous, en qualité soit de directeurs, soit d'ouvriers, soit d'acheteurs, ont à se féliciter de l'existence de notre société. L'institution que nous avons créée rend des services. C'est la seule raison que j'ai d'en parler. Les principes de cette efficacité sont les suivants :

1. N'avoir ni crainte pour l'avenir, ni idolâtrie pour le passé. Quand on a peur de l'avenir, quand on craint un échec, on limite ses efforts. Mais un échec n'est que l'occasion de renouveler une tentative avec plus de sagesse. Il n'y a pas de honte dans un échec honorable ; la honte, c'est d'avoir peur d'échouer. Quant au passé, il ne peut servir qu'à fournir des indications pour les progrès de l'avenir.

2. Dédaigner l'esprit de concurrence. Quiconque fait quelque chose mieux que les autres devrait être seul à le faire. Il est criminel de tenter d'enlever des affaires à son voisin : criminel parce que c'est vouloir, dans un intérêt personnel, diminuer la situation d'un autre, vouloir dominer par la force au lieu de l'intelligence.

3. Faire passer l'intérêt de la production avant celui du producteur. Sans bénéfices, bien sûr, une affaire ne peut pas se développer. Il n'y a rien de foncièrement mauvais dans le fait de gagner de l'argent et une entreprise bien conduite ne peut manquer de donner des bénéfices ; mais ceux-ci doivent être et sont nécessairement la récompense d'une bonne production qui rend service aux clients. Le profit ne peut pas être le point de départ, mais doit être le résultat des

services rendus.

4. Ne pas réduire l'industrie au fait de vendre cher ce qu'on fabrique à bas prix. Elle consiste à se procurer les matières premières au prix convenable, à les transformer aux moindres frais possibles en articles vendables et à livrer ces articles aux consommateurs. Le jeu, la spéculation, la fraude ne peuvent qu'entraver la marche de ces opérations.

D'où me sont venues ces idées ? Quels résultats ont-elles donnés ? De quelles applications générales sont-elles susceptibles ? C'est ce que je vais exposer.

CHAPITRE I
MON DÉBUT DANS LES AFFAIRES

Le 31 mai 1921, la *Société Ford* fabriquait sa cinq millionième voiture[6]. Je l'ai mise dans mon musée, en compagnie du boggie à gazoline sur lequel j'avais commencé à travailler trente ans avant cette date, et qui commença à rouler de façon satisfaisante au printemps de 1893. Je m'en servais au moment où les troupiales[7] sont revenus à Dearborn, et c'est toujours le 2 avril qu'ils arrivent. Il y a toutes les différences imaginables dans l'aspect de ces deux voitures, et presque autant dans leur construction et leurs matériaux, mais, par leurs caractères fondamentaux, elles sont singulièrement voisines. Car cette première voiture, bien qu'elle n'eût que deux cylindres, couvrait ses vingt milles à l'heure, et roulait soixante milles avec les trois gallons de gazoline qui remplissaient son petit

[6] En 1924, elle a livré la dix millionième.

[7] Oiseau migrateur d'Amérique

réservoir. Elle est aussi bonne aujourd'hui que le jour où elle a été construite. Les méthodes de fabrication et les matériaux ont été plus améliorés que le design de base. Toutefois, l'ensemble du design a été redéfini. La voiture Ford actuelle, le modèle T, a quatre cylindres et une mise en marche. C'est de toute façon une voiture plus commode, plus maniable, et plus simple que la première. Mais presque tous ses caractères s'y montraient déjà. Les modifications qu'on y a apportées découlent de l'expérience acquise au cours de la fabrication, et non d'un changement du principe fondamental ; fait que je crois important et qui démontre que, si l'on part sur une bonne idée, mieux vaut se consacrer entièrement à l'améliorer que de battre les buissons pour en trouver d'autres. Une idée à la fois, c'est à peu près ce qu'un homme peut embrasser.

À la ferme

C'est la vie de la ferme qui m'a conduit à me préoccuper de l'amélioration des moyens de transport. Né le 30 juillet 1863 à Dearborn, dans le Michigan, où mon père était fermier, j'eus de bonne heure l'impression qu'il se faisait là beaucoup de travail pour peu de résultats. C'est encore aujourd'hui mon sentiment en matière d'agriculture. Une certaine légende veut que mes parents aient été pauvres et qu'ils aient mené au début une vie très dure. En réalité, s'ils n'étaient pas riches, ils n'étaient pas indigents non plus. Pour des fermiers du Michigan, nous étions à notre aise. La maison où je suis né existe encore et fait partie, ainsi que la ferme, de ma propriété.

Trop de durs travaux se faisaient alors à la main sur notre terre et dans les autres exploitations rurales. Tout jeune encore, je soupçonnais qu'une grande partie du travail pouvait être exécuter par d'une meilleur façon. C'est ce qui me dirigea vers la mécanique (bien que ma mère ait toujours prétendu que j'étais mécanicien de naissance). Le premier bien que je possédai fut une manière d'atelier, où des bouts de ferraille me servaient d'outils. En ce temps-là, les enfants n'avaient pas des jouets comme aujourd'hui. Leurs jouets étaient fabriqués à la maison. Pour moi, je n'en eus jamais d'autres que mes outils, et c'est avec des outils que je joue encore à présent ! Le moindre débris de machine était pour moi un trésor.

Le plus mémorable événement de ces années de ma jeunesse fut la rencontre d'une locomotive routière, à huit milles de Détroit, un jour où je me rendais avec mon père dans cette ville. J'avais alors douze ans. Un autre événement d'importance pour moi, qui m'arriva la même année fut de devenir possesseur d'une montre. Je me rappelle la locomotive comme si je l'avais vue hier, car c'était le premier véhicule non-attelé que je voyais. Elle avait été destinée primitivement à actionner des machines à battre ou des scieries mécaniques et consistait simplement en une locomobile, avec une chaudière montée sur roues, suivie d'un réservoir à eau et d'un chariot à charbon. J'avais déjà aperçu souvent des machines semblables traînées par des chevaux, mais celle-ci était munie d'une chaîne qui mettait en rapport la locomobile avec les roues arrière du châssis sur lequel était établie la chaudière. La locomotive se trouvait placée au-dessus de la chaudière, et un homme debout derrière, sur la plate-forme, pelletait le charbon, réglait la vapeur et conduisait. Cette machine sortait de chez Nichols, Shepard et Compagnie, de Battle Creek. Elle s'était arrêtée pour nous laisser passer avec nos chevaux. Avant que mon père, qui conduisait, eut le temps de se rendre compte de mon intention, j'avais sauté à bas de notre charrette et entamé une conversation avec le mécanicien. Celui-ci m'expliqua complaisamment tout l'appareillage, dont il était fier. Il me fit voir comment la chaîne était enlevée de la roue motrice, puis remplacée par une courroie pour actionner d'autres machines. Il me dit que la locomobile faisait deux cents tours à la minute et que le pignon de la chaîne était amovible, de manière à permettre d'arrêter le chariot tout en laissant la locomobile en mouvement. Cet organe a été introduit, par un procédé différent, dans la construction des automobiles modernes. Il n'avait pas grande utilité dans les machines à vapeur qui sont faciles à arrêter et à remettre en mouvement, mais il est devenu très important dans la machine à gazoline.

Mon chemin de Damas

Ce fut donc la rencontre de cet appareil qui m'orienta vers le transport automoteur. Je m'efforçai d'en faire des maquettes et, quelques années plus tard, j'en réussis un qui marchait très bien ; mais depuis l'instant où, enfant de douze ans, j'aperçus cette machine de route, jusqu'au jour présent, ma grande et constante ambition a été de construire une bonne machine routière. Quand je me rendais à la ville dans notre chariot, j'emportais toujours une pleine poche de ferraille : boulons, rondelles, et autres pièces de mécanique. Souvent aussi une montre brisée que je m'efforçais de réparer. À treize ans, je réussis pour la première fois à en arranger une assez bien pour qu'elle marquât l'heure. Quand j'atteignis mes quinze ans, j'étais capable de faire pour ainsi dire n'importe quelle réparation d'horlogerie, bien que mes outils fussent des plus grossiers. Il y a une immense quantité de chose que l'on peut apprendre ainsi rien qu'à monter et démonter un objet. Comment chaque objet est fait ne s'apprend pas dans les livres, et un véritable mécanicien doit savoir de quelle manière sont montées presque toutes les mécaniques. Les machines sont pour un mécanicien ce que les livres sont pour un écrivain. Il y trouve des idées, et, s'il est doué de quelque intelligence, il les met en œuvre.

Je ne pus jamais, dès le commencement, arriver à m'intéresser beaucoup au travail agricole : je voulais avoir affaire à des machines. Mon père ne voyait pas avec grande faveur cette disposition. Il préférait que je fusse agriculteur. Quand, à dix-sept ans, je quittai l'école et entrai comme apprenti à l'atelier de machines de l'usine Drydoch, c'est tout juste s'il ne me considéra pas comme perdu.

Je fis mon apprentissage sans peine et fus qualifié mécanicien longtemps avant que fût expiré le délai réglementaire de trois ans. Ayant du goût pour les travaux de précision et particulièrement pour l'horlogerie, j'employai mes soirées à des travaux de réparations chez un bijoutier. Je crois bien, à un certain moment de cette période de ma jeunesse, avoir possédé au moins trois cents montres. Je pensais pouvoir fabriquer une montre passable pour trente cents environ, et fus sur le point de m'établir horloger. Ce qui me retint, c'est que je me mis en tête que les montres n'étaient pas d'un usage universel et que, par conséquent, la plupart des gens n'en achetaient pas. Je ne saurais dire ce qui me suggéra cette surprenante opinion. D'ailleurs, je n'aimais le travail ordinaire de bijouterie et d'horlogerie que lorsqu'il y avait une difficulté à vaincre. Déjà, à cette époque, j'aurais voulu produire des objets par masse.

C'était précisément le moment où l'on s'occupait de déterminer l'heure réglementaire des chemins de fer. Jusqu'alors, on se réglait sur l'heure solaire et, pendant assez longtemps, comme en nos jours d'économie de lumière, l'heure des réseaux ferrés différait de l'heure locale. Cela me déplaisait fort et je réussis à faire une montre qui marquait les deux heures. Elle avait deux cadrans et était considérée par nos voisins comme une véritable curiosité.

Mécanicien

En 1879, c'est-à-dire quatre ans environ après avoir vu pour la première fois la machine Nichols-Shepard, je trouvai le moyen d'en conduire une, et, quand mon apprentissage fut terminé, je travaillai avec un représentant local de la Société Westinghouse de Schenectady, en qualité de spécialiste pour le montage et la réparation des machines de route. Leur machine ressemblait beaucoup à la Nichols-Shepard, sauf que la locomobile était en tête, la chaudière à l'arrière et la force transmise aux roues arrières par une courroie. Elle pouvait abattre ses douze milles[8] à l'heure sur route, bien que l'appareil automoteur ne fût qu'un accessoire de son agencement. On s'en servait parfois comme tracteur pour tirer de grosses charges et lorsque le propriétaire d'une machine s'occupait aussi de battage, il accrochait sa machine à battre et autres appareils à la machine automotrice pour aller de ferme en ferme. Mais j'étais mécontent du poids et du prix de revient de ces machines. Elles pesaient deux tonnes et coûtaient beaucoup trop cher pour être achetées, sauf par de gros fermiers. Elles servaient surtout à des entrepreneurs de battage, ou de scierie mécanique, ou de quelqu'autre travail requérant l'emploi de moteurs locomobiles.

Même avant ce temps-là, je songeais à construire un véhicule à vapeur, léger, pour remplacer les voitures attelées, mais je me préoccupais plus spécialement, à vrai dire, d'un tracteur propre au travail si pénible du labourage. La pensée me vint alors à l'esprit, j'en ai le souvenir un peu vague, que le même principe exactement pouvait s'appliquer à une voiture ou à un chariot de route. Le véhicule sans

---

[8] Voir à la fin du volume les relations entre les mesures américaines et les mesures métriques.

chevaux était une idée dont on parlait depuis bien des années, à la suite de l'invention des locomotives à vapeur. Mais l'idée d'une voiture me parut tout d'abord moins pratique que celle d'une machine destinée aux durs travaux de la ferme et surtout du labourage. Nos routes étaient médiocres et nous n'avions pas l'habitude des voyages à longues distances. Une des conséquences les plus remarquables de l'introduction de l'automobile à la campagne est la façon dont elle a élargi la vie de l'agriculteur. Auparavant, sauf le cas de nécessité pressante, on allait peu à la ville et à peine plus d'une fois par semaine ; et, quand le temps était mauvais, plus rarement encore.

Mécanicien consommé et ayant à la ferme un atelier très convenablement équipé, il ne m'était pas difficile de construire un chariot ou un tracteur à vapeur. Tandis que je le construisais, la pensée me vint d'en faire une machine routière. J'étais persuadé que les chevaux, si l'on considère les soins qu'ils réclament et les frais de leur nourriture, ne rapportent pas ce qu'ils coûtent. Ce qui s'imposait, c'était la création d'une machine à vapeur assez légère pour actionner un chariot ordinaire ou pour tirer une charrue. Je jugeai plus utile de perfectionner d'abord le tracteur. Soulager les épaules du travailleur des lourdes corvées agricoles, et en faire supporter le poids par des engins mécaniques, telle a été mon ambition la plus persévérante. Mais les circonstances ont voulu que je débutasse, au contraire, par la construction des voitures de route, et je me suis aperçu, en fin de compte, que le public s'y intéressait plus qu'à une machine propre aux travaux agricoles. Je doute que, en fait, le tracteur agricole léger eut trouvé accueil dans les exploitations rurales, si l'exemple de l'automobile n'avait graduellement, mais sûrement, fini par faire ouvrir les yeux aux agriculteurs. Mais j'anticipe sur la suite de mon récit. J'avais donc cru d'abord que les agriculteurs s'intéresseraient davantage à des tracteurs.

Ma première locomobile

Je construisis une voiture à vapeur qui roulait bien. Elle avait une chaudière à huile minérale qui donnait beaucoup de force et se réglait avec exactitude, ce qui est toujours facile avec un régulateur à vapeur. Mais la chaudière était un danger. Pour obtenir la force nécessaire sans employer un appareil trop lourd et trop encombrant, il fallait que la chaudière travaillât à haute pression ; s'asseoir au-dessus d'une chaudière à haute pression n'a rien de très séduisant. Le souci de la sécurité m'obligeait à donner à cet organe un excès de poids, qui annulait l'économie résultant de la pression. Pendant deux ans, je ne cessai de faire des essais sur différents types de chaudières (le mécanisme et le réglage ne me donnant que peu de mal), mais, en fin de compte, je renonçai définitivement à l'idée d'une voiture de route mue par la vapeur. Je savais bien que, en Angleterre, on mettait sur route des machines équivalentes à des locomotives, remorquant un train de voitures et qu'il n'y avait pas d'inconvénient non plus, là-bas, à construire de gros tracteurs à vapeur pour les grandes exploitations agricoles. Mais nos routes ne valaient pas alors les routes anglaises.

Les plus forts et les mieux construits des tracteurs s'y seraient démolis ou embourbés. Et, du reste, la fabrication d'un gros engin qu'un petit nombre seulement de riches agriculteurs auraient pu acheter ne me paraissait pas intéressante.

Toutefois je ne renonçai pas à l'idée d'une voiture sans chevaux. Mes travaux chez le représentant de Westinghouse ne faisaient que me confirmer ma conviction à l'égard des inconvénients de la vapeur pour les voitures légères. C'est pourquoi je ne restai qu'une année à la Société

Westinghouse. Sur les gros tracteurs et les machines à vapeur, je n'avais plus rien à apprendre, et je ne me souciais pas de pousser plus loin dans une voie qui ne m'eût conduit à aucun résultat. Quelques années auparavant, alors que j'étais en apprentissage, j'avais lu dans une publication scientifique anglaise un article sur la machine au gaz silencieux, dont on commençait alors à se servir en Angleterre. Je crois qu'il s'agissait de la machine Otto. Elle marchait au gaz d'éclairage, et n'avait qu'un gros cylindre unique ; la force arrivant ainsi par intermittences rendait nécessaire l'emploi d'un volant extrêmement lourd. Cet appareil était loin de fournir autant de force, par livre de métal employé, qu'une machine à vapeur, et l'usage du gaz d'éclairage semblait écarter jusqu'à la possibilité de s'en servir sur route. Il ne m'intéressait que dans la mesure où tout appareil mécanique m'intéressait. Je suivais dans les revues anglaises et américaines que nous recevions à l'usine les progrès de la machine et, spécialement, les indications relatives à la possibilité de remplacer le gaz d'éclairage par un gaz formé par la vaporisation de la gazoline. L'idée de machines au gaz n'était pas du tout nouvelle, mais c'était le premier effort vraiment sérieux pour en lancer dans le commerce. Celles-ci furent accueillies avec intérêt plutôt qu'avec enthousiasme et je ne me rappelle pas avoir rencontré personne qui pensât que la machine à combustion interne pût devenir d'un usage répandu. Tous les connaisseurs montraient irréfutablement que ce procédé ne pourrait lutter contre la vapeur, et nul n'imaginait qu'il pût se tailler un domaine indépendant.

Telle est la mentalité des connaisseurs. Ce qu'ils ont appris jusqu'aux derniers détails leur inspire la conviction que toute autre conception est irréalisable. Aucune objection ne leur échappe, c'est pourquoi je n'emploie jamais un expert en pleine réputation. Si j'avais envie de tuer mes concurrents par un moyen déloyal, je leur procurerais à mes frais des experts. Ils recevraient trop de bons conseils pour être capables, j'en suis sûr, de faire beaucoup de besogne.

Premier moteur à explosion

Je m'intéressai donc au moteur à gaz et en suivis les progrès, mais simplement par curiosité, jusque vers 1886. À ce moment, ayant renoncé à employer la vapeur comme force motrice de la voiture que je voulais construire un jour, je dus me mettre à la recherche d'une autre force. En 1885, je réparai une machine Otto pour l'Eagle Iron Works, de Détroit. Personne à Détroit ne connaissait ces machines. J'avais la réputation de les connaître, et bien que je n'en eusse jamais vu aucune jusqu'alors, j'acceptai d'entreprendre le travail et l'exécutai. Cela me fournit l'occasion d'étudier de près ce nouveau genre d'appareil et, en 1887, j'en construisis un modèle d'après l'Otto à quatre temps, afin de vérifier si j'en comprenais le principe. L'expression de quatre temps signifie que le piston passe quatre fois dans le cylindre. Le premier coup y attire le gaz, le second le comprime, le troisième a pour effet de déterminer l'explosion et de dégager la force, le quatrième enfin chasse les gaz de combustion. Ce modèle, de petites dimensions, fonctionnait assez bien. Il avait un pouce de diamètre, une amplitude de coup de piston de trois pouces et marchait à la gazoline. Bien qu'il ne développât point beaucoup de force, il était proportionnellement un peu plus léger que les appareils en usage. J'en fis cadeau un jour à un jeune homme dont j'ai oublié le nom et, en fin de compte, il fut détruit. Tel fut le début de mes travaux sur la machine à combustion interne.

Mon mariage

J'étais alors à la ferme, où j'étais retourné dans l'intention d'exécuter des expériences plutôt que de me livrer à l'agriculture, et étant, dès lors, mécanicien accompli, j'y eus un atelier de premier ordre à la place de l'atelier-joujou de mon enfance. Mon père m'offrit quarante arpents de bois, pourvu que je renonçasse aux machines. J'y consentis provisoirement, car la vente des arbres devait me permettre de me marier. Ayant équipé une scierie mécanique et une locomobile, je me mis à abattre et débiter mon bois, dont j'employai les premières pièces à élever sur ma terre une maison rustique. C'est là que débuta ma vie conjugale. Ma demeure n'était pas grande : elle formait un carré de trente pieds de côté et n'avait que le rez-de-chaussée et les combles, mais elle était commode. J'y annexai mon atelier, et quand je n'étais pas occupé à abattre du bois, je travaillais à des moteurs à explosion, étudiant leurs caractères et leur fonctionnement. Je lisais tous les travaux relatifs à cette question que je pouvais me procurer, mais c'est de la pratique que je tirai les meilleurs enseignements. Le moteur à explosion est quelque chose de mystérieux, et ne fonctionne pas toujours comme il le devrait. On peut donc imaginer comment il fonctionnait à cette époque !

Ce fut en 1890 que je m'attaquai à une machine à double cylindre. Il n'était point pratique d'envisager le cylindre unique pour une machine de route, vu qu'il nécessitait l'emploi d'un volant trop lourd. Entre la construction de mon modèle d'après l'Otto à quatre temps et le début de cette tentative nouvelle, j'avais fabriqué un grand nombre de modèles d'expérience en tuyaux métalliques. Je savais à peu près où j'allais. Le double cylindre, pensais-je, pouvait convenir à un véhicule de route et mon idée première fut de l'adapter à une bicyclette, par connexion avec la manivelle, la roue arrière agissant comme volant. Le changement de vitesse n'était réglé que par une manette. Je ne poursuivis pas ce projet, parce qu'il me parut bientôt évident que le moteur, le réservoir à gazoline et les diverses commandes nécessaires feraient trop de poids pour une bicyclette. Le plan consistant à opposer les deux cylindres de telle sorte que, au moment où l'un donnerait de la force, l'autre expulserait les gaz de combustion, n'exigeait pas un volant aussi lourd pour régulariser la propulsion. Je me mis à ce travail dans mon atelier rural.

Ingénieur-mécanicien

Sur ces entrefaites, on m'offrit à Détroit un emploi d'ingénieur-mécanicien à la Société d'Electricité Edison aux appointements de quarante-cinq dollars par mois. J'acceptai parce que c'était plus que ma terre ne me rapportait et que j'étais résolu de toute manière à renoncer à l'agriculture. Il ne me restait plus de bois à abattre. Je louai une maison à Détroit, dans Bagly Avenue. Mon atelier m'y suivit et je l'installai dans un appentis en briques placé derrière la maison. Au cours des quelques premiers mois, j'appartins à l'équipe de nuit à l'atelier d'éclairage électrique de mon usine, ce qui me laissait fort peu de temps pour mes essais, mais, plus tard, je passai à l'équipe de jour et pus consacrer quelques heures chaque soir, ainsi que toute la nuit du samedi, à mon nouveau moteur. Je ne dirai pas que ce fut un dur travail. Un travail auquel on s'intéresse n'est jamais dur, et je ne doute jamais de la réussite. Elle vient toujours quand on se donne assez de peine. Mais ce fut un grand encouragement pour moi de voir ma femme encore plus confiante que moi dans le succès. Elle s'est toujours montrée telle.

Première voiture à deux cylindres

Je dus entreprendre mon travail par la base. En effet je n'étais pas seul, je le savais, à m'occuper d'une voiture sans chevaux ; mais je ne pouvais savoir ce que faisaient les autres. Les problèmes les plus difficiles à résoudre regardaient la production et l'extinction de l'étincelle, et le moyen d'éviter le poids superflu. Pour la transmission, la direction et la construction générale, je pus m'inspirer de ce que m'avaient appris les tracteurs à vapeur. En 1892, j'achevai ma première voiture, mais ce ne fut qu'au printemps de l'année suivante qu'elle roula à ma satisfaction. Cette voiture ressemblait un peu à un boggie. Elle avait deux cylindres de deux pouces et demi de diamètre et six pouces d'amplitude de coup de piston, et ces cylindres étaient côte à côte, au-dessus du pont arrière. Je les avais construits avec le tuyau d'échappement d'une machine à vapeur que j'avais achetée. Ils développaient une force de quatre chevaux environ. La force était communiquée du moteur à l'arbre de transmission par une courroie et de l'arbre de transmission à la roue arrière par une chaîne. La voiture était aménagée pour deux personnes, avec son siège reposant sur des montants et la caisse suspendue sur des ressorts elliptiques. Elle disposait de deux vitesses : dix milles et vingt milles à l'heure, dont le changement était obtenu par le déplacement de la courroie, à l'aide d'un levier d'embrayage à griffe placé devant le siège du chauffeur. Poussé en avant, le levier donnait la grande vitesse ; tiré en arrière, il donnait la petite. Quand le levier était droit, le moteur tournait à vide. Pour démarrer, il était nécessaire de débrayer et de tourner le moteur à la main. Pour arrêter la voiture, il n'y avait qu'à débrayer et qu'à appliquer le frein au pied. Il n'y avait pas de marche arrière, et les vitesses intermédiaires étaient obtenues en agissant sur l'admission.

J'avais acheté le châssis métallique de la carrosserie, ainsi que le siège et les ressorts. Les roues étaient des roues de bicyclette de 28 pouces, avec pneus en caoutchouc. Le volant fut coulé d'après un modèle fait par moi, et j'ai fabriqué moi-même les parties les plus délicates du mécanisme.

Je découvris qu'il était nécessaire d'employer un engrenage compensateur[9] pour permettre les virages.

Le poids total de la machine était de 500 livres environ. Un réservoir placé sous le siège contenait 3 gallons de gazoline qui alimentait le moteur à l'aide d'un tuyau et d'une valve. L'allumage se faisait par l'étincelle électrique. D'abord le moteur était refroidi à l'air, ou pour être plus exact, n'était pas refroidi du tout. Après une heure ou plus de marche, le moteur chauffait ; j'ajoutai alors autour des cylindres une chemise d'eau reliée par tuyauterie à un réservoir placé à l'arrière de la voiture au-dessus du niveau des cylindres.

Les caractéristiques principales avaient été fixées à l'avance. C'est la manière que j'ai toujours employée : je faisais un projet, un plan, et en travaillais chaque détail avant de commencer à construire. Autrement, on perd beaucoup de temps en tâtonnements, et l'on obtient un ensemble qui manque d'unité, cela n'est pas harmonieux. Beaucoup d'inventeurs échouent par manque de préparation avant l'expérimentation.

Les plus grandes difficultés que j'aie rencontrées dans la construction ont été : d'abord, de me procurer les métaux convenables, ensuite, les outils. J'ai eu à modifier quelques détails des dessins, mais l'obstacle principal vint du manque de temps et d'argent, qui ne me permettait pas de rechercher les meilleurs matériaux pour chacune des pièces. Cependant, au printemps 1893, l'ensemble me donnait satisfaction, et me permettait d'essayer longuement sur la route mon invention et de mettre à l'épreuve les matériaux.

---

[9] Différentiel.

CHAPITRE II
CE QUE J'AI APPRIS SUR LE MONDE DES AFFAIRES

Mon boggie à la gazoline fut la première, et longtemps la seule, automobile de Détroit. On la considérait un peu comme une peste, à cause de son vacarme qui effrayait les chevaux. Elle gênait aussi la circulation, car partout où j'arrêtais ma voiture se formait aussitôt un cercle de curieux. Si je la quittais une minute, il se trouvait toujours quelques curieux pour essayer de la mettre en marche. En fin de compte, je dus prendre le parti de la fixer par une chaîne à un réverbère, lorsque je devais la quitter. J'avais aussi des difficultés avec les agents de police, je ne sais pas trop pour quel motif, car je crois bien me rappeler qu'il n'existait pas à cette époque de loi pour la limitation de la vitesse. Quoiqu'il en soit, je fus obligé de solliciter du maire une autorisation spéciale de circulation. J'ai donc joui, pendant quelque temps, du privilège d'être en Amérique le seul chauffeur d'automobile muni d'une autorisation. J'ai fait sur cette machine environ un millier de milles, au cours de 1895 et de 1896, et je la vendis, ensuite, à Charles Ainsley, de Détroit, pour deux cents dollars. Ce fut ma première machine vendue. Je ne l'avais pas construite pour cela, mais pour faire des essais. Je voulais me mettre à une autre voiture, et Ainsley tenait à acheter la mienne. Son argent pouvait m'être utile. Nous n'eûmes pas de peine à tomber d'accord sur le prix.

Mon intention n'était pas du tout de m'établir constructeur sur un pied aussi médiocre. Je songeais à la grande production : mais il me fallait d'abord quelque chose à produire. On ne fait rien de bon, quand on se presse. Je sortis une seconde voiture en 1896. Elle ressemblait beaucoup à la précédente, mais était un peu plus légère, et munie elle aussi d'une courroie de transmission. Je ne renonçai à cet organe qu'un peu plus tard. La courroie me donnait en effet toute satisfaction, sauf par les grandes chaleurs. C'est pourquoi j'adoptai ensuite l'engrenage.

Cette seconde voiture me fit réaliser de grands progrès. À ce moment, d'autres constructeurs américains ou étrangers s'étaient mis à faire des automobiles et, en 1895, j'appris qu'une voiture allemande Benz était exposée au magasin Macy à New-York. Je m'y rendis pour la voir, mais ne lui trouvai aucune caractéristique intéressante. Elle avait également la courroie de propulsion, mais elle était beaucoup plus lourde que la mienne. Je visais à la légèreté, tandis que les étrangers ne m'ont jamais paru en comprendre l'importance. J'ai construit, en tout, trois voitures dans mon atelier privé et elles ont circulé des années à Détroit. La première est de nouveau en ma possession. Je l'ai rachetée pour cent dollars à une personne à qui M. Ainsley l'avait cédée.

Les sceptiques.

Pendant tout ce temps, je conservai ma situation à la Société d'Électricité, où je fus promu, par degrés, au poste de chef-mécanicien aux appointements de cent vingt-cinq dollars par mois. Mais mes expériences sur le moteur à gazoline ne furent pas regardées avec plus de faveurs par le président de la Compagnie que mon goût juvénile pour la mécanique autrefois par mon père. À la vérité, mon patron n'objectait rien contre les expériences en général, mais il ne croyait pas au moteur à gazoline. Je crois encore l'entendre me dire :

- L'électricité, parfait ! C'est là qu'est l'avenir. Mais la gazoline, non.

Son scepticisme (pour employer l'expression la plus douce) ne manquait pas d'excuses. Presque personne n'avait alors la moindre idée de l'avenir du moteur à combustion interne, tandis qu'on venait juste d'inaugurer les grandes applications de l'électricité. Comme il arrive à l'occasion de toute idée nouvelle, on attendait de l'électricité bien des choses qu'elle ne semble pas encore, aujourd'hui, sur le point de réaliser. Il me parut inutile, pour ce que je cherchais, de faire des expériences en électricité. Une voiture de route ne pouvait être actionnée au moyen du trolley, même si ce système eut été moins coûteux. Aucun accumulateur, assez léger pour être utilisable, ne s'annonçait. Une voiture électrique se trouvait donc réduite à un rayon limité, et tout en étant surchargée d'un moteur lourd et volumineux eu égard à la force déployée. Non point que j'eusse alors, ou que j'aie actuellement, l'électricité en dédain : à peine a-t-on commencé à se servir de l'électricité. Mais elle a son emploi et l'appareil à combustion interne a le sien. Aucun de ces deux procédés ne peut se substituer à l'autre et c'est fort heureux.

Je possède la dynamo dont j'eus charge à mes débuts à la Société d'Électricité. Quand nous créâmes notre usine au Canada, je l'acquis d'une firme à laquelle la Société d'Électricité l'avait cédée, et, après avoir été un peu retapée, elle rendit encore au Canada de bons services pendant plusieurs années. Lorsque nous dûmes, par suite de l'extension de nos affaires, établir une nouvelle installation électrique, je fis transporter le vieux moteur dans mon musée de Dearbom où je conserve précieusement de nombreux échantillons de l'art du mécanicien.

La Société Edison m'offrit sa direction générale à Détroit, mais seulement à la condition d'abandonner mon moteur à gazoline et de me consacrer à quelque chose de réellement utile. Je dus choisir entre ma situation et mon automobile. Je choisis l'automobile, ou, pour mieux dire, je renonçai à mon emploi sans un instant d'hésitation, car je savais déjà que ma voiture ne pouvait manquer d'avoir du succès. Je quittai donc la Société Électrique le 15 août 1899 pour entreprendre la construction des automobiles.

Ma résolution pouvait passer pour téméraire, car je n'avais pas d'argent. Mes expériences avaient absorbé ce que les besoins de la vie me laissaient de disponible. Mais ma femme jugea, comme moi, que nous ne pouvions renoncer à l'automobile, qu'il fallait vaincre ou succomber. Il n'y avait pas de demande pour les automobiles : il n'y en a jamais pour un article nouveau. On les accueillait alors du même œil à peu près que, plus récemment, l'aéroplane. Tout d'abord, l'idée d'une voiture sans chevaux fut considérée comme une pure fantaisie et nombre de connaisseurs s'évertuaient à démontrer en grand détail pourquoi l'automobile ne serait jamais autre chose qu'un joujou. Pas un homme d'affaires n'en augurait la possibilité d'un succès commercial. Je ne comprends pas pourquoi chaque moyen de transport nouveau soulève tant de défiance. Aujourd'hui encore, lorsqu'il est question d'automobile, on rencontre des gens qui hochent la tête et prononcent le mot de luxe. C'est avec mauvaise grâce qu'ils veulent bien reconnaître que le camion automobile rend des services. Mais au début, presque personne ne pressentit le grand développement industriel de l'automobile. Les plus optimistes comptaient seulement sur des progrès analogues à ceux de la bicyclette.

Les courses de vitesse

Quand on s'aperçut qu'une automobile pouvait réellement marcher et que plusieurs fabricants se furent mis à en faire, le public se préoccupa immédiatement de savoir quelle était la plus rapide. La nouvelle industrie devait passer naturellement par ce stade de curiosité qui est la course de vitesse. Je n'ai jamais pensé aucun bien des courses, mais le public se refusait à envisager l'automobile autrement que comme un joujou de vitesse. Nous fûmes donc par la suite amenés à courir. Les progrès de la fabrication furent retardés par ce souci initial de la vitesse, parce que les constructeurs s'attachèrent à faire des voitures rapides plutôt que de bonnes voitures. Cette préoccupation donna à l'industrie automobile un caractère dangereux.

Un groupe d'hommes, d'esprit entreprenant, organisa avec moi lorsque je quittai la Société Edison, la Société des Automobiles de Détroit, pour la fabrication de ma voiture. J'en fus l'ingénieur en chef et reçus une petite partie des titres. Pendant trois ans, nous continuâmes à fabriquer des voitures plus ou moins conformes au modèle de la première. Nous vendîmes très peu. Je ne réussis pas à persuader mes associés de se prêter à une fabrication destinée au grand public. Leur préoccupation était de travailler sur commande et de faire payer les voitures le plus cher possible. Ils ne pensaient qu'à encaisser. Et n'ayant d'autre autorité que celle que me donnait ma situation d'ingénieur, je me convainquis que la nouvelle Société ne serait jamais un instrument propre à la réalisation de mes idées, mais purement et simplement une affaire d'argent — qui d'ailleurs n'en gagnait pas beaucoup. Au mois de mars 1902, je donnai ma démission, résolu à ne plus jamais accepter une situation subalterne. La Société des Automobiles de Détroit devint, par la suite, lorsque les Leland y entrèrent, la Société Cadillac.

À mon compte

Je louai un atelier, un bâtiment en briques d'un seul étage, au n° 81 de Park-Place, pour y continuer mes essais et me rendre compte de ce qu'était réellement l'industrie. J'étais d'avis que ce devait être autre chose que ce que j'avais vu dans ma première entreprise.

L'année qui s'écoula, de mars 1902 jusqu'à la formation de la Société des Automobiles Ford, fut pour ainsi dire un stade de recherches. Dans mon petit atelier de briques d'une seule pièce, je travaillais au perfectionnement d'un moteur à quatre cylindres et, hors de chez moi, j'essayais de me rendre compte de ce qu'étaient réellement les affaires, de savoir si elles devaient nécessairement consister dans cette poursuite égoïste de l'argent dont j'avais été témoin au cours de ma brève expérience précédente. Depuis le moment où j'avais construit la première voiture que j'ai décrite jusqu'à la formation de l'actuelle Société Ford, j'en avais fabriqué en tout, je crois, vingt-cinq, dont dix-neuf ou vingt pour la Société des Automobiles de Détroit. L'automobile était passée du stade initial, où il suffisait qu'elle fût capable de rouler, à un stade nouveau où il s'agissait de montrer de la vitesse. Alexandre Winton, de Cleveland, le créateur de la marque Winton était alors le champion sur piste des États-Unis et était disposé à accepter tous les défis. J'agençai un moteur couvert à deux cylindres d'un type plus robuste que ce que j'avais fait jusqu'alors, le montai sur un châssis nu, et, m'étant assuré que je pouvais faire de la vitesse, j'engageai un match avec Winton. Nous nous rencontrâmes sur la piste de Gross-Point à Détroit et je le battis. Ce fut ma première course. Elle nous fournit le seul genre de publicité qui intéressât le public.

La mentalité du public et des constructeurs

Le public ne faisait cas d'une automobile que si elle était rapide, si elle battait en course les autres voitures. Ce fut en essayant de réaliser l'automobile la plus rapide du monde que je fus amené à étudier un moteur à quatre cylindres. Je reviendrai plus tard sur ce point.

Ce qui me paraissait le plus surprenant dans la façon dont on entendait la conduite des affaires, c'était l'importance accordée au côté financier et le peu de cas qu'on faisait de la qualité du service rendu. C'était, à mon sens, prendre le contrepied de la logique naturelle des choses, qui veut que l'argent soit le résultat du travail et non qu'il vienne en premier lieu.

Un autre trait qui me frappait était l'indifférence presque générale à l'égard du perfectionnement des méthodes de fabrication, tant que les procédés pratiqués pouvaient passer et permettaient de gagner de l'argent. En d'autres termes, on ne fabriquait pas un article avec la préoccupation de l'utilité qu'il présentait pour le public, mais seulement avec celle du bénéfice qu'on en pouvait tirer, et cela sans se soucier particulièrement de donner satisfaction au client. On lui vendait, c'était tout. On ne voyait pas dans un client mécontent un homme dont la bonne foi avait été surprise, mais seulement un fâcheux ou quelqu'un de qui l'on pouvait éventuellement tirer encore une fois de l'argent, en réparant l'article qui aurait dû être fourni en bon état tout d'abord. Par exemple, dans l'automobile, on ne se préoccupait guère de ce que devenait une voiture une fois vendue, ni de la quantité de gazoline qu'elle consommait, ni des services qu'elle rendait. Si elle tombait en panne et s'il fallait en remplacer les pièces, tant pis pour son propriétaire. On considérait comme habile de vendre les pièces détachées le plus cher possible, dans l'idée que, du moment que le client avait acheté l'automobile, il lui fallait absolument la pièce manquante et qu'on pouvait la lui vendre n'importe quel prix.

L'industrie automobile ne reposait pas sur ce que j'appellerai une base d'honnêteté, pas plus que, au point de vue de la fabrication, sur une base scientifique. Mais le cas n'était pas pire que dans les autres affaires.

Dans cette période, on peut s'en souvenir, où furent lancées de nombreuses sociétés, la banque, qui jusqu'alors s'était bornée aux émissions de titres de chemins de fer, se mettait aux valeurs industrielles. Mon avis, alors comme aujourd'hui, était de bien fabriquer ; je pensais en outre qu'une affaire devait débuter en petit et se développer graduellement au moyen de ses bénéfices. L'absence de bénéfices démontre que l'on perd son temps et qu'on ne connaît pas son affaire. Je n'ai jamais éprouvé la nécessité de changer d'idée à cet égard, mais j'ai constaté que cette méthode simple, consistant à faire du bon travail et à en être payé, est considérée à notre époque comme trop lente.

Le rôle des financiers

Le système le plus en faveur au moment dont je parle consistait à fixer à une affaire le capital le plus élevé possible, et à placer toutes les actions et obligations qu'on pouvait. L'argent qui restait en main, une fois payés tous les frais d'émission, et les commissions et tout le reste, on se résignait à le consacrer à la fondation de l'entreprise industrielle. On n'entendait pas par bonne affaire la production de bons articles rapportant un bénéfice honnête. Une affaire était bonne quand elle fournissait l'occasion de faire une grosse émission de titres, avec fortes primes. C'étaient les titres qui importaient, et non le travail. Je ne voyais pas comment une entreprise industrielle, nouvelle ou ancienne, en grevant ses fabrications du fardeau d'intérêts considérables, pourrait bien vendre ses produits à un prix raisonnable. Voilà ce qui m'a toujours échappé.

Il ne m'a jamais été possible de comprendre en vertu de quel principe l'argent placé originellement dans une affaire peut être imputé à la charge de cette affaire. Les gens qui se donnent le nom de financiers vous diront bien que l'argent vaut 6 pour cent ou 5 pour cent, ou ce qui vous plaira, et que si cent mille dollars ont été mis dans une affaire, celui qui les y aura placés est en droit de retirer de cette somme un intérêt, parce que s'il l'avait confiée à une caisse de capitalisation, ou consacrée à l'achat de certaines obligations, elle lui aurait rapporté un revenu déterminé. Par conséquent, disent les financiers, on a le droit d'imputer une certaine somme sur les frais d'exploitation d'une affaire à titre d'intérêts des fonds engagés.

C'est à cette conception que l'on doit l'échec de nombreuses entreprises industrielles et, dans la plupart des cas, la mauvaise qualité de la production. L'argent n'a pas une valeur déterminée. En tant qu'argent, il n'a même pas de valeur du tout, car il ne fait rien par lui même. Le seul service qu'il rende est de permettre l'acquisition de l'outillage nécessaire à la production, ou des produits fabriqués grâce à cet outillage. En conséquence, la valeur de votre argent est égale à celle des produits qu'il vous sert à produire ou à acheter. C'est tout. Si un particulier croit que son argent doit lui rapporter 5 ou 6 %, qu'il le place sur des valeurs qui donnent ce revenu ; mais engager des fonds dans une affaire n'est pas prendre hypothèque sur cette affaire ou, dans tous les cas, ne devrait pas l'être. L'argent alors change de caractère et devient, ou doit devenir, un instrument de production ; il vaut, par suite, la valeur de ce qu'il produit, et non pas un chiffre déterminé suivant une échelle sans rapport avec l'entreprise particulière où il est engagé. Un revenu quelconque ne doit être servi qu'après avoir été produit, et non avant.

Les gens d'affaires se figuraient alors qu'on pouvait faire réussir n'importe quelle entreprise à condition de la « financer ». Si ça ne marchait pas du premier coup, ils pensaient qu'il y avait lieu de « refinancer ».

C'est un jeu qui consiste à faire courir de bon argent pour rattraper de l'argent perdu.

Dans la plupart des cas, la nécessité d'apporter de nouveaux capitaux résulte de la mauvaise direction d'une affaire, et n'a d'autre résultat que de fournir à des administrateurs incapables de quoi faire durer un peu plus longtemps leur mauvaise administration. Ce n'est qu'un sursis à la condamnation qui les attend. Cette combinaison qui consiste à financer des affaires est une invention de spéculateurs. Leur argent ne peut leur servir à rien que s'ils le mettent au service d'une industrie faisant un travail réel. Or cette industrie n'a besoin de leur argent que si, de façon ou d'autre, elle est mal dirigée. De la sorte, tandis que nos spéculateurs se font l'illusion d'engager leurs fonds d'une façon profitable, ils ne font réellement que les gaspiller.

Je pris la ferme résolution de ne jamais entrer dans une société où l'argent eût la préséance sur le travail, ni dont fissent partie des banquiers ou des financiers. Je résolus aussi, si je ne parvenais à trouver des concours pour une affaire susceptible d'être conduite avec le souci de l'intérêt général, de renoncer absolument à toute affaire. Car mes propres tentatives, jointes à l'observation de ce qui se passait autour de moi, suffisaient à me convaincre que les affaires, envisagées seulement comme moyen de gagner de l'argent, ne présentaient pas grand intérêt et ne constituaient pas une occupation digne d'un homme désireux d'accomplir une œuvre. Du reste, j'attends encore qu'on me démontre que c'est là le bon moyen de gagner de l'argent. Car, à mon sentiment, la seule base d'une affaire sérieuse, c'est la bonne qualité des produits.

La clientèle

Un fabricant n'en a pas fini avec son client lorsqu'il lui a livré un article. Il n'a fait qu'entrer en rapport avec lui. S'il s'agit par exemple d'automobiles, la vente d'une voiture n'est qu'une façon de faire connaissance. Si la voiture ne donne pas satisfaction au client, il vaudrait mieux pour le constructeur n'être jamais entré en relation avec lui, car un client mécontent est la plus mauvaise réclame du monde. Il y avait, aux premiers jours de l'automobilisme, plus qu'une tendance à regarder la vente d'une machine comme l'affaire sérieuse et à penser que ce qu'il advenait à l'acheteur par la suite n'avait pas d'intérêt. C'est la façon d'agir à courte vue du placier à la commission. Si un commissionnaire n'est payé que sur son chiffre d'affaires, il ne faut pas compter qu'il se donnera beaucoup de peine pour un client dont il n'aura plus de commission à espérer. Et c'est précisément là-dessus que nous avons fondé le plus solide argument de notre réclame en faveur de la Ford.

Le prix et la qualité de la voiture lui auraient, sans aucun doute, assuré un marché et un vaste marché, mais nous avons voulu aller plus loin encore. L'acheteur d'une de nos automobiles, à mon sentiment, avait droit à en jouir sans interruption, et par conséquent, si un accident quelconque la lui mettait hors d'usage, j'estimais que notre devoir était de veiller à ce qu'elle fût réparée dans le plus bref délai possible. Ce fut un élément important de notre succès que d'avoir de bonne heure organisé un service de réparations. La plupart des maisons qui, à ce moment-là, fabriquaient la voiture chère, étaient mal pourvues d'ateliers de réparations. Lorsqu'il arrivait un accident, il fallait s'adresser pour la réparation à un artisan local, tandis qu'on aurait eu le droit de compter sur le fabricant pour la faire. Si le réparateur local était un homme prévoyant, muni d'un bon assortiment de pièces détachées (bien que pour beaucoup de voitures, les pièces ne fussent pas interchangeables), dans ce cas, le propriétaire avait de la chance. Mais si cet artisan était un individu sans initiative, pourvu d'une suffisante connaissance de l'automobile et bien décidé à tirer un beau profit de toute voiture entrant chez lui pour se faire réparer, la moindre avarie entraînait des semaines d'immobilisation et une note de frais imposante, qu'il fallait payer avant de reprendre son auto. Les réparateurs ont été pendant quelque temps le plus gros péril de l'industrie automobile. Jusqu'en 1910 ou 1911, un propriétaire d'automobile était considéré surtout comme un homme riche qu'il fallait dépouiller de son argent. Nous primes nos mesures pour remédier à cet état de choses sans nul retard. Nous ne voulions pas que notre expansion fût contrariée par la cupidité stupide de quelques individus.

J'anticipe de quelques années sur la suite de ce récit, mais c'est la domination de la finance qui détruit la production utile, parce que la finance ne voit que le gain immédiat. Si on a pour préoccupation principale de gagner une certaine somme, à moins que, par un coup de fortune les choses ne s'arrangent d'une façon particulièrement favorable et qu'il ne reste un surplus à consacrer à une production de bonne qualité, donnant chance de réussite à l'exploitation, les affaires de l'avenir devront être sacrifiées au gain immédiat.

Le fléau de l'habitude

J'ai aussi noté chez beaucoup d'hommes d'affaires une tendance à se plaindre de leur sort. Ils travaillent en vue de pouvoir, à un jour fixé d'avance, se retirer des affaires et vivre de leurs rentes, abandonnant la lutte. La vie, pour eux, est une bataille qu'il faut achever le plus vite possible. C'est encore une façon de voir que je ne partage pas ; car, si l'on raisonne, nous n'avons pas d'autre bataille à livrer dans la vie que contre notre propre inclination à l'inertie. Si la victoire consiste à se pétrifier, il n'y a qu'à s'abandonner aux tendances paresseuses de notre esprit. Mais si la victoire consiste à se développer, il faut avoir soin de se réveiller chaque matin et de rester bien éveillé toute la journée. J'ai vu de grosses affaires décliner jusqu'à devenir l'ombre d'elles-mêmes, parce qu'on s'était imaginé pouvoir continuer à les diriger comme on les avait dirigées autrefois. La direction qu'on leur avait donnée précédemment avait pu être parfaite, mais son excellence tenait au vif sentiment des nécessités présentes et non à l'imitation servile des habitudes anciennes. La vie, telle que je la comprends, n'est pas un point, mais un voyage. Celui même qui se sent le plus définitivement fixé, n'est pas fixé : il est probable, au contraire, qu'il se laisse glisser en arrière. Tout s'écoule : c'est une loi. La vie est un fleuve. C'est en vain que l'on habite toute sa vie la même maison. La demeure reste bien la même : l'habitant change chaque jour.

Cette façon erronée d'envisager la vie comme une bataille qu'une fausse manœuvre peut faire perdre, donne naissance, je l'ai remarqué, à un grand amour de la régularité et fait tomber bien des gens dans le demi-sommeil de la routine. Il est bien rare que le savetier adopte un procédé nouveau pour la pose des semelles ; que l'artisan, en général, fasse bon accueil aux nouveautés qui s'introduisent dans la pratique de son métier. L'habitude engendre une certaine inertie, et tout ce qui la trouble affecte désagréablement notre esprit.

On se rappelle les études qui ont été faites pour l'organisation méthodique du travail dans les usines. Lorsqu'on voulut montrer aux ouvriers le moyen de fournir leur tâche sans mouvement et sans effort inutiles, ce furent eux qui firent la plus vive opposition à la nouvelle méthode. Sans doute, ils voyaient là-dedans de simples manigances pour tirer davantage d'eux, mais ce qui les irritait le plus, c'était qu'on les fit sortir de l'ornière invétérée creusée par une longue habitude. Il y a des hommes d'affaires qui finissent par sombrer avec leurs entreprises, parce qu'ils sont tellement attachés à leurs vieux usages qu'ils ne peuvent se résoudre à en changer. On en rencontre de tels chaque jour. Ce sont des gens qui ne comprennent pas qu'hier c'est le passé. En se réveillant, le matin, ils ont retrouvé leurs idées de l'année dernière. Il pourrait presque être formulé en axiome que lorsqu'on commence à se croire enfin en possession de sa vraie méthode, on ferait bien de se livrer à un examen très minutieux de sa propre personne, afin de bien s'assurer si l'on n'a pas quelque coin de cerveau endormi. C'est un danger qui menace particulièrement l'homme qui pense avoir atteint un stade définitif et prétend s'y fixer : le premier à-coup du progrès le jettera à terre.

Un autre péril est la crainte de passer pour un imbécile. Nombreux sont ceux qui éprouvent cette crainte. J'accorde que l'opinion exerce sur nos actes un contrôle puissant et, dans bien des cas, salutaire. Peut-être cette surveillance est-elle nécessaire à la plupart des hommes. L'opinion peut rendre un individu meilleur qu'il ne serait sans son influence, sinon meilleur moralement, du moins dans le domaine des rapports sociaux. Mais il n'est pas mauvais d'être un imbécile par amour de l'honnêteté. Il arrive à ceux qui sont atteints de ce genre d'imbécillité de vivre assez longtemps pour prouver qu'ils ne sont pas, après tout, tellement absurdes, ou, s'ils meurent trop tôt, les œuvres qu'ils laissent après eux leur rendent témoignage.

L'influence de l'argent, l'exigence du placement réclamant sa rémunération, avec la négligence, le sabotage du travail, et par conséquent du produit qui en résulte, m'apparaissaient de toutes parts. Je les apercevais au fond de la plupart des désordres. C'était la cause des bas salaires, car une entreprise mal conduite ne peut bien payer, et une affaire où l'on ne consacre pas tout son effort à sa production ne saurait être bien conduite. D'autre part, la plupart des hommes veulent travailler librement. Sous le système qui régnait, on ne pouvait travailler en liberté. Durant ma première tentative, je n'étais pas indépendant et ne pouvais donner libre essor à mes conceptions. Tous les plans étaient conçus en vue du bénéfice ; la production ne venait qu'en dernier lieu. Et ce qu'il y a de plus curieux, c'est que l'on voulait absolument que l'on tînt compte de l'argent et non du travail. Personne n'avait l'air de trouver illogique que l'argent passât avant le travail, bien que chacun fût forcé de reconnaître que le bénéfice ne pouvait venir que du travail.

Le désir général semblait être d'atteindre l'argent par le plus court chemin, mais personne ne voulait prendre le raccourci nécessaire : le travail.

La concurrence

Prenons par exemple la concurrence. Je constatai que la concurrence était considérée comme un danger et que la tâche d'un bon chef d'industrie consistait à fermer le marché à ses concurrents en s'assurant par des moyens artificiels un monopole. On jugeait qu'il n'y avait qu'un certain nombre de gens qui pouvaient acheter et qu'il fallait devancer auprès d'eux les autres industriels. Quelques personnes se rappelleront que, par la suite, une grande partie de fabricants formèrent une association dans les termes du brevet Selden en vue précisément de rendre légale la détermination arbitraire du prix et de la production des automobiles. Ils partageaient l'opinion qui est celle de tant de trade-unions, cette sottise qui consiste à croire qu'on peut faire plus de bénéfice en diminuant la production qu'en l'augmentant. Ce système est, je crois, très vieilli. Je ne voyais pas alors et je ne vois pas encore aujourd'hui que l'ouvrage manque à celui qui fait son ouvrage. Le temps employé à combattre la concurrence est du temps perdu : il serait mieux employé à travailler. Il y a toujours assez de gens disposés et empressés à acheter, pourvu qu'on leur fournisse ce qu'ils veulent et au juste prix. Ceci s'applique aux services personnels, non moins qu'aux marchandises.

Le travail

Pendant cette période de réflexion, j'étais loin de rester oisif. Nous poussions la construction d'un moteur à quatre cylindres et de deux grosses voitures de course. Le temps ne me faisait pas défaut, car je travaillais sans arrêt. Je ne pense pas qu'il soit possible d'interrompre son travail. Il faut y penser le jour et en rêver la nuit. Il est, certes, commode de ne travailler que pendant les heures de bureau, de prendre sa tâche le matin pour la laisser le soir et n'y plus songer jusqu'au lendemain, et on peut très bien agir de la sorte, si l'on a un caractère à se contenter toute sa vie de recevoir des ordres, d'être un employé, un employé sérieux peut-être, mais jamais un directeur ni un chef d'industrie. Un travailleur manuel ne doit travailler qu'un nombre d'heures limité ; sans quoi il s'userait. S'il ne désire que rester toute sa vie travailleur manuel, il faut que, au moment où le sifflet se fait entendre, il cesse de penser à sa tâche. Mais s'il a l'ambition d'avancer, d'arriver à quelque chose, le coup de sifflet lui indiquera, au contraire, que le moment est venu de se mettre à repasser dans son esprit le travail de la journée, pour découvrir comment on pourrait le mieux faire.

L'homme qui a la plus grande capacité de travail et de réflexion est celui qui doit réussir. Je ne prétends pas dire, parce que je n'en sais rien, qu'un travailleur acharné, qui jamais ne perd de vue ses occupations, ni le souci de son avancement et qui, par suite, avance, soit plus heureux que celui dont l'activité, soit intellectuelle, soit manuelle, se tient dans les limites de la journée de travail. Il n'incombe à personne de trancher une telle question. Mais une machine de dix chevaux ne traînera pas autant de poids qu'une machine de vingt chevaux. L'homme qui arrête le travail de son esprit en quittant son bureau limite sa force motrice. S'il lui suffît de traîner la charge assignée, fort bien, c'est son affaire : mais il ne faut pas qu'il se plaigne si un autre qui a augmenté sa force motrice tire mieux que lui. Le loisir et l'activité produisent des résultats différents. Quand on ne demande que le repos et qu'on l'obtient, on n'a pas à se plaindre. Mais on ne peut jouir à la fois des résultats de du travail et de ceux de la paresse.

En résumé, ce que j'appris principalement sur les affaires cette année-là (et j'ai appris davantage d'année en année sans m'apercevoir de la nécessité de modifier mes convictions) fut ceci :

1. Que la finance a été placée au-dessus du travail et par suite tend à tuer le travail et à détruire les fondements de la production ;

2. Que penser d'abord à l'argent au lieu de penser au

travail entraîne la peur d'échouer, et que cette peur arrête sur toutes les voies la marche des affaires. L'industriel devient craintif devant la concurrence, devant un changement de méthode, devant toute démarche de nature à modifier sa situation ;

3. Que la voie est libre pour quiconque se préoccupe en premier lieu du rendement, et de faire son travail le mieux possible.

CHAPITRE III
LE DÉMARRAGE DE MON AFFAIRE

Dans mon petit atelier de Park Place, j'eus toute facilité d'élaborer le projet, et, en partie, la méthode de fabrication d'une nouvelle voiture. Même s'il eut été possible de créer exactement la société qu'il me fallait, s'inspirant surtout de l'intérêt de la bonne fabrication et de celui du public, je n'aurais pu, j'en acquis la conviction, construire une automobile parfaite, d'un prix modique, en suivant les méthodes de fabrication conventionnelles qui régnaient.

Chacun sait que l'on réussit toujours mieux un travail la seconde fois qu'on le fait. J'ignore pourquoi la fabrication n'avait pas alors, d'une façon générale, reconnu cette vérité fondamentale ; il faut peut-être en chercher la raison dans la hâte des industriels d'avoir quelque chose de prêt pour la vente ; ils ne se donnaient pas le temps indispensable pour une préparation sérieuse. Travailler sur commande au lieu de produire en quantité est, je pense, une tradition du vieux temps des métiers. Demandez à cent personnes comment elles désirent que soit fabriqué tel ou tel article : il y en aura quatre-vingts qui ne sauront quoi répondre ; elles s'en rapporteront à vous. Quinze autres se croiront obligées de dire quelque chose ; et les cinq dernières seulement auront des préférences et en donneront les raisons. Cette proportion de quatre-vingt-quinze individus sur cent, englobant ceux qui n'ont pas de préférence et l'avouent, plus ceux qui n'en n'ont pas non plus, mais ne l'avouent pas, forme la véritable clientèle d'un produit quelconque. Les cinq derniers, qui ont des exigences particulières, peuvent ou ne peuvent pas payer le prix de l'article spécial qu'ils demandent. Si c'est dans leurs moyens, ils se procureront l'article ; mais ils ne constituent qu'une clientèle spéciale et limitée. Sur les quatre-vingt-quinze, dix ou quinze peut-être se préoccuperont de la qualité du produit. Parmi les autres, une partie sera séduite par le prix et ne pensera pas à la qualité. Cette catégorie diminue de jour en jour. Les acheteurs apprennent à acheter. Le plus grand nombre fait entrer en compte l'excellence d'un produit et veut, pour son argent, avoir la meilleure qualité possible. Si, par conséquent, vous savez trouver l'article qui donnera à ces quatre-vingt-quinze pour cent de la clientèle la satisfaction la plus complète, et que vous réussissiez alors à donner à votre article la meilleure qualité possible en la mettant au prix le plus bas possible, le marché que vous vous ouvrirez sera tellement étendu qu'on peut le considérer comme universel.

Ce n'est pas là standardiser. L'emploi du mot standardisation est très propre à induire en erreur, car il implique une certaine rigidité de type et de méthode, et exprime en général le fait d'un fabricant choisissant l'article qu'il a le plus de facilité à produire et le plus de bénéfice à vendre. La plupart du temps, ce qu'il y a derrière la standardisation, c'est le désir d'un plus gros profit. Le résultat en est que, avec les économies qui sont inévitables quand on ne fabrique qu'un seul article, le manufacturier fait des profits de plus en plus grands. Sa production augmente aussi, ses ateliers rendant davantage, et avant qu'il ne s'en aperçoive, le marché est encombré de produits qui ne se vendent pas. Ils se vendraient, si le fabricant en demandait un prix plus modeste. Il y a toujours, pour un article, une clientèle, mais elle ne se présente pas toujours sur une baisse de prix. Si un article a d'abord été coté à un prix trop élevé et que, par suite de la stagnation des affaires, on réduise tout à coup ce prix, l'attitude de l'acheteur est parfois très décevante. Cela s'explique : le public est méfiant. Il s'imagine que la réduction est illusoire, et se tient sur la réserve, attendant la baisse sérieuse. Nous avons vu cela plus d'une fois dernièrement. Si, au contraire, l'économie de fabrication est immédiatement reportée sur le prix de l'article et que l'on sache bien que tel est le principe du fabricant, le public aura confiance en lui et répondra à ses offres. C'est ainsi que la standardisation peut avoir l'air d'une mauvaise affaire, si elle n'est liée à une systématique et constante réduction des prix de vente. Et cette réduction (ce point est très important) doit suivre les économies de fabrication réalisées et non pas être décidée en conséquence de l'abstention du public qui, par mécontentement du prix, n'achète plus. Le public devrait toujours se demander comment il est si bien servi pour si peu d'argent. La statistique de nos ventes fournit la justification manifeste de ces principes.

La standardisation, dans le sens que je donne à ce terme, ne consiste pas à faire le choix de l'article qui donne le plus gros bénéfice et à se consacrer exclusivement à sa fabrication, mais à passer les jours et les nuits, probablement pendant des années, premièrement à chercher l'article qui fera le mieux l'affaire du public et, secondement, la meilleure façon de le réaliser. Et si, après cela, vous mettez à la base de la fabrication, au lieu du principe du bénéfice personnel celui de l'utilité générale, vous édifierez une entreprise solide dont les bénéfices combleront tous vos vœux.

Tout ce qui précède me paraît évident. C'est le fondement logique de toute affaire qui vise à pourvoir aux besoins de 95 % de la communauté. C'est aussi pour la communauté la façon logique de pourvoir à ses besoins. Je ne puis comprendre que toutes les affaires ne se conforment pas à cette règle. Il suffirait pour l'adopter de surmonter l'habitude de se jeter sur le premier dollar qui se présente, comme s'il n'y avait pas un autre dollar au monde. On commence à triompher de cette habitude. Tous les magasins de détail importants et prospères de notre pays reposent sur la base du prix unique. Le pas qui reste à franchir maintenant est de renoncer à établir le prix sur les ressources de la consommation, et d'adopter le principe de sens commun consistant à fixer le prix de vente d'après le coût de fabrication, puis de réduire ensuite ce coût de fabrication. Quand un article a été suffisamment étudié, il ne se perfectionnera que lentement, et grâce à de longues réflexions. Mais les procédés de fabrication se modifieront très rapidement et d'une façon toute naturelle ; nous en avons fait l'épreuve dans toutes nos entreprises. J'expliquerai ailleurs la façon naturelle dont les modifications se produisent. Ce que je tiens à bien faire comprendre ici, c'est qu'on n'arrive pas à établir l'article auquel on puisse consacrer ses efforts sans une infinité d'études préalables. Ce n'est pas l'affaire d'une après-midi.

Victoire sensationnelle

Telles étaient les pensées qui se formaient dans mon esprit pendant cette année d'expériences. La plupart de mes essais étaient alors dirigés vers la construction des voitures de course. On se figurait alors qu'une bonne voiture devait pouvoir participer aux courses. Je n'ai jamais, pour ma part, eu les courses en grande faveur, mais, s'en rapportant à l'exemple de la bicyclette, les fabricants croyaient qu'une victoire remportée sur une piste était aux yeux du public le gage de la valeur d'une automobile. J'ai cependant peine à imaginer une épreuve moins convaincante que celle-là.

Enfin ! L'usage étant de courir, il fallut s'y conformer. En 1903, avec Tom Cooper, je construisis deux voitures spécialement établies pour la vitesse, et identiques. Nous baptisâmes l'une la *999* et l'autre *la Flèche*. Une automobile, pour se faire connaître, devait être rapide. Aussi avions-nous résolu d'en fabriquer qui fussent connues partout où il était question de rapidité. Telles furent ces deux-là. Je les munis de quatre gros cylindres donnant une force de 80 chevaux, ce qui ne s'était jamais vu jusqu'alors, et dont le vacarme seul suffisait presque à tuer un homme. Elles n'avaient qu'un siège : une vie humaine par voiture nous parut un sacrifice suffisant. J'essayai les voitures. Cooper les essaya aussi. Nous les mîmes à pleine vitesse.

Je me déclare incapable de traduire les impressions que j'éprouvai alors. Après une pareille course, franchir les chutes du Niagara m'eût paru un simple divertissement. Je ne voulus pas me charger de conduire sur la piste la *999*, qui fut prête la première. Tom Cooper ne s'en chargea pas non plus. Mais il me dit connaître un homme dont la vitesse était le gagne-pain, et qu'aucune allure ne ferait reculer. Il télégraphia donc à Salt Lake City, d'où nous arriva bientôt un cycliste de profession, nommé Barney Oldfield. Celui-ci n'avait jamais conduit une automobile, mais il tenait à s'y essayer. Il essayait de tout une fois, disait-il.

Il ne lui fallut qu'une semaine pour apprendre à conduire.

C'était un homme qui ne connaissait pas la peur. Tout ce qu'il eut à apprendre fut de tenir en main le monstre. Tenir en main la voiture la plus rapide d'aujourd'hui n'est rien auprès de la difficulté que présentait celle-là. On n'avait pas encore imaginé le volant de direction. Toutes les machines que j'avais construites antérieurement n'avaient qu'une barre. À celle-ci, j'avais mis une barre à deux poignées, car, pour la maintenir dans sa direction, toute la force d'un homme vigoureux n'était pas de trop.

La course pour laquelle nous nous préparions devait avoir lieu à trois milles de chez nous, sur la piste de Gross-Point. Nous réservions une surprise au public avec nos voitures et laissions les prédictions aux autres.

Le profil des pistes n'était pas établi alors d'une façon scientifique : on ne se doutait pas de la vitesse que l'automobile pouvait atteindre. Nul ne connaissait mieux qu'Oldfield le danger des virages. En prenant son siège, tandis que je mettais la voiture au point pour le départ, il me déclara gaîment :

- Ma foi ! cette voiture me tuera peut-être, mais on pourra dire ensuite que je marchais comme tous les diables en passant avec elle par-dessus bord !

Il marcha comme il l'avait dit ! Pas une fois il ne jeta un coup d'œil de côté. Il ne ralentissait pas aux tournants. Il laissait simplement marcher sa voiture ; et elle marchait ! Quand la course prit fin, il avait un demi-mille d'avance sur le deuxième !

La Société des Automobiles Ford

La « *999* » remplit le but qui lui était assigné. Elle fit connaître que je savais construire des automobiles rapides.

Une semaine après la course, je formai la *Société des Automobiles Ford.* J'en étais vice-président, dessinateur, mécanicien-chef, chef d'atelier et directeur général. Le capital de la Société s'élevait à cent mille dollars, dont je reçus 25,5 %. Le montant total des fonds versés fut d'environ vingt-huit mille dollars : c'est le seul argent que la Société ait jamais touché, en dehors du produit de ses opérations. Au début, je croyais possible, en dépit de mon expérience antérieure, de marcher avec une Société dans laquelle je posséderais moins que la majorité des parts. Je m'aperçus bientôt qu'il fallait que je fusse le maître, et, en conséquence, en 1906, avec l'argent que j'avais gagné dans la Société, j'achetai assez de titres pour avoir 51 % des parts. Un peu plus tard, j'en acquis d'autres encore qui portèrent ma participation à 58,5 %.

Les nouvelles constructions et le développement entier de nos entreprises ont toujours été financés par les bénéfices. En 1919, mon fils Edsel racheta 41,5 % des parts qui étaient hors de nos mains, parce que quelques-uns des porteurs n'approuvaient pas mes vues. Il paya ces titres sur le pied de 12 500 dollars chacun, le prix du pair étant de 100 dollars. Il versa en tout environ soixante-quinze millions de dollars.

La Société originelle et son installation, on peut l'imaginer, furent modestes. Nous prîmes à loyer l'atelier de charpentier de Strelow dans Mack Avenue. En établissant mes plans, j'avais aussi déterminé les méthodes de fabrication, mais comme en ce temps-là nous ne pouvions nous permettre d'acheter des machines, toute la voiture était faite sur mes dessins, mais par différents fabricants, et notre part dans le montage se bornait à placer les roues, les pneumatiques et la caisse. Ce serait là vraiment la méthode de fabrication la plus économique, si on pouvait seulement être sûr que toutes les pièces fussent fabriquées d'après le système esquissé plus haut. La fabrication la plus économique dans l'avenir sera celle dans laquelle un article complet ne sera pas confectionné sous le même toit, à moins, bien entendu, que ce ne soit un article très simple. La méthode moderne, ou pour mieux dire future, consistera à faire fabriquer chaque pièce à l'endroit où elle pourra être le mieux fabriquée et à faire l'assemblage du tout aux endroits où l'article devra être mis en vente. Telle est la méthode que nous pratiquons actuellement et que nous songeons à étendre. Il serait indifférent que, soit une société, soit un individu possédassent toutes les usines fabriquant les diverses parties intégrantes d'un article unique, ou, au contraire, que ces diverses pièces fussent faites par des usines indépendantes, à condition cependant que toutes adoptassent les mêmes méthodes de bonne production. Quand nous pouvons acheter à d'autres des pièces aussi bonnes que si nous les faisions nous-mêmes, si l'on peut nous en fournir en quantité suffisante au prix convenable, nous n'essayons pas de les fabriquer nous-mêmes, ou du moins d'en fabriquer plus que ce qui est nécessaire pour parer à un cas exceptionnel. En fait, il vaudrait peut-être mieux que les usines fussent réparties entre de nombreuses entreprises indépendantes.

La lourdeur des véhicules, voilà l'ennemi

Mes essais avaient porté, principalement, sur la réduction du poids. La lourdeur est la mort de tous les véhicules automoteurs, et il règne sur ce point une foule d'idées absurdes. Rien n'est bizarre, quand on y songe, comme les sottises qui finissent par entrer dans le langage courant ; comme lorsque pour apprécier, par exemple, la valeur intellectuelle d'un homme, on dit : « C'est un homme de poids. » Qu'est-ce que cela signifie ? Nul ne considère, je suppose, la grosseur et la lourdeur comme un avantage pour le corps. Pourquoi, alors, en serait-ce un pour l'intelligence ? Car je ne sais par quelle erreur on en est venu à confondre la force avec le poids.

Les méthodes grossières de l'ancienne fabrication en furent, sans aucun doute, en grande partie la cause. L'ancienne charrette à bœufs pesait une tonne et ce poids excessif faisait sa faiblesse. Pour transporter de New York à Chicago quelques centaines de kilogrammes d'êtres humains, les réseaux construisent des trains qui pèsent des centaines de tonnes. Il en résulte une perte absolue de force réelle et une dissipation extravagante de force motrice, se montant à d'innombrables millions de dollars. La loi du rendement décroissant commence à opérer au point où la force devient du poids. La lourdeur est utile dans un rouleau compresseur, mais c'est tout. La force n'a rien à voir avec le poids. Les gens qui mènent à bien quelque chose, dans ce monde, sont d'une mentalité alerte, légère et robuste. Les plus belles choses sont celles dont tout excès de poids a été éliminé. La force n'est jamais seulement du poids, ni chez les hommes ni dans les objets matériels. Chaque fois que l'on vient me dire que je pourrais donner plus de poids à tel organe, ou ajouter quelque part une pièce, je me mets à chercher s'il n'y aurait pas moyen de réduire encore le poids et d'éliminer quelque pièce. La voiture que j'avais établie était plus légère que toute autre fabriquée jusqu'alors et je l'aurai allégée encore, si j'avais su comment m'y prendre. Par la suite, j'eus les matériaux qu'il me fallait pour construire avec plus de légèreté.

Le modèle A.

La première année, nous construisîmes notre modèle A, vendant la voiture à deux places 850 dollars et le tonneau cent dollars de plus. Ce modèle avait un moteur de deux cylindres opposés développant une force de 8 chevaux. Il avait une chaîne de propulsion, soixante-douze pouces de distance entre les trains de roues, ce que l'on considérait comme long, et une capacité de réservoir de cinq gallons. Nous construisîmes et vendîmes, au cours de cette première année, 1 708 voitures. Cela montre l'accueil que nous fit le public.

Chacun de ces modèles A a son histoire. Prenons, par exemple, la voiture n° 420. Le Colonel D. C. Collier, de Californie nous l'acheta en 1904, s'en servit deux ans, la revendit et racheta une autre Ford. Le n° 420 changea encore de mains plusieurs fois avant d'être acheté en 1907 par un M. Edmond Jacobs, qui habitait à Pamona, au beau milieu des montagnes. Il lui fit faire pendant plusieurs années le service le plus dur, puis, après avoir acheté une autre Ford, revendit la première. En 1915, le n° 420 tomba aux mains d'un nommé Cantello qui en ôta le moteur pour l'adapter à une pompe, et fixa des brancards au châssis. Aujourd'hui, pendant que le moteur s'évertue à pomper de l'eau, le châssis traîné par un bourricot fait office de char à bancs. La morale de cette histoire, c'est que si l'on peut disséquer une Ford, on n'arrive pas à la tuer.

Dans notre première réclame, nous disions :

« Notre intention est de mettre sur le marché une automobile spécialement conçue pour répondre aux besoins courants du commerce, des professions libérales et de la vie familiale, et d'une vitesse suffisante pour donner satisfaction à la clientèle ordinaire sans prétendre à ces allures de casse-cou qui font l'objet d'une critique universelle ; une machine qui fera l'admiration de tous, hommes, femmes ou enfants, par sa solidité, sa simplicité, sa sûreté et ses avantages généraux, et (dernier point mais non le moins important) par son prix fort raisonnable qui la mettra à la portée de nombreux milliers d'acheteurs qui ne peuvent songer à débourser les sommes presque fabuleuses demandées pour la plupart des voitures. »

Et voici les détails sur lesquels nous nous étendions :

- La qualité des matériaux.
- La simplicité (la plupart des voitures à cette date ne pouvaient être conduites que par des gens très exercés).
- Le moteur.
- L'allumage (qui était procuré par deux assemblages de six batteries sèches).
- Le graissage automatique.
- La simplicité et la facilité de maniement de la transmission qui était du type *conectary*.
- L'usinage.

Nous ne faisions pas valoir les raisons d'agrément. Nous ne l'avons jamais fait. Dans cette première réclame, nous montrions qu'une automobile est un objet d'utilité. Nous disions :

« On entend souvent répéter : le temps c'est de l'argent. Et cependant qu'elles sont rares, dans les affaires où les professions libérales, les personnes qui agissent comme si elles croyaient réellement à la vérité de ce vieux proverbe !

Des hommes qui se plaignent sans cesse de manquer de temps et gémissent sur la brièveté des semaines, des hommes pour qui cinq minutes perdues équivalent à un dollar jeté à l'eau, pour qui un retard de cinq minutes entraîne à l'occasion la perte d'une forte somme, persistent cependant à se confier aux moyens de transport irréguliers, incommodes et limités que leur procurent les voitures publiques, alors que, en consacrant une somme tout à fait modeste à l'achat d'une automobile de belle qualité et de fonctionnement parfait, ils s'épargneraient toute inquiétude et tout retard, et s'assureraient un luxueux moyen de transport, qui serait constamment à leur disposition ; toujours prêt, toujours sûr ; conçu de manière à épargner leur temps et par conséquent leur argent ; à les mener n'importe où il leur plaît d'aller, et les ramener à l'heure ; à confirmer leur réputation de ponctualité ; à tenir leurs clients en bonne humeur et en bonnes dispositions ; bon pour les affaires ou l'agrément, à volonté ; bon aussi pour la santé, pour parcourir sans cahots n'importe quelle route à peu près praticable, pour reposer le cerveau par les longues promenades au grand air et rafraîchir les poumons grâce à ce tonique des toniques : une atmosphère salubre.

Veut-on de la vitesse ? En voici. On peut, à volonté, suivre lentement les avenues ombreuses, ou bien presser sur la pédale jusqu'à ce que tous les détails du paysage se confondent et que l'on soit forcé de mettre ses yeux sous vitre pour voir défiler les bornes kilométriques. »

Je donne la substance de cette réclame pour montrer que, dès le début, nous avions en vue l'utilité. Nous n'avons jamais ennuyé les oreilles du public d'une « voiture sportive ou à vocation de loisir ».

Nos affaires s'étendirent comme par miracle. Nos voitures acquirent une réputation par leur résistance. Elles étaient robustes, simples et bien construites. Je travaillais à mon projet d'un modèle universel unique, mais je n'avais pas encore mis au point mes dessins et nous n'avions pas encore l'argent nécessaire pour construire et équiper l'usine convenable. Je n'avais pas assez d'argent pour découvrir les matériaux les meilleurs et les plus légers. Nous devions en attendant nous contenter de ceux que nous offrait le marché. Nous prenions les meilleurs, mais nous n'avions pas les moyens qu'exigent l'étude scientifique des matériaux et les recherches originales.

Nos associés n'étaient pas convaincus qu'il fût possible de se borner à un seul modèle. L'industrie automobile suivait la voie tracée par l'ancienne industrie cycliste, alors que chaque fabricant se croyait obligé de présenter tous les ans un nouveau modèle et de le faire assez différent de tous les précédents pour que les propriétaires de ceux-ci fussent désireux de s'en défaire et d'en acheter de nouveaux. On croyait que c'était là entendre les affaires. C'est la conception à laquelle les femmes se soumettent pour leur vêtement et leur coiffure. Cela n'a rien à voir avec l'utilité et ne tend qu'à fournir des articles nouveaux et non des articles meilleurs. Il est extraordinaire de voir à quel point est enracinée l'idée que le commerce, la vente courante, a pour ressort non la satisfaction donnée une bonne fois à la clientèle, mais consiste à obtenir d'abord son argent en échange d'un article et ensuite à la persuader d'en acheter un autre différent. Le plan que j'avais déjà derrière la tête, mais qui, dans l'état de nos affaires, ne pouvait encore se traduire par des actes, était de faire en sorte que, une fois un modèle bien déterminé, tout perfectionnement apporté à ce modèle pût être incorporé aux voitures fabriquées précédemment, de telle sorte que nos automobiles ne fussent jamais démodées. J'ai pour ambition que toute pièce de mécanique ou autre organe durable fabriqué par moi soit assez robuste et bien conditionné pour n'avoir jamais besoin d'être renouvelé. Une bonne machine de n'importe quel genre doit durer aussi longtemps qu'une bonne montre.

Les modèles B et C

L'année suivante, nous divisâmes notre activité entre trois modèles. Nous fîmes une voiture de tourisme à quatre cylindres, le modèle B, qui se vendait deux mille dollars ; un modèle C, qui n'était qu'un léger perfectionnement du modèle A, et se vendait cinquante dollars de plus ; et un modèle F, voiture de tourisme qui se vendait mille dollars. En résumé, nous éparpillâmes nos efforts et augmentâmes nos prix ; ce qui eut pour résultat de nous faire vendre moins de voitures que la première année. Nous en vendîmes 1 695.

Ce modèle B, la première voiture routière, pourvue de quatre cylindres, avait besoin qu'on la fit connaître. Gagner une course ou établir un record était alors le meilleur procédé de publicité. Je réparai *la Flèche*, la jumelle de la vieille *999*, la refis en quelque sorte complètement, et, une semaine avant l'exposition automobile de New York, je la conduisis moi-même sur une piste d'un mille en droite ligne sur la glace. Je n'oublierai jamais cette course. La glace paraissait lisse, et, si j'avais décliné l'épreuve, cela nous eut fait une énorme réclame à rebours, mais au lieu d'être unie, elle était au contraire coupée de crevasses qui devaient, comme je le prévoyais, me donner du mal au moment où je prendrais de la vitesse. Il fallait pourtant en courir le risque, et je lançai ma vieille Flèche. À chaque crevasse, la voiture bondissait, et je me demandais comment elle allait descendre. Quand je n'étais pas en l'air, je patinais. Mais je parvins, somme toute, à rester sur mon siège et sur la piste et j'établis un record dont il fut parlé dans le monde entier. Cette journée mit le modèle B en faveur, mais pas assez pour contrebalancer l'effet de l'augmentation du prix. Il n'y a pas d'acrobatie ni de publicité capable de donner une vogue durable à un article. Les affaires ne sont pas un jeu. On verra bientôt la morale de ce récit.

Nos agrandissements

Notre petit atelier en bois était devenu complètement insuffisant pour l'importance de nos affaires et, en 1906, nous prélevâmes sur notre capital roulant une somme suffisante pour construire, à l'angle des rues Piquette et

Beaubien, une usine à trois étages, où pour la première fois nous trouvâmes de véritables facilités de fabrication.

Nous commençâmes à fabriquer et à assembler une bonne partie des pièces, bien que nous fussions surtout jusqu'alors un atelier d'assemblage. Au cours de l'année 1905-1906, nous ne construisîmes que deux modèles : le quatre cylindres à deux mille dollars et la voiture de tourisme à mille dollars ; c'étaient deux des types de l'année précédente ; notre vente tomba à 1 599 voitures.

Certains disaient que c'était parce que nous n'avions pas présenté de nouveaux modèles. Mon avis à moi fut que nos voitures étaient trop chères et ne faisaient pas l'affaire des quatre-vingt-quinze pour cent du public. Aussi, l'année suivante, m'étant rendu maître de la majorité des parts, je changeai de principe directeur. Pour l'exercice 1906-1907, nous renonçâmes complètement aux voitures de tourisme et fîmes trois modèles de voitures légères ou routières, dont aucun ne se distinguait sensiblement des deux autres par là fabrication ou l'agencement, mais en différait un peu par l'aspect. Le point important fut que, de ces voitures, la moins chère se vendait six cents dollars et la plus coûteuse sept cent cinquante dollars seulement. La démonstration complète de l'importance du prix ne se fit pas attendre. Nous en vendîmes 8 423, près de cinq fois autant que dans la meilleure des années précédentes. Notre semaine triomphale fut celle qui commença le 15 mai 1906 : nous assemblâmes 311 voitures dans les six jours ouvrables. Nous étions presque débordés. Un contremaître inscrivait au tableau noir chaque automobile à mesure qu'elle était prête et livrée aux essayeurs. C'est à peine si le tableau put contenir la liste. Un certain jour du mois de juin suivant, nous assemblâmes exactement 100 voitures.

L'année suivante, nous nous départîmes du programme qui

nous avait si bien réussi. J'établis une grosse 50 chevaux à six cylindres qui devait brûler le pavé. Nous poursuivîmes aussi la fabrication de nos petites voitures, mais la panique de 1907 et la diversion causée par le modèle plus cher fit tomber notre vente à 6 398 unités.

Nous avions donc parcouru une période d'essais de cinq ans. Nos voitures commençaient à se vendre en Europe. Au stade où était alors l'industrie automobile, notre affaire était considérée comme extraordinairement prospère. Nous avions beaucoup d'argent. Nous en avions gagné depuis le début. Nous vendions au comptant, sans intermédiaires, et n'empruntions pas. Nous n'avions pas de dettes gênantes et en aucun cas ne prenions des engagements au-dessus de nos moyens. Je n'ai jamais été dans le cas de le faire, parce que, lorsqu'on ne perd pas de vue son travail ni l'intérêt général, les ressources ne peuvent manquer de s'accroître tellement vite qu'on a peine à en régler l'emploi.

Les agents de vente

Nous donnions grand soin au choix de nos agents de vente. Tout d'abord, nous trouvions difficilement de bons agents, parce que le commerce de l'automobile n'était pas considéré comme stable. On le tenait pour affaire de luxe, bornée à la vente des voitures de plaisance. Nous finîmes par désigner des agents triés parmi les meilleurs que nous pûmes trouver et leur donnâmes des appointements supérieurs à ce qu'ils auraient pu gagner en travaillant pour leur compte.

Au début, nous n'avions pas accordé de très hauts salaires. Nous tâtonnions alors ; mais une fois que nous sûmes bien où nous allions, nous adoptâmes le principe de payer les plus hauts salaires possibles, en exigeant, en retour, le meilleur travail possible.

Parmi les conditions que nous imposions à nos agents, il y avait les suivantes :

1. Être homme de progrès, et très éveillé aux possibilités d'affaires.
2. Avoir un local convenable pour la vente, propre et d'apparence sérieuse.
3. Tenir un assortiment de pièces de rechange suffisant pour remplacer les manquantes, et conserver en bon état de fonctionnement toutes les voitures Ford de la région assignée.
4. Avoir un atelier de réparation bien équipé et muni de la machinerie nécessaire pour toutes les réparations.
5. Avoir des ouvriers tout à fait familiarisés avec la construction et le fonctionnement des voitures Ford.
6. Tenir une comptabilité complète, suivant de près la marche des ventes, et conçue de façon à faire apparaître à première vue la situation financière des divers services de son commerce, les quantités en magasin et leur état, la clientèle présente et les perspectives d'avenir.
7. Faire observer une propreté rigoureuse dans tous les services. Pas de fenêtres mal nettoyées, pas de poussière sur les meubles, pas de parquets malpropres.
8. Avoir une enseigne convenable.
9. Suivre des pratiques commerciales d'absolue loyauté et de parfaite moralité.

Et voici l'instruction générale que nous envoyâmes :

Tout agent de vente ou commissionnaire doit se procurer les noms de toutes les personnes qui, dans sa région, sont en situation d'acquérir le cas échéant une automobile, même de celles qui n'y ont jamais songé encore. Il doit ensuite faire des offres, par visite si possible, par correspondance à la rigueur, à chacun de ces clients éventuels, et prendre en note à l'égard de chacun les possibilités d'affaires. Si un agent a une région trop étendue pour pouvoir se livrer à ce travail, cela prouve que sa région devra être restreinte.

Un gros procès

Notre marche n'était pas sans obstacle. Nous étions harcelés par un gros procès qu'on nous avait intenté pour nous forcer à entrer en combinaison avec une association de fabricants sous le principe erroné qu'il y avait pour l'automobile un marché limité et qu'il fallait absolument avoir le monopole de ce marché. Ce fut le fameux procès du brevet Selden. Par moments, les frais de notre défense grevaient sérieusement nos ressources. M. Selden, qui est mort récemment, n'avait pas grand intérêt au procès. C'était l'association qui cherchait à se faire un monopole à l'abri du brevet. Voici comment la question se posait :

Georges B. Selden, agent de brevets, avait déjà, en 1879, fait une demande de brevet dont l'objet était la production d'une locomotive de route, sûre, simple et bon marché, de poids léger, facile à conduire, d'une force suffisante pour monter une pente ordinaire. Cette demande fut tenue en instance à l'Office des brevets par des procédés parfaitement légaux, jusqu'en 1895, année où la demande fut accordée. Lorsqu'elle avait été, présentée en 1879, l'automobile était chose à peu totalement étrangère au public ; mais à la date le brevet fut accordé, tout le monde était familiarisé avec les véhicules automoteurs et la plupart des personnes qui, comme moi, y avaient consacré des années furent bien étonnées d'apprendre que ce qu'elles avaient réalisé tombait sous le coup d'un brevet dont la demande remontait à bon nombre d'années, bien que le requérant n'eut rien fait, depuis lors, pour réaliser son idée.

Les spécifications du brevet Selden se divisaient en six groupes. Je ne pense pas qu'aucune d'entre elles, même à la date de la demande, en 1879, exprimât une idée nouvelle. L'Office admit le principe d'une combinaison et délivra ce qu'on appelle un brevet de combinaison. Par cette décision, un appareil composé d'une voiture, avec sa caisse et son volant de direction, d'un mécanisme de transmission et de propulsions, et enfin d'un moteur, faisait l'objet d'un brevet valide.

Rien de tout cela ne nous concernait. Ma machine n'avait rien de commun avec l'idée de Selden. La puissante association de fabricants qui s'intitulaient « fabricants à licence » parce qu'ils opéraient en vertu de licences cédées par le détenteur du brevet, nous voyant prendre rang dans l'industrie automobile, nous intenta un procès. Le procès traîna. Il n'avait pour but que de nous intimider et de nous faire renoncer à la fabrication. Nous recueillîmes des volumes de témoignages. Le 15 septembre 1909, le coup nous fut porté. Le juge Hough, de la Cour de District, rendit son jugement contre nous. Immédiatement, les fabricants à licence firent publier ce jugement, mettant en garde les acheteurs. Ils avaient fait de même en 1903, au début du procès, pensant pouvoir nous faire renoncer aux affaires. J'avais foi entière dans le triomphe final de notre cause, car je savais que nous étions dans notre droit. Mais, en obtenant contre nous cette première décision, on nous portait un coup redoutable. Nous craignions que de nombreux clients, bien que nulle injonction ne nous eût été signifiée, ne fussent détournés de s'adresser à nous, par la crainte de poursuites contre les possesseurs individuels de voitures de notre maison. On répandait que si le procès tournait définitivement à mon détriment tout détenteur d'une Ford serait poursuivi. Quelques-uns de mes adversaires les plus fougueux allaient jusqu'à colporter qu'il s'agissait de poursuites au criminel, non moins qu'au civil, et qu'acheter une voiture Ford équivalait à acheter une place en prison. Nous répondîmes par une annonce pour laquelle nous prîmes quatre pages dans les principaux journaux des États-Unis. Nous y exposions notre cause. Nous y exprimions notre confiance dans la victoire. En voici la conclusion :

« *Pour conclure, nous avons l'honneur de déclarer que si des clients éventuels étaient intimidés par les prétentions de nos adversaires, nous leur offrons, outre la garantie de la Société Ford, avec ses quelques six millions de dollars de capitalisation, une garantie individuelle endossée par une Société ayant plus de six millions de dollars, de telle sorte que chaque possesseur d'une Ford sera protégé tant que ces douze millions de capitaux n'auront pas été absorbés par ceux qui veulent se rendre maîtres du monopole de cette merveilleuse industrie.*
Il suffit de demander cette garantie pour l'obtenir ; par conséquent, ne vous laissez pas vendre des automobiles de qualité inférieure à des prix extravagants, par crainte des menaces de cette auguste association.

N. B. La lutte n'est pas menée par la Société Ford sans les avis et les conseils des premiers juristes consultants en matière de brevets. »

Tout en espérant que la garantie rassurerait les acheteurs, nous pensions qu'ils avaient besoin d'être rassurés. Nous nous trompions. Nous vendîmes cette année plus de dix-huit mille voitures, près du double de notre production de l'année précédente et il n'y eut, je crois, qu'une cinquantaine de clients qui réclamèrent la garantie... peut-être moins.

Il est probable qu'aucune réclame n'a fait autant de bien à la Société Ford que ce procès. Nous paraissions les plus faibles et cela nous valait la sympathie du public. Nos adversaires disposaient de soixante-dix millions de dollars. Au début, nous n'avions pas le demi-millième de cette somme ; mais je ne doutai jamais du résultat. Il valait pourtant mieux n'avoir pas cette épée suspendue sur nos têtes.

Jamais peut-être des industriels américains n'ont fait preuve d'un aveuglement comparable à celui de ces fabricants s'unissant pour nous intenter un semblable procès. Examinée sous toutes ses faces, cette démarche fournit le plus bel exemple imaginable d'une action commune entreprise pour tuer, sans le savoir, une industrie.

Je considère comme un grand bonheur pour tous les fabricants d'automobiles des États-Unis notre victoire finale et la disparition de l'Association des fabricants comme facteur important de cette industrie. Néanmoins, dès 1908, en dépit du procès, nous étions en mesure d'annoncer et de mettre en construction le type de voiture que je voulais réaliser.

CHAPITRE IV
LE SECRET DE LA PRODUCTION ET DU SERVICE

Ce n'est pas pour des raisons personnelles que je retrace ici la carrière de la Société Ford. Je ne dis à personne : « Va et suis mon exemple. » Ce que je cherche à faire ressortir, c'est que la façon commune de conduire les affaires n'est pas la meilleure possible. J'en arrive au moment où je me départis entièrement des méthodes ordinaires. Ce fut le point de départ de l'extraordinaire succès de la Société.

Nous avions à peu près suivi les habitudes de l'industrie. Notre machine était moins compliquée qu'aucune autre, et nous n'avions pas d'argent extérieur dans notre affaire. Mais, hors ces deux points, nous ne différions pas sensiblement des autres sociétés. Nous avions seulement un peu mieux réussi et appliqué avec rigueur le principe d'éviter tous les escomptes, de remettre nos bénéfices dans l'affaire et de conserver de larges avances d'argent. Nous engagions des voitures à toutes les courses. Nous faisions de la publicité et tâchions de vendre le plus possible. Outre la simplicité de construction de notre voiture, notre principale particularité consistait à ne pas envisager l'automobile de pur agrément. Notre automobile n'était pas moins agréable qu'une autre, mais nous en écartions toute recherche superflue. Cependant, quand un client nous demandait quelque accommodation particulière, nous l'exécutions et nous n'aurions peut-être pas refusé de construire une voiture spéciale pour un bon prix. En résumé, nous étions une société prospère. Il nous aurait été facile de nous asseoir et de dire : « Nous voici arrivés. Contentons-nous de garder ce que nous avons. »

Du reste, quelques-uns des nôtres y inclinaient. Quelques porteurs de parts s'alarmèrent sérieusement quand ils virent notre production atteindre cent voitures par jour. Ils voulaient prendre des mesures pour m'empêcher de ruiner la Société ; et quand je leur répondis que cent voitures par jour n'étaient qu'une bagatelle, que j'espérais pouvoir avant longtemps en construire mille, leur désolation fut inexprimable. Ils songèrent sérieusement à invoquer contre moi la protection des tribunaux. Si j'avais voulu suivre l'avis général de mes associés, je me serais contenté de maintenir nos affaires à leur niveau actuel et d'employer notre argent à la construction d'un bel immeuble administratif ; d'établir des ententes avec ceux de nos concurrents dont l'activité nous inquiétait ; de produire de temps à autre de nouveaux types pour réveiller le goût du public ; en un mot de prendre l'allure d'un citoyen paisible et sérieux, administrant une affaire sérieuse et paisible.

Que l'on soit tenté de se reposer et de jouir de ce qu'on a acquis, rien de plus naturel. Je comprends parfaitement que l'on veuille échanger une vie de labeur pour une vie de repos. C'est un désir que je n'ai pas éprouvé moi-même, mais que je m'explique. Seulement, je crois que lorsqu'on veut se reposer, il faut se retirer complètement de ses affaires, tandis que certains veulent à la fois prendre leur retraite et continuer de diriger les leurs.

Il n'était pas, du reste, dans mes projets de rien faire de tel. Je ne considérais notre réussite que comme une incitation à faire mieux encore. Elle marquait pour moi le point de départ d'une activité réellement utile. Au cours de toutes ces années, je n'avais pas passé un jour sans réfléchir à ma voiture pour tous. On avait constaté l'accueil que le public faisait aux différents modèles. Les voitures en service, les courses, les épreuves de durée nous fournissaient de précieuses indications à l'égard des perfectionnements nécessaires et, dès 1905, je me faisais une idée assez nette des caractéristiques du modèle que je voulais construire. Ce qui me manquait, c'était une matière permettant de faire à la fois solide et léger. C'est pour ainsi dire le hasard qui me la fournit.

L'acier au vanadium

En 1905, j'assistai à une course d'automobiles à Palm Beach. Il y eut un gros accident et une voiture française fut fracassée. Nous avions engagé notre modèle K, notre puissante machine à six cylindres. Il me semblait que les voitures étrangères avaient des pièces plus petites et meilleures que tout ce que nous faisions. Après l'accident, je ramassai une petite tige métallique. Elle était très légère et très forte. Je voulus savoir de quoi elle était faite. Personne ne put me renseigner. Je la remis à mon assistant :

- Trouvez-moi comment ceci est fait, lui dis-je, c'est la matière qu'il nous faut pour nos voitures.

Il finit par découvrir que c'était un acier français, contenant du vanadium. Nous nous adressâmes à toutes les aciéries d'Amérique. Aucune ne savait faire de l'acier au vanadium. Je fis chercher en Angleterre quelqu'un capable de produire cet acier commercialement et il ne nous resta plus qu'à trouver une usine pour le fabriquer. Ici se posa un nouveau problème. Le vanadium exige 3 000 degrés Fahrenheit, et le four ordinaire ne pouvait pas dépasser 2 700 degrés. Je découvris pourtant une petite aciérie à Canton, dans l'Ohio, qui consentit à essayer une coulée, moyennant ma garantie en cas d'échec. La première coulée ne réussit pas. Il ne resta que très peu de vanadium dans l'acier. Je fis recommencer la tentative et cette fois cela marcha bien. Jusqu'alors, nous avions dû nous contenter d'un acier qui ne supportait que de soixante à soixante-dix mille livres de tension. Avec le vanadium, la force de résistance passa à cent soixante-dix mille livres.

Une fois que j'eus mon vanadium, je me mis à démonter nos modèles et me livrai à des essais minutieux afin de déterminer la qualité d'acier qui convenait le mieux à chaque pièce, acier dur ou acier élastique. Nous donnâmes, je crois, le premier exemple, dans la grosse production industrielle, de la détermination scientifique exacte de la qualité des aciers employés. Le résultat de nos recherches fut la sélection de vingt types d'aciers différents, pour nos diverses pièces. Dans la moitié de ces types, il entrait du vanadium. Ce métal s'emploie chaque fois qu'on a besoin de force et de légèreté, mais, bien entendu, toujours dans les mêmes proportions. Les autres éléments varient selon que la pièce réclame de la souplesse ou de la résistance ; en somme, selon son emploi. Avant nos expériences, je crois qu'on n'avait jamais employé plus de quatre qualités différentes d'acier dans la construction des automobiles. En poussant plus loin nos recherches, particulièrement à l'égard de l'opération de la fonte, nous avons pu augmenter encore la force de notre acier, et, en conséquence, réduire le poids de nos voitures. En 1910, le ministère français du Commerce prit une de nos bielles dont il fit choix, parce que c'est un organe d'importance essentielle, et l'essaya par comparaison avec la pièce similaire de la voiture française qui passait pour la meilleure : notre acier triompha dans tous les essais.

L'acier au vanadium nous procura donc un allègement sensible. J'avais déterminé les autres conditions d'une voiture pour tous et nous en remplissions déjà un grand nombre. Il fallait réaliser l'équivalence des pièces. Il y a des gens qui se tuent, parce qu'une pièce cède. Il y a des machines qui se fracassent, parce que certaines pièces sont plus faibles que d'autres. Par conséquent, une partie du problème posé par l'exécution de la voiture était de donner autant que possible à toutes les pièces une résistance égale, en tenant compte de leur usage, d'adapter un moteur à une calèche légère. Il fallait aussi que la voiture n'eût rien à craindre d'une maladresse : ceci était difficile, car le moteur à gazoline est essentiellement délicat et rien n'est aussi aisé que de le déranger, pour peu qu'on en ait envie. J'adoptai cependant ce principe :

« Quand une de mes voitures tombe en panne, je sais que c'est ma faute. »

Du jour où la première automobile s'était montrée dans les rues, j'en avais reconnu la nécessité. Ce fut cette conviction qui me poussa à diriger la fabrication dans le sens de la fin suprême : la construction d'une voiture répondant aux besoins de tout le monde. Tous mes efforts furent dès lors, et sont encore, dirigés vers la production d'une seule voiture – d'un seul modèle. – D'année en année, je n'ai cessé de perfectionner, d'affiner, d'améliorer, ni d'abaisser constamment les prix.

Voici les attributs que je voulais donner à une voiture pour tous.

1. Bonne qualité des matériaux, assurant un usage durable. L'acier au vanadium est le plus fort, le plus résistant et le plus durable des aciers. Il forme le châssis et la carrosserie des automobiles. C'est, à cet égard, le meilleur acier qui existe au monde, si l'on ne tient pas compte du prix.

2. Simplicité de fonctionnement, parce que le public n'est pas expert en mécanique.

3. Force motrice suffisante.

4. Sûreté absolue, les voitures devant être utilisées des plus diverses façons et marcher sur toute espèce de chemins.

5. Légèreté : dans la Ford, chaque pouce cubique de déplacement des pistons n'a qu'une résistance de 7 livres 95 à vaincre. C'est une des raisons qui font que nos voitures se tirent toujours d'affaire, en tout temps et en tous lieux, dans le sable, la boue et la vase, dans la neige et dans l'eau ; par les rampes comme à travers les champs ou les plaines sans route tracée.

6. Souplesse : il faut que la vitesse soit toujours bien en main et qu'elle puisse être parée, sans appréhension et avec sûreté, à tout cas imprévu surgissant dans une rue encombrée ou sur un chemin dangereux. La transmission à bille de la Ford assurait cette souplesse et n'importe qui pouvait la conduire. C'est pourquoi il est passé en proverbe que tout le monde peut conduire une Ford. La voiture peut passer presque partout.

7. Plus une automobile est lourde, plus il lui faut de carburant et de lubrifiants. Plus elle est, légère, moins elle consomme. Au début, on faisait reproche à la Ford de sa légèreté. C'est bien changé maintenant.

Le modèle T

Le type auquel je m'arrêtai fut appelé modèle T. Ce nouveau modèle, dont je voulais faire (s'il était bien accueilli comme je l'espérais), notre modèle unique et le point de départ d'une vraie production en grand, avait pour trait essentiel sa simplicité. La voiture ne comprenait que quatre unités organiques : l'appareil moteur, le châssis, l'essieu avant et l'essieu arrière. Ces parties étaient facilement accessibles et conçues de telle sorte qu'il n'était pas besoin d'une habileté exceptionnelle pour les réparer ou les remplacer. Je pensais déjà, sans guère en parler, l'idée étant trop nouvelle, qu'il devait être possible de faire des pièces assez simples et peu coûteuses pour écarter absolument toute appréhension de réparations dispendieuses exécutées à la main. Les pièces, à mon avis, pouvaient être fabriquées à si bon compte qu'il coûtât moins cher d'en acheter des neuves que de faire réparer les vieilles. Elles pourraient être tenues par les quincailliers, comme des clous ou des verrous. Et je croyais de mon devoir en établissant le projet de la voiture, de la rendre tellement simple que personne ne pût manquer de la comprendre.

La simplicité produit deux conséquences réciproques dont la portée est universelle. Plus un article est simple et facile à fabriquer, meilleur marché il peut se vendre et, par conséquent, plus il se vend.

Mes modèles antérieurs

Il n'est pas nécessaire d'entrer ici dans les détails techniques de la construction, mais peut-être le moment est-il venu de passer en revue nos différents modèles, parce que le T en fut le dernier et parce que le principe qu'il inaugura chez nous éleva notre entreprise au-dessus du niveau commun. En appliquant à toute autre affaire la même conception, on arriverait au même résultat.

J'avais établi huit modèles en tout avant le modèle T. Ce furent : le modèle A, le B, le C, le F, le N, le R, le S et le K.

Les modèles désignés par les lettres A, G et F, avaient un moteur à deux cylindres horizontaux opposés. Dans le modèle A, le moteur était derrière le siège du chauffeur. Dans tous les autres, il était en tête. Les modèles B, N, R et S, avaient des moteurs du type Vertical à quatre cylindres. Le modèle K avait six cylindres. Le modèle A développait une force de huit chevaux. Le modèle B était de vingt-quatre chevaux avec un cylindre de quatre pouces et demi et une amplitude de coup de piston de cinq pouces. Le moteur le plus puissant était celui du modèle K, la voiture à six cylindres, qui atteignait quarante chevaux. Les plus grands cylindres étaient ceux du modèle B. Les plus petits ceux des modèles N, R et S, avec trois pouces trois quarts de diamètre et trois pouces trois huitièmes de coup de piston. L'allumage, dans tous les modèles, était produit par des batteries sèches, sauf dans le modèle B, qui avait un accumulateur, et dans le modèle K, qui avait à la fois l'accumulateur et la magnéto.

Dans le présent modèle, la magnéto fait partie de l'appareil moteur et y est incorporée. L'embrayage dans les premiers modèles se faisait par cônes, et dans les derniers par disques multiples. La transmission, dans toutes les voitures, a été à billes. Le modèle A était à chaîne, le modèle B à tige. Les deux modèles suivants furent à chaîne. Ensuite, tous les modèles furent à arbre. Le modèle A avait 72 pouces d'écartement entre les trains de roues. Le modèle B, qui était une excellente voiture, en avait 92, le K 120 pouces, le C 78 pouces, les autres 84 pouces et le modèle actuel 100 pouces.

Dans les cinq premiers modèles, toutes les fournitures se payaient à part. Pour les trois suivants, une partie de l'équipement était comprise dans le prix. La voiture actuelle est vendue avec son équipement complet. Le modèle A pesait 1 250 livres. Les voitures les plus légères furent les modèles N et R. Leur poids était de 1 050 livres, mais c'était des voiturettes. Notre plus lourde machine fut la six cylindres. Elle pesait 2 000 livres. La voiture actuelle pèse 1 200 livres.

Le modèle T n'a pour ainsi dire pas de caractéristiques qui ne se trouvent dans quelqu'un des précédents. Chaque détail avait subi l'épreuve complète de la pratique. Il n'y avait pas à se demander si ce modèle serait réussi. Il n'y pouvait manquer, car ce n'était pas l'œuvre d'un jour. Il réunissait toutes les qualités que je désirais donner à une automobile, plus la matière première parfaite que j'avais pu enfin me procurer. Nous le mimes en construction pour la saison 1908-1909.

La société avait cinq ans d'existence. L'aire originelle de notre usine avait été d'un peu plus d'un quart d'arpent. Nous avions employé en moyenne la première année 311 personnes, construit 1 708 voitures et établi une succursale. En 1908, l'usine couvrait deux arpents deux tiers et nous en étions propriétaires. Le personnel était monté à 1908 personnes, en moyenne. Nous construisîmes 6 181 voitures et établîmes quatorze succursales. Nous avions réussi.

Au cours de l'exercice 1908-1909 nous continuâmes à fabriquer des modèles R et S, des voitures et voiturettes à quatre cylindres, qui avaient eu précédemment tant de succès et se vendaient 700 et 750 dollars. Mais le modèle T les fit disparaître complètement. Nous vendîmes 10 607 voitures, nombre qu'aucune autre usine n'avait encore atteint. Le prix de la voiture de tourisme était de 850 dollars. Sur le même châssis, nous montions une voiture de ville à 1 000 dollars, une machine routière à 825, un coupé à 950 et un landaulet à 950 également.

Cette campagne me démontra d'une façon évidente que le temps était venu de mettre en pratique notre nouvelle conception. Nos agents de vente, avant que je leur eusse fait part de ce principe, étaient incités par le succès de la vente à croire que l'on vendrait plus encore, si seulement on présentait de nouveaux modèles. Il est singulier qu'aussitôt qu'un article commence à prendre, il se trouve toujours des gens prêts à se figurer qu'il aurait plus de succès encore, s'il était différent. On éprouve le besoin indiscret de retoucher sans cesse les formes adoptées et de gâter un article en le modifiant. Nos agents de vente voulaient à tout prix que l'on augmentât le nombre des modèles. Ils ne faisaient attention qu'à cette vingtième partie des acheteurs qui composaient la clientèle à exigences particulières, sachant spécifier ce qu'il lui fallait, et perdaient de vue les autres dix-neuf vingtièmes du public.

Nulle affaire ne peut se développer, si elle n'accorde la plus grande attention aux réclamations et aux avis. Lorsqu'un vice de fonctionnement est signalé, il faut en faire l'objet d'une recherche immédiate et rigoureuse. Mais quand il ne s'agit que d'un avis ayant trait à une question de goût, il faut d'abord s'assurer s'il n'est pas l'expression d'une lubie personnelle. Les agents cherchent toujours à flatter les caprices des acheteurs au lieu d'acquérir une connaissance assez approfondie de leur article pour être capables d'expliquer à l'acheteur capricieux que l'article fera tout à fait son affaire, à condition bien entendu qu'il la fasse.

En conséquence, en 1909, j'annonçai un beau matin sans avis préalable que, à l'avenir, nous ne construirions qu'un seul modèle, et que ce serait le modèle T, que le châssis serait exactement le même pour toutes les voitures et j'ajoutai :

« *Tout client pourra avoir sa voiture de la couleur qu'il voudra, pourvu qu'il la veuille noire.* »

Je ne puis dire que personne m'ait approuvé. Les gens de la vente ne voyaient naturellement pas les avantages qu'un modèle unique apporterait à la production. Bien plus, ils ne s'en souciaient pas particulièrement. Ils trouvaient que nous produisions bien assez comme cela et avaient pour opinion très nette que l'abaissement du prix de vente ferait tort à la vente, et aurait pour effet d'éloigner la clientèle tenant à la qualité, qui ne serait remplacée par aucune autre.

L'industrie automobile était très mal comprise. Une automobile était encore considérée comme un article de luxe. Les fabricants faisaient beaucoup pour accréditer cette idée. Quelques personnes avisées inventèrent le terme de voiture d'agrément, et leur publicité insistait sur le côté agrément. Nos vendeurs avaient bien lieu de protester, surtout quand je fis l'annonce suivante :

« *Je veux construire une automobile pour les masses assez grande pour une famille, mais assez petite pour qu'une seule personne puisse s'en servir et en prendre soin. Elle sera établie avec les meilleurs matériaux, par les meilleurs ouvriers, d'après les dessins les plus simples que puisse imaginer l'art de l'ingénieur moderne. Mais elle sera d'un prix assez modeste pour que tout homme gagnant un bon salaire puisse l'acheter et, grâce à elle, jouir avec sa famille des agréments et des beautés que Dieu a mis dans la nature.* »

Cette annonce fut accueillie sans faveur. Voici comment, en général, on la commentait : « *Si Ford fait cela, il n'en a pas pour six mois à se ruiner.* »

Ma nouvelle usine

On pensait qu'une bonne voiture ne pouvait être fabriquée à bon marché, et que, du reste, il n'y avait pas avantage à la mettre à bas prix, parce que les gens riches composaient la seule clientèle de l'automobile. La vente de plus de dix mille voitures, dans l'exercice 1908-1909, m'avait convaincu qu'il nous fallait une nouvelle usine. Nous avions déjà fait élever une grosse fabrique moderne, celle de la rue Piquette. Elle valait au moins autant que n'importe quelle autre fabrique d'automobiles des États-Unis, mais ne me semblait pas pouvoir suffire à l'accroissement de fabrication qui n'allait pas manquer de se produire. J'achetai donc soixante arpents à Highland-Park, que l'on considérait alors comme éloigné de Détroit. L'étendue du terrain et mes plans pour la construction d'une usine plus grande qu'on n'en avait jamais vu, soulevèrent de l'opposition. On se posait déjà cette question :

« *Est-ce que Ford ne va pas sauter bientôt* ? »

Nul ne sait combien de milliers de fois elle a été posée depuis lors. Si on la pose, c'est parce qu'on ne comprend pas que c'est un principe plutôt qu'un individu qui agit, et le principe est si simple qu'on le croit mystérieux.

Pour l'année 1909 à 1910, afin d'amortir le coût du terrain et des constructions, j'élevai légèrement le prix. Cette mesure est parfaitement justifiée et il en résulte un bénéfice et non un dommage pour le consommateur. J'en ai fait autant il y a quelques années. – ou plus exactement dans ce cas je me suis abstenu d'abaisser le prix, comme je le faisais annuellement – afin de construire l'usine de Rivière-Rouge. Le surplus de capital nécessaire aurait pu, dans les deux cas, être obtenu par un emprunt, mais cela nous aurait grevé d'une charge permanente, et toute la fabrication subséquente en eût supporté une partie. Nous vendîmes 18 664 voitures, et pour l'année 1910-1911, avec nos nouveaux moyens, j'abaissai le prix de la voiture de tourisme de 950 dollars à 780. Nous vendîmes 34 528 voitures. Tel fut le commencement de la constante réduction de nos prix en dépit de l'élévation continuelle du coût des matières premières et des salaires.

Comparons 1908 avec 1911. L'emplacement occupé par l'usine était passé de deux arpents deux tiers à 32 arpents ; la moyenne du personnel de 1908 à 4 110, et la production d'un peu plus de six mille voitures à près de trente-cinq mille. Il faut noter que le personnel ne s'accroissait pas dans la même proportion que le rendement.

Nous étions passés, pour ainsi dire du jour au lendemain, à la grande production. Comment cela s'était-il fait ?

Simplement par l'application d'un principe infaillible, par l'emploi intelligent de la force et de l'outillage. Dans un petit atelier obscur au fond d'une ruelle, quelque vieil ouvrier passait des années à faire des manches de hache. Il les fabriquait en noyer sec, à l'aide d'un couperet, d'un ciseau et d'un papier verré. Chaque manche était soupesé et égalisé avec soin, mais il n'y en avait jamais deux de pareils. Il fallait que la courbe épousât la forme de la main et suivit les fibres du bois. De l'aurore à la nuit, le vieillard besognait. Sa production moyenne était de huit manches par semaine, qu'on lui payait un dollar et demi chacun. Et il en avait souvent qui lui restaient pour compte, parce qu'ils étaient mal équilibrés.

Aujourd'hui, l'on peut se procurer pour quelques sous un manche meilleur que les siens, fait à la machine. Et il n'y a pas à se préoccuper de l'équilibre. Tous les manches sont pareils et chacun est parfait. Les méthodes modernes, appliquées en grand, ont non seulement abaissé le prix de cet objet à une minime fraction du prix ancien, mais elles en ont immensément amélioré la qualité. C'est l'application des mêmes méthodes à la fabrication de la voiture Ford, qui dès le premier moment, en a abaissé le coût et élevé la qualité. Nous n'avons fait que donner corps à une idée, que d'autres hommes, ont concouru à réaliser. Une bonne idée peut être le noyau d'une affaire. Lorsque, par exemple, un inventeur, un ouvrier réfléchi, imagine un procédé nouveau et meilleur pour la satisfaction de quelque besoin reconnu de l'humanité, son idée se recommande toute seule, et le public ne demande qu'à en tirer profit. C'est de la sorte qu'un particulier, grâce à son idée ou à son invention, peut être le pivot d'une entreprise mais, dans son ensemble, cette entreprise est l'œuvre commune de tous ceux qui y collaborent à un titre quelconque. Un industriel n'a jamais le droit de dire : « C'est moi qui ai créé telle affaire. » Cette affaire est une œuvre collective. Chacun de ceux qui y sont employés y apporte quelque chose. En travaillant et en produisant, l'ouvrier fournit à la consommation la possibilité de s'adresser sans cesse à l'usine et contribue ainsi à établir une habitude, une pratique, un commerce dont il tire lui-même ses moyens d'existence. Voilà comment notre Société s'est développée et voilà ce que je vais commencer à expliquer en détail dans mon prochain chapitre.

La Société était, cependant, devenue mondiale. Nous avions des succursales à Londres et en Australie. Nous exportions dans toutes les parties du monde et, en Angleterre particulièrement, nous commencions à être aussi connus qu'en Amérique. L'introduction de la voiture en Angleterre fut un peu difficile, par suite de l'échec de la bicyclette américaine. Du fait que la bicyclette américaine n'avait pas pu convenir aux usages anglais, on tenait pour établi, et il était posé en principe par les agents, qu'aucun véhicule américain ne donnerait satisfaction au marché anglais. Deux modèles A étaient entrés en Angleterre en 1903. Les journaux refusèrent d'en faire mention et les agents d'automobiles de s'y intéresser. On répétait que la voiture était faite surtout de ficelles et de fil de fer, et que si elle durait quinze jours, l'acheteur aurait bien de la chance. La première année, une douzaine de voitures en tout furent vendues. L'année suivante fut à peine meilleure. Or, ce que je puis dire à l'éloge de l'endurance de notre modèle H, c'est que la plupart des voitures ci-dessus mentionnées, font encore, après vingt ans, un service en Angleterre.

En 1905, notre agent engagea un modèle C en Écosse dans les Épreuves de Résistance. À ce moment-là, on s'intéressait davantage, en Grande-Bretagne, à ces épreuves qu'aux courses de vitesse. On commençait peut-être à soupçonner qu'après tout une automobile n'était pas simplement un joujou. L'épreuve écossaise consista à parcourir huit cents milles de routes, vallonnées et difficiles. La Ford s'en tira avec un seul arrêt involontaire. Cela fit partir la vente en Angleterre. La même année, on vit pour la première fois à Londres des taxis Ford, et, au cours des années suivantes, la vente se mit à bien marcher. Nos voitures étaient engagées dans toutes les épreuves d'endurance et gagnaient toujours. Notre agent de Brighton organisa une espèce de steeplechase de deux jours à travers les South Downs, avec dix voitures, et chacune en sortit indemne. Cela lui en fit vendre six cents cette année-là. En 1911, Henri Alexander monta avec un modèle T au sommet du Ben-Nevis, à 4 600 pieds d'altitude, et 14 060 voitures furent vendues en Angleterre. Depuis, nous n'avons jamais plus eu besoin d'organiser aucune espèce d'acrobatie. Nous établîmes enfin une usine à Manchester. Au début, on n'y faisait que de l'assemblage, mais on s'est mis depuis à y fabriquer certaines parties, chaque année plus nombreuses, de l'automobile.

Chapitre V

L'ENTRÉE EN PRODUCTION

Si quelque procédé peut faire épargner 10 % du temps employé à un travail, ou en accroître le rendement de 10 %, l'absence de ce procédé équivaut à une taxe de 10 %. Si le temps d'un travailleur vaut un demi-dollar l'heure, l'économie de la dixième partie de ce temps est égale à 5 cents par heure. S'il existait un moyen capable d'augmenter d'un dixième le revenu d'un gratte-ciel, le propriétaire en paierait volontiers l'emploi de la moitié de cette augmentation. La raison pour laquelle il possède un gratte-ciel est que la science a prouvé que certains matériaux, employés d'une certaine façon, permettent de gagner de la place et d'augmenter le revenu d'un immeuble. Une construction de trente étages n'a pas besoin d'une aire plus vaste qu'une de cinq étages. L'observation des vieux usages de l'architecture prive le propriétaire des cinq étages du revenu de vingt-cinq autres. Épargnez dix pas par jour à douze mille ouvriers, et vous épargnez la force et le temps nécessaire pour faire chaque jour cinquante milles.

Mon Personnel

Tels sont les principes qui servirent de base à la production dans mon usine. Ils s'introduisirent pour ainsi dire tout naturellement. Au début, nous essayâmes de nous procurer des mécaniciens. À mesure qu'il nous fallût augmenter la fabrication, nous nous aperçûmes non seulement que nous ne trouverions pas assez de mécaniciens, mais aussi que les ouvriers spécialistes n'étaient pas nécessaires pour fabriquer et, de ce fait, résulte un principe que je me propose de développer pleinement plus loin.

Il va de soi que la plupart des hommes ne sont pas mentalement, même s'ils le sont physiquement, aptes par eux-mêmes à bien gagner leur vie ; en d'autres termes, ils ne sont pas capables de produire de leurs mains, si on ne les y aide, une portion suffisante des choses nécessaires à la vie pour obtenir en échange les éléments de leur propre subsistance. J'ai entendu mainte fois dire, c'est du reste une idée courante, que l'industrie avait détruit dans le travail la qualité. C'est une erreur. Elle y a ajouté de la qualité. Elle en a ajouté dans la conception, dans la direction, dans l'outillage, et les fruits de cette qualité sont recueillis par l'ouvrier non spécialiste. Je m'étendrai plus loin sur cette question.

On est obligé de reconnaître l'inégalité de l'appareil mental parmi les hommes. Si chacun des travaux de notre industrie demandait des ouvriers spécialistes, nos usines ne se seraient jamais créées. En cent ans, nous n'en aurions pas formé un nombre suffisant. Un million d'hommes, travaillant à la main, n'approcheraient pas de notre production quotidienne, et personne ne pourrait diriger un million d'hommes. Ce qui est plus grave encore, les articles produits par les seules mains de ce million d'hommes ne pourraient être offerts à un prix conforme au pouvoir d'achat de la consommation. Et quand même il serait possible d'imaginer un tel groupement humain, d'en concevoir la direction et l'organisation, que l'on songe seulement à l'espace qu'il occuperait.

Sur tant d'hommes, combien seraient occupés, non à produire, mais simplement à transporter d'un endroit à l'autre ce que les autres auraient produit ? Je ne vois pas, dans ces conditions, comment ils pourraient être payés plus de dix ou vingt cents par jour : car, bien entendu, ce n'est pas le patron qui paye les salaires, bien que l'argent passe par ses mains. C'est le produit qui paye le salaire, et la direction d'une industrie consiste à organiser la production de telle sorte que le produit puisse en effet payer le salaire.

Les méthodes de fabrication économiques ne s'établirent pas tout d'un coup. Elles se formèrent graduellement : de même que nous nous mîmes peu à peu à fabriquer nos pièces. Le modèle T fut le premier moteur que nous fîmes nous-mêmes. Les grandes économies commencèrent dans l'assemblage et s'étendirent ensuite à d'autres parties de la production, de telle sorte qu'aujourd'hui, bien que nous possédions nombre de mécaniciens qualifiés, nous ne les occupons pas à fabriquer des automobiles, mais à fournir à d'autres le moyen d'en fabriquer. Nos ouvriers spécialistes sont les outilleurs, les essayeurs, les mécaniciens et les modeleurs. Ils valent les meilleurs qu'il y ait au monde, ils sont trop précieux pour perdre leur temps à un travail dont les machines établies par eux s'acquittent mieux encore. La grande majorité des hommes qui se présentent chez nous n'ont pas de spécialité. Ils apprennent leur métier en quelques heures, ou en quelques jours. S'ils n'ont pas appris au bout de ce temps, ils ne nous seront jamais bons à rien. Ce sont, pour la plupart, des étrangers, et tout ce qu'on leur demande quand on les prend, c'est d'être capables de faire assez d'ouvrage pour payer la part de frais généraux afférente à la place qu'ils occupent dans l'usine. Ils n'ont pas besoin d'être vigoureux. Quelques-unes de nos occupations exigent une grande force physique, mais elles disparaissent l'une après l'autre très vite ; nous en avons d'autres qui ne demandent aucune vigueur ; la force d'un enfant de trois ans y suffirait.

Mes méthodes de fabrication

Il serait impossible, sans se perdre dans des détails techniques, de retracer pas à pas l'évolution complète de notre fabrication dans l'ordre de son développement. On n'y réussirait sans doute pas, car chaque jour a apporté quelque détail nouveau et nulle mémoire ne saurait s'y reconnaître. Prenons au hasard une partie des changements. Cela nous permettra de nous faire une idée de ce qui se passera quand le monde sera organisé pour la production, et de constater aussi à quel point nous payons les produits plus cher qu'il ne le faudrait ; à quel point les salaires sont inférieurs à ce qu'ils devraient être, et quel vaste domaine il nous reste à explorer. La Société Ford n'a franchi que quelques étapes de sa route.

Une voiture Ford est composée d'environ cinq mille pièces, en comptant les vis, les boulons, etc. Quelques-unes de ces pièces sont assez volumineuses et d'autres presque aussi petites que celles d'une montre. Notre première manière de faire l'assemblage consistait à monter notre voiture sur place, les ouvriers apportant les pièces au fur et à mesure qu'il en était besoin, comme quand on construit une maison. Quand nous nous mîmes à fabriquer des pièces, il fut naturel d'assigner une section particulière de l'usine à la fabrication de chacune, mais en général un seul ouvrier faisait toutes les opérations exigées par une petite pièce. L'augmentation rapide de la production nous obligea à imaginer un système pour éviter que les ouvriers ne se gênassent mutuellement. Les travailleurs mal dirigés passent plus de temps à courir après les matériaux ou les outils qu'à travailler, et ils touchent un faible salaire, parce que la marche à pied n'est pas une occupation rémunératrice.

Notre premier progrès dans l'assemblage consista à apporter le travail à l'ouvrier, au lieu d'amener l'ouvrier au travail. Aujourd'hui, toutes nos opérations s'inspirent de ces deux principes. Nul homme ne doit avoir plus d'un pas à faire ; autant que possible, nul homme ne doit avoir à se baisser.

Les principes de l'assemblage sont les suivants :

1. Placer l'outillage et les hommes suivant l'ordre des opérations de la fabrication, de façon que chaque pièce ait la moindre distance possible à parcourir de la première à la dernière opération.

2. Employer des glissières ou quelqu'autre appareil de transmission conçu de telle sorte que, lorsqu'un ouvrier a terminé son opération, sa pièce tombe toujours au même endroit, qui doit être le plus à portée de sa main, et, si c'est possible, que par son propre poids la pièce soit entraînée vers l'ouvrier suivant.

3. Employer un réseau de glissières d'assemblage au moyen desquelles les pièces à assembler soient réparties aux distances convenables.

Le résultat net de l'application de ces principes est de réduire pour l'ouvrier la nécessité de penser et de réduire ses mouvements au minimum. Il doit parvenir autant que possible à faire une seule chose avec un seul mouvement.

L'assemblage du châssis est, du point de vue d'une

personne étrangère à la mécanique, notre opération la plus intéressante et peut-être la mieux connue, et c'était autrefois une opération extrêmement importante. Aujourd'hui, nous embarquons les pièces vers les différents marchés, et elles sont assemblées sur place.

Les réseaux d'assemblage

Vers le 1er avril 1913, nous tentâmes pour la première fois l'expérience d'un réseau d'assemblage. Nous essayâmes d'assembler la magnéto à volant. Tous nos essais se font d'abord en petit. Nous bouleversons tout, s'il le faut, une fois que nous avons trouvé un meilleur système, mais nous ne prenons cette mesure radicale que lorsque nous nous sommes parfaitement convaincus de la supériorité de la nouvelle manière de procéder sur l'ancienne. Je crois que ce fut le premier réseau que l'on ait jamais installé. L'idée générale en fut empruntée au chariot des fabricants de conserves de Chicago. Jusqu'alors, nous avions assemblé la magnéto à volant selon la méthode ordinaire. Un ouvrier faisant toutes les opérations de ce montage pouvait assembler trente-cinq ou quarante appareils dans une journée de neuf heures, ce qui faisait environ vingt-cinq minutes par assemblage. Ce qu'il faisait seul fut alors réparti entre vingt-neuf ouvriers, ce qui réduisait l'assemblage à treize minutes dix secondes. Puis nous élevâmes la hauteur du réseau de huit pouces, (c'était en 1914) et réduisîmes le temps à sept minutes. De nouvelles expériences sur la vitesse du mouvement réduisirent le temps à cinq minutes. En résumé, voici le résultat : grâce à cette étude méthodique un seul homme est aujourd'hui en mesure de faire un peu plus de quatre fois l'ouvrage qu'il faisait il n'y a pas beaucoup d'années. Ce réseau établit l'efficacité de la méthode et aujourd'hui nous l'employons partout. L'assemblage du moteur, opéré autrefois par un seul homme, est maintenant divisé entre quatre-vingt-quatre, et ceux-ci font le travail qui exigeait le triple de leur nombre.

Peu de temps après, nous fîmes l'essai du système sur le châssis. Ce que nous avions pu faire de mieux jusqu'alors avait été d'assembler le châssis dans une moyenne de douze heures vingt-huit minutes. Nous fîmes l'expérience de le traîner au moyen d'un câble et d'un rouleau le long d'un réseau d'assemblage de deux cent cinquante pieds de longueur. Six assembleurs voyageaient avec le châssis et prenaient les pièces à des tas placés le long du réseau. Cette expérience grossière réduisit le temps à cinq heures cinquante minutes par châssis. Au début de 1914, nous élevâmes le réseau. Nous avions adopté ce principe du « travail à hauteur d'homme ». Nous avions un réseau à vingt-six pouces trois quarts, et un autre à vingt-quatre pouces et demi du sol, pour des équipes de tailles différentes. Cette installation à hauteur de main et une subdivision plus poussée du travail, diminuant le nombre des mouvements à faire, réduisit la main-d'œuvre par châssis à une heure trente-trois minutes. Le châssis était alors seul assemblé sur le réseau. La caisse était posée dans la John R. Street, la fameuse artère qui traverse nos usines de Highland-Park. À présent, le réseau assemble la voiture tout entière.

Il ne faudrait pas s'imaginer cependant que tout cela se fit aussi vite que je le décris. La vitesse du mouvement dut faire l'objet d'expériences minutieuses. Pour la magnéto à volant, nous eûmes d'abord une vitesse de soixante pouces par minute. C'était trop vite. Nous essayâmes ensuite dix-huit pouces : ce fut trop lent. Finalement, nous nous arrêtâmes à vingt-quatre pouces par minute. Le principe est que l'homme ne doit pas être contraint à la précipitation : il ne doit pas avoir une seconde de moins qu'il ne lui faut, ni une seconde de plus. Nous déterminâmes les vitesses de tous les assemblages, car le succès de l'assemblage du châssis nous entraîna à réviser graduellement toute notre méthode de fabrication et à faire tout l'assemblage par des réseaux mus mécaniquement. L'appareil d'assemblage du châssis, par exemple, marche à une vitesse de six pieds par minute ; celui de l'essieu avant à cent quatre-vingt-neuf pouces par minute. L'assemblage du châssis comprend quarante-cinq opérations ou stades différents. Les premiers ouvriers fixent quatre supports de pare-boue au corps du châssis. À la dixième opération, c'est le moteur qui arrive, et ainsi de suite. Quelques ouvriers ne font qu'une ou deux petites opérations, d'autres en font davantage. L'homme qui place une pièce ne la fixe pas : la pièce peut n'être complètement fixée qu'après l'intervention de plusieurs ouvriers. L'homme qui place un boulon ne met pas l'écrou. L'homme qui place l'écrou ne le visse pas. Au trente-quatrième stade, le moteur reçoit sa gazoline. Il a préalablement été graissé ; au numéro quarante-quatre, le radiateur est rempli d'eau, et au quarante-cinquième et dernier stade la voiture s'en va et roule dans la John R. Street.

Ce sont essentiellement les mêmes principes qui ont été appliqués à l'assemblage du moteur. En octobre 1913, il fallait neuf heures cinquante-quatre minutes pour assembler un moteur. Six mois plus tard, par l'assemblage mouvant, ce temps avait été réduit à cinq heures cinquante-six minutes.

Les pièces vont au-devant de l'ouvrier

Il n'y a pas dans les ateliers une seule pièce travaillée qui ne soit en mouvement. Les unes suspendues en l'air par des crochets à des chaînes se rendent à l'assemblage dans l'ordre exact qui leur est assigné. Les autres marchent sur une plateforme mobile, d'autres par leur propre poids ; mais le principe général c'est que rien n'est porté, ni charrié, en dehors des matériaux dans l'atelier. Les matériaux sont apportés par des wagonnets ou par des remorques actionnés par des châssis Ford nus, qui sont suffisamment mobiles et rapides pour circuler au besoin dans tous les passages. Aucun ouvrier n'a jamais rien à transporter ni à soulever, toutes ces opérations faisant l'objet d'un service distinct, le service des transports.

Nous commençâmes par assembler notre automobile dans une seule usine. Puis, quand nous nous mîmes à faire des pièces, nous sectionnâmes la fabrication, donnant à chaque section une seule pièce à faire. Dans l'organisation présente, chaque usine fait une seule pièce, ou assemble une pièce. Chaque section est par elle-même une petite usine. Les pièces y arrivent à l'état de matière première ou de lingots, passent par la filière des machines et des forges et quittent la section achevées. Ce fut seulement dans l'intérêt des transports que les sections furent groupées ensemble.

Quand nous commençâmes à fabriquer, je ne me doutais pas que la division pourrait être poussée aussi loin, mais à mesure que notre production s'accroissait et que les sections se multipliaient, de fabricants d'automobiles nous devenions usiniers de pièces.

Puis nous nous avisâmes qu'il n'était pas besoin que toutes les pièces fussent fabriquées dans la même usine. Ce ne fut pas quelque chose de réellement nouveau, mais je revins en quelque sorte par un détour à ma première fabrication, alors que j'achetais les moteurs et probablement quatre-vingt-dix pour cent des pièces.

Quand nous commençâmes à fabriquer nos pièces, nous admîmes, pour ainsi dire comme évident, qu'il fallait qu'elles fussent faites toutes dans la même usine, qu'il y avait une vertu spéciale dans le fait que la fabrication entière de la voiture eut lieu sous le même toit. Nous avons dépassé ce stade. Si nous construisons encore de grandes usines, ce sera simplement parce que la fabrication de chaque pièce devra être faite en quantités tellement grandes qu'il y faudra consacrer une vaste usine spéciale. J'espère que, dans l'avenir, la grande usine de Highland-Park ne fera plus qu'un organe ou deux de notre automobile. La fonderie en a déjà été soustraite et a été installée à l'usine de Rivière-Rouge. Ainsi donc, aujourd'hui, nous en sommes revenus à notre point de départ, sauf que, au lieu d'acheter nos pièces à d'autres, nous commençons à les fabriquer dans nos propres usines détachées.

C'est une évolution grosse de conséquences, car, ainsi que je le développerai dans un chapitre suivant, il en résulte que l'industrie portée à un haut degré de standardisation et de division n'aura plus besoin d'être concentrée dans de vastes usines, ni de subir tous les inconvénients de logement et de transport inhérents à ces agglomérations. Un millier d'hommes ou cinq cents hommes devraient suffire à une usine. Ce ne serait pas une difficulté alors de les transporter à leurs ateliers, ou de l'atelier chez eux.

Les taudis disparaîtraient, ainsi que les autres tares de cette existence antinaturelle, fruit d'un encombrement rendu inévitable par l'obligation pour les ouvriers d'habiter à une distance raisonnable d'une vaste usine.

Highland-Park a, maintenant, cinq cents sections. Notre usine de la rue Piquette n'avait que dix-huit sections et dernièrement à Highland-Park nous n'en avions que cent cinquante. Cela montre jusqu'à quelle division nous allons dans la fabrication des pièces. Il se passe rarement une semaine sans quelque progrès soit dans le mécanisme, soit dans la mise en œuvre, progrès qui est réalisé parfois au défi de ce que l'on considère comme les meilleures traditions de l'industrie.

Une anecdote

Je me rappelle une réunion qui eut lieu un jour chez nous avec un fabricant de machines, au sujet de la construction d'une machine spéciale, dont le projet spécifiait une production de deux cents pièces à l'heure.

« Il y a là une erreur, dit le fabricant. Il doit s'agir de deux cents pièces par jour. Aucune machine ne pourrait aller jusqu'à deux cents pièces par heure. »

Notre cadre envoya chercher l'ingénieur qui avait établi le projet et appela son attention sur cette remarque.

« Eh bien, fit celui-ci, qu'est-ce qui vous surprend ?

- Cela n'est pas possible, déclara nettement le fabricant, aucune machine ne peut faire cela. Il n'y faut pas songer !

- Il n'y faut pas songer ! s'écria notre ingénieur. Si vous voulez descendre avec moi au rez-de-chaussée, vous en verrez une en train de le faire. Nous l'avons construite pour essayer et maintenant il nous en faut d'autres. »

L'usine ne garde pas de journal des essais. Les contremaîtres et chefs d'atelier se rappellent ce qui a été fait. Si un procédé a été mis à l'épreuve et n'a pas réussi, il y a toujours quelqu'un qui s'en souvient. Mais je ne tiens pas particulièrement à ce que mes gens se rappellent tout ce que les autres ont tenté sans succès précédemment. Cela nous exposerait à avoir bientôt une trop grosse provision d'impossibilités, car c'est là le danger des archives trop complètes. Si vous tenez un journal de toutes vos expériences malheureuses, vous aurez bientôt une liste d'où il ressortira qu'il ne vous restera plus rien à tenter ; or, du fait qu'un homme a échoué dans l'emploi d'une certaine méthode, il ne résulte pas du tout qu'un autre n'y réussira pas.

On nous disait que nous ne pourrions fondre par la méthode que nous voulions employer ; mais nous y sommes pourtant arrivés.

L'homme qui a trouvé le moyen d'y réussir ignorait les résultats précédents, ou n'en tenait pas compte. De même, on nous disait qu'il ne fallait pas songer à couler le métal directement du four dans les moules. La méthode habituelle est de transformer le métal en lingot-saumons qu'on laisse reposer pendant un certain temps et que l'on refond ensuite pour le couler dans les moules. Mais à notre usine de Rivière-Rouge, nous coulons directement dans des moules que l'on remplit au moment de l'ouverture des fours.

Donc un compte-rendu des expériences malheureuses, surtout s'il est fait avec beaucoup de sérieux et bien authentifié, empêchera un homme jeune de tenter un essai. Mais quelques-unes de nos meilleures réussites sont dues à ce que nous avons laissé les fous se risquer là où les sages n'auraient pas mis les pieds.

Il n'y a pas chez nous d'experts. Nous avons malheureusement été obligés de nous débarrasser de tout homme qui commençait à se prendre pour un expert : car c'est une prétention que l'on n'a jamais quand on connaît son affaire. Un homme qui connaît son métier voit devant lui tellement plus de choses à apprendre qu'il n'en sait faire qu'il va toujours de l'avant avec ardeur et ne donne jamais une pensée à sa capacité ni aux services qu'il rend. Regarder toujours devant soi, penser sans cesse à de nouvelles tentatives, cela crée un état d'esprit qui rend toute chose possible. Mais dès que l'on adopte l'attitude mentale de l'expert, on se trouve aussitôt en présence de nombreuses impossibilités.

Je refuse, moi, de reconnaître l'existence des impossibilités. Je ne vois personne qui en sache assez long sur aucun sujet pour pouvoir dire ce qui est ou ce qui n'est pas possible. Une bonne méthode expérimentale, une bonne éducation technique doivent élargir l'intelligence et réduire le nombre des impossibilités. Malheureusement, ce n'est pas ce qui arrive. La plupart du temps, l'instruction technique et ce que l'on appelle l'expérience ne font que fournir un état des échecs précédents, et ces échecs, au lieu d'être pris pour ce qu'ils valent, sont tenus pour l'attestation de certaines impossibilités absolues de perfectionnement. Si un homme, se donnant pour une autorité, déclare que telle ou telle chose est impossible, voilà une horde de suivants irréfléchis qui répète en chœur : « C'est impossible ! »

La fonderie

Prenez le coulage par exemple. Le coulage a toujours été une source de gaspillage et elle remonte si loin qu'elle s'est surchargée de traditions qui font au progrès un obstacle des plus difficiles à surmonter. Je crois me rappeler la déclaration suivante d'un personnage qui faisait autorité sur cette question. Il disait avant nos expériences : « Tout homme qui prétend trouver au bout de six mois le moyen de réduire les frais du coulage avoué par cela même qu'il est un farceur. »

Notre fonderie ressemblait beaucoup aux autres fonderies. Quand nous coulâmes les premiers cylindres du modèle T en 1910, tout dans l'atelier se faisait à la main ; les pelles et les brouettes abondaient. Il y avait des ouvriers qualifiés et non qualifiés, des mouleurs et des manœuvres. Aujourd'hui, nous avons environ cinq pour cent de modeleurs et de fondeurs réellement spécialistes. Les quatre-vingt-quinze pour cent qui restent sont des manœuvres, ou pour définir plus exactement leur position, des ouvriers spécialisés dans une seule opération que l'individu le plus stupide peut apprendre à exécuter en deux jours. Le moulage se fait entièrement à la machine.

Chaque pièce que nous avons à couler a son atelier ou ses ateliers, selon les quantités indiquées par le programme de fabrication. L'outillage de l'atelier est conçu en vue du modèle unique qui y est produit : de la sorte, chaque homme n'a qu'une seule opération à faire, toujours la même. Un des ateliers ne comprend qu'un chemin de fer suspendu auquel sont accrochées à certains intervalles de petites plateformes supportant les moules. Pour entrer dans des détails techniques, je dirai que le moulage continue pendant le mouvement de la plateforme. Le métal est coulé à un autre point, tandis que le mouvement continue, et, au moment où le moule qui l'a reçu atteint le terme de son voyage, le métal est assez refroidi pour s'acheminer, toujours de la même manière automatique, vers les endroits où ont lieu le nettoyage, l'usinage et l'assemblage ; cependant que la plateforme poursuit sa marche circulaire en quête d'un nouveau chargement.

Prenons l'assemblage du piston et de sa tige. Même sous l'ancien système, cette opération ne prenait que trois minutes et il ne semblait pas qu'il y eut lieu de s'en préoccuper. Il y avait pour cela en tout deux établis et vingt-huit hommes. Ils assemblaient cent soixante-quinze pistons et tiges dans une journée de neuf heures : ce qui fait exactement trois minutes et cinq secondes pour chaque pièce. Il n'y avait pas d'inspection et l'atelier d'assemblage des moteurs en renvoyait un grand nombre comme mauvaises. C'était une opération très simple. L'ouvrier retirait le pivot du piston, l'huilait, mettait la tige en place, introduisait le pivot dans la tige et le piston, serrait un écrou et en desserrait un autre : c'était tout. Le contremaître, en étudiant cette opération, fut étonné qu'on y employât trois minutes. Il chronométra les mouvements, et s'aperçut que, sur neuf heures, il y en avait quatre qui se passaient en allées et venues. L'assembleur ne quittait pas son établi, mais il était obligé de se déplacer quelque peu pour atteindre ses matériaux et pour mettre de côté la pièce une fois terminée. Tout son travail comprenait six opérations. Le contremaître imagina un autre système. Il divisa l'opération totale en trois stades, installa une glissière à l'établi, mit trois hommes de chaque côté et un inspecteur au bout. Au lieu d'être chargé de toute l'opération, chaque homme n'en faisait que le tiers, ce qu'il pouvait faire sans se déplacer. L'équipe fut réduite de vingt-huit hommes à quatorze. Le rendement précédemment atteint par les vingt-huit hommes s'élevait à cent soixante-quinze pièces assemblées par jour. Aujourd'hui, sept hommes font deux mille six cents assemblages dans huit heures. Il n'y a pas à faire ressortir l'économie réalisée sur ce point !

Pour peindre l'assemblage de l'essieu arrière, il fallait autrefois se donner quelque mal. On le plongeait à la main dans un bassin à émail, ce qui nécessitait diverses manutentions et l'emploi de deux hommes. Aujourd'hui, un seul homme fait le tout à l'aide d'une machine spéciale, imaginée et construite chez nous. Il se contente d'accrocher l'assemblage à une chaîne mouvante qui le transporte au-dessus du bassin à émail, puis deux leviers mettent les dés en contact avec les extrémités d'un vilebrequin. Le bassin s'élève de six pieds, immerge l'essieu, revient en place, et l'essieu s'en va au four de séchage. Le cycle complet de ces opérations demande aujourd'hui exactement treize secondes.

Le radiateur est un organe assez complexe dont la soudure exigeait de l'habileté. Il comprend quatre-vingt-quinze tubes. Les ajuster en place et les souder, quand on le fait à la main, prend beaucoup de temps et demande de l'adresse et de la patience. Maintenant, ce travail est fait entièrement par une machine qui fabrique douze cents intérieurs de radiateur en huit heures. Puis un convoyeur mécanique les fait passer par un four où ils sont soudés en place par l'action de la chaleur. Cela supprime le travail de l'étameur et ne demande aucune habileté.

Nous avions l'habitude de river les armatures du carter du vilebrequin au carter lui-même, en faisant usage de marteaux pneumatiques qui passaient pour le dernier perfectionnement. Il fallait six hommes pour tenir les marteaux, et six pour tenir les cadres, et le vacarme était terrible. Aujourd'hui, une presse automatique manœuvrée par un seul homme, qui ne fait pas autre chose, abat cinq fois autant d'ouvrage que les douze hommes dont je viens de parler.

Dans l'usine Piquette, le moulage du cylindre parcourait quatre mille pieds dans le cours de son usinage. Aujourd'hui, il ne parcourt pas beaucoup plus de trois cents pieds.

Nous ne faisons aucune manutention de matériaux, nous n'exécutons aucun travail à la main. Si une machine peut être rendue automatique, on la rend automatique. Nulle opération n'est jamais considérée comme exécutée de la façon la plus parfaite ou la moins coûteuse. Ajoutons à cela que le dixième environ de nos machines-outils sont spéciales. Les autres sont des machines ordinaires pour un usage spécial. Et elles sont placées presque côte à côte. Nous plaçons plus de machinerie par pied carré qu'aucune usine du monde. Chaque pied carré inemployé supporte des frais généraux et inutiles. Nous repoussons absolument ce gaspillage. Cependant, nous employons tout l'espace nécessaire. Nul n'a trop de place et nul n'en a trop peu.

Diviser et subdiviser le travail, tenir une entreprise en mouvement, tels sont les mots d'ordre de notre production. Il ne faut pas oublier non plus que toutes nos pièces sont dessinées de telle façon qu'elles puissent être exécutées avec la plus grande facilité possible. Que dire des économies ? Voici une comparaison qui, bien qu'elle ne soit pas tout à fait équitable, est frappante.

Si, avec notre production actuelle, nous employions le même nombre d'ouvriers par voiture que lorsque nous débutâmes en 1903 – et que ces ouvriers ne fissent que de l'assemblage – il nous faudrait aujourd'hui un effectif supérieur à deux cent mille hommes.

Or, aujourd'hui où notre production a atteint son point le plus élevé, environ quatre mille voitures par jour, le nombre de nos ouvriers n'atteint pas cinquante mille.

CHAPITRE VI
LES MACHINES ET LES HOMMES

Le plus dur combat à livrer, quand on réunit pour un travail commun un grand nombre d'hommes, est la lutte contre l'organisation excessive et contre le formalisme qui en résulte.

À mon sentiment, il n'y a pas de disposition plus dangereuse que celle que l'on entend parfois désigner par l'expression de « génie d'organisation ». Elle se manifeste presque toujours par la confection d'un vaste tableau où sont tracées, à la manière d'un arbre généalogique, les ramifications de l'autorité. L'arbre est chargé de belles cerises rondes, dont chacune porte le nom d'un homme ou d'un bureau.

Chaque homme porte un titre et exerce des fonctions qui sont strictement limitées par la circonférence de sa cerise.

Si un maître ouvrier a quelque chose à dire à l'inspecteur

général, il faut que son message passe par le contremaître adjoint, le contremaître, le chef de la section et tous les inspecteurs pour arriver enfin à l'inspecteur général. Il est probable qu'à ce moment ce qu'il voulait lui dire n'a plus qu'un intérêt historique.

Il faut environ six semaines pour que le message d'un homme dont la cerise se trouve à l'angle inférieur gauche du tableau parvienne au directeur de la Société ou du Conseil d'Administration, et lorsqu'il arrive enfin aux mains de l'un ou de l'autre de ces personnages augustes, c'est surchargé d'un fardeau de critiques, de suggestions, et d'annotations.

Rares sont les idées prises officiellement en considération avant que le moment soit passé depuis longtemps de les réaliser. Mais, on a passé le furet de main en main, en éludant les responsabilités, conformément au principe de paresse qui proclame que deux têtes valent mieux qu'une.

À mon sentiment, une entreprise industrielle consiste dans un groupement d'hommes qui s'est formé pour travailler et non pour échanger de la correspondance.

Il n'est pas nécessaire qu'une section quelconque sache ce qui se passe dans une autre. Quand un homme fait bien son travail, il n'a pas le temps d'entreprendre autre chose. C'est l'affaire de ceux qui dirigent l'entreprise de veiller à ce que chaque section adapte son effort à la fin commune. Il n'est pas utile de tenir des réunions pour établir des relations cordiales entre les personnalités et les services. Il n'est pas nécessaire que des hommes s'aiment les uns les autres pour travailler ensemble. L'excès de camaraderie peut même avoir de graves inconvénients ; il peut par exemple pousser un homme à couvrir les fautes d'un autre. C'est mauvais pour tous les deux.

Quand on travaille, il faut être à son travail. Quand on joue, il faut être à son jeu. On ne mêlera pas les deux choses. Le seul objet que l'on doive avoir en vue est d'exécuter son travail, et d'en recevoir le salaire. Quand le travail est fait, on peut se mettre à jouer, mais pas avant. C'est pourquoi les usines Ford n'ont ni organisation, ni attributions spécifiques attachées à aucun poste ni ordre de succession et de hiérarchie déterminé, nous avons très peu de titres et pas de réunions. Nous n'avons que l'organisation des bureaux strictement nécessaire, pas de dossiers compliqués d'aucune sorte et par conséquent pas de formalisme.

Nous voulons compléter la responsabilité individuelle. Nous voulons que l'ouvrier soit absolument responsable de son travail, le maître ouvrier responsable des ouvriers qui sont placés au-dessous de lui, le contremaître responsable de son groupe, le chef d'une section responsable de sa section, l'inspecteur général responsable de toute l'usine. Chacun est tenu de savoir ce qui se passe dans sa sphère.

Pas de titres, mais des responsabilités

J'emploie le mot d'inspecteur général, bien que nous n'ayons pas chez nous ce titre formel. Il y a un homme à la tête de la fabrique et il y est depuis de nombreuses années. Avec lui travaillent deux autres hommes qui, sans que leurs fonctions n'aient aucunement été définies, se sont chargés de sections particulières de travail.

Auprès d'eux, cinq ou six autres hommes leur servent d'assistants, mais sans attributions déterminées. Ils se sont tous taillés une besogne, sans que leur tâche soit limitée. Ils font l'ouvrage auquel ils sont les plus propres. L'un s'occupe des marchandises en magasin, un a jeté son dévolu sur l'inspection et ainsi de suite.

On pourrait croire que c'est procéder au hasard, mais il n'en est rien. Un groupe d'hommes qui veulent fermement que l'ouvrage se fasse ne trouvent pas de difficultés dans la surveillance de son exécution. Ils n'ont pas de contestations au sujet des limites de leurs autorités respectives, parce qu'ils ne songent pas à des titres. S'ils avaient des bureaux et tout ce qui s'en suit, tout leur temps se passerait bientôt à faire de la bureaucratie et à se demander, chacun, pourquoi on ne lui a pas donné un plus beau bureau qu'à tel autre. Comme il n'y a pas chez nous de titres ni de limites d'autorité, il n'y a pas de questions soulevées par le formalisme, ni par le fait qu'on passe par-dessus la tête de quelqu'un. N'importe quel ouvrier peut s'adresser à n'importe qui et l'habitude en est si bien établie qu'un contremaître n'est pas offensé de voir un ouvrier s'adresser directement au directeur de l'usine. L'ouvrier du reste le fait rarement, car le contremaître sait trop bien que, s'il a commis une injustice, cela ne tardera pas à se savoir, et qu'il cessera d'être contremaître. Nous ne tolérons d'injustice d'aucune sorte. Dès le moment où un homme commence à être gonflé de son autorité, on s'en aperçoit et il faut qu'il parte, ou qu'il retourne à une machine. Une grosse partie de l'agitation ouvrière provient de l'exercice abusif de l'autorité de la part de subalternes, et je crains que, malheureusement, dans un trop grand nombre de fabriques, il soit impossible à un ouvrier de compter sur un traitement équitable.

Le travail, le travail seul commande chez nous. C'est une des raisons qui font que nous n'avons pas de titres. La plupart des hommes sont bien à la hauteur de leur tâche, mais un titre est trop fort pour eux. L'effet qu'il leur produit est très bizarre. Trop souvent, il s'interprète comme une dispense de travailler. C'est en quelque sorte un brassard portant cette légende :

« Untel n'a rien d'autre à faire que de se prendre pour un

grand personnage et de prendre les autres pour peu de chose. »

Non seulement un titre est souvent nuisible à celui qui le porte, mais il fait aussi du tort aux autres. L'une des causes particulières les plus actives de mécontentement parmi les ouvriers, est, peut-être, de constater que les gens en titre ne sont pas toujours les vrais chefs. Tout le monde reconnaît le véritable chef, l'homme fait pour organiser et commander. Et quand on en rencontre un qui porte un titre, on est souvent obligé de demander lequel ; car il n'en fait pas parade.

On a trop abusé de ces marques de distinction dans les affaires, et les affaires en ont souffert. Une de leurs conséquences fâcheuses, c'est le morcellement des responsabilités qui les suit, entraînant en fait la disparition de toute responsabilité. Quand celle-ci est divisée en nombreux fragments et partagée entre de nombreux services dont chacun a son directeur en titre, entouré lui-même d'un groupe de personnalités portant de jolis sous-titres, il est bien difficile de trouver quelqu'un qui se sente réellement responsable. Tout le monde connaît le jeu du furet.

C'est un jeu qui a dû prendre naissance dans des entreprises industrielles où les services se rejetaient mutuellement les responsabilités. Il ne saurait y avoir d'organisation saine que dans un cas : il faut que tout homme, quelle que soit sa fonction, quand un fait de nature à intéresser la prospérité de l'entreprise parvient à sa connaissance, ait le sentiment que ce fait le regarde. Les voies ferrées sont tombées dans la pire désorganisation, sous les yeux des services qui passaient leur temps à dire :

« Telle affaire ? Ça ne nous regarde pas. Cela regarde le

service X (dont les bureaux sont à cent milles de là). »

On exhorte beaucoup les agents à ne pas se retrancher derrière leurs titres. La nécessité même de ces exhortations est l'indice d'un état de choses que de simples exhortations ne suffisent pas à redresser. Le vrai moyen est celui-ci : abolissez les titres. Quelques-uns peuvent correspondre à une obligation légale, quelques autres servir à faire connaître au public à qui il faut qu'il s'adresse. Mais pour les autres, la règle est bien simple : supprimez-les.

En fait, l'étal général des affaires, aujourd'hui, n'est guère de nature à en rehausser l'éclat ; on n'est guère disposé à se parer du titre de directeur d'une banque en faillite. Les affaires, dans la plupart des cas, n'ont pas été conduites avec une habileté dont leurs conducteurs aient sujet de s'enorgueillir. Parmi les gens ornés de titres aujourd'hui, tous les hommes de quelque valeur oublient les leurs et scrutent les fondements mêmes de leurs entreprises, pour tâcher d'en découvrir les endroits faibles. Ils en sont revenus au point d'où ils étaient partis et travaillent à reconstruire l'édifice à partir de la base. Quand on travaille sérieusement, on n'a pas besoin de titre. On est honoré par son œuvre.

L'embauchage

Tout notre personnel entre à l'usine ou dans nos bureaux par le service d'embauchage. Comme je l'ai déjà dit, nous n'engageons pas d'experts. Nous n'engageons pas non plus un homme sur la foi de ce qu'il a fait antérieurement. Et du moment que nous n'acceptons pas un postulant en vertu de son passé, nous ne le repousserons pas davantage à cause de son passé. Je n'ai jamais encore trouvé d'homme complètement mauvais. Le pire a son bon côté, s'il a l'occasion de le montrer. C'est pourquoi nous ne tenons aucun compte des antécédents ; ce n'est pas le passé d'un homme que nous engageons, mais l'homme lui-même. S'il a été en prison, cela ne veut pas dire qu'il y retournera. Il est probable, au contraire, qu'il évitera avec un soin particulier, s'il le peut, de se remettre dans le cas d'y retourner. Notre bureau d'embauchage n'exclut donc jamais un homme pour ses antécédents. Qu'il vienne de la prison de Sing-Sing ou de l'Université de Harvard, on le prendra aussi volontiers sans même lui demander de laquelle de ces deux institutions il porte le diplôme. Tout ce qu'il lui faut, c'est d'avoir envie de travailler. S'il n'a pas cette envie, il est peu probable qu'il vienne nous demander un emploi, car on sait trop bien qu'à l'usine Ford il faut travailler.

Nous ne tenons donc, je le répète, aucun compte de la situation antérieure d'un postulant. S'il a fait de bonnes études, cela doit lui permettre d'avancer plus vite que d'autres, mais il faut qu'il débute au bas de l'échelle, et fasse la preuve de sa capacité. L'avenir de chaque homme repose sur lui-même. On entend beaucoup trop de bavardages sur le mérite méconnu. Chez nous, on ne peut guère manquer d'être apprécié selon sa valeur.

Bien entendu, dans le désir d'être apprécié, il entre des éléments dont il faut faire cas. Le système industriel moderne a tellement déformé ce sentiment, qu'il en a fait presque une obsession. Il fut un temps où l'avancement personnel d'un homme dépendait entièrement et uniquement de son travail, et non de la faveur d'un autre. Aujourd'hui, l'avancement dépend trop souvent de la chance que l'on a d'attirer l'attention d'un personnage influent.

C'est un abus que nous avons combattu avec succès. Il y a des gens qui travaillent avec la préoccupation d'être remarqués par un chef, et la pensée que, si leur mérite n'est pas apprécié, il vaut autant faire du mauvais travail que du bon, ou même ne rien faire. De la sorte, le travail passe parfois au rang des préoccupations secondaires. La tâche que l'on a en main, l'article que l'on a en main, le service que l'on a en charge finissent par n'être plus la grande affaire. La chose essentielle, c'est désormais l'avancement, le souci de se mettre en évidence. Cette habitude de mettre son travail au second rang et, au premier, la préoccupation d'être bien vu, fait du tort au travail, en faisant de la réussite personnelle l'affaire importante. Elle fait aussi du tort au travailleur en encourageant une sorte d'ambition qui n'est ni aimable ni féconde. Elle produit cette espèce d'ouvriers qui s'imaginent que, en se mettant bien avec le contremaître, ils avanceront. Tous les ateliers connaissent les ouvriers de ce genre. Et le pis est que certains traits de l'organisation industrielle d'aujourd'hui donnent à croire que cette conduite peut leur réussir. Les contremaîtres ne sont que des hommes. Il est naturel, quand on leur fait croire qu'ils tiennent dans leurs mains le sort des ouvriers, que leur orgueil en soit flatté. Il est naturel aussi, s'ils sont sensibles à la flatterie, que leurs subordonnés intéressés redoublent d'adulations pour tirer sans cesse de leur faveur de nouveaux avantages. C'est pourquoi j'écarte autant que possible l'intervention des considérations personnelles.

Il est particulièrement facile chez nous, pour un homme tout à fait étranger à ces préoccupations, de faire son chemin. Il y a des ouvriers qui sont laborieux, mais qui ne sont pas capables de penser, et surtout de penser vite. Ils ne monteront que jusqu'au point que leur capacité détermine. Il se peut qu'un homme, par son activité, soit digne d'un avancement, mais qu'on ne puisse le lui accorder, parce qu'il lui manque l'aptitude à commander. La vie n'est pas un roman. Je crois que chaque homme, dans le brassage de notre usine, finit par se trouver à peu près à la place qui lui convient.

Nous ne sommes jamais satisfaits de la façon dont le travail s'exécute dans un service quelconque de notre organisation. Nous pensons toujours qu'il pourrait se mieux faire, et que, un jour ou l'autre, il se fera mieux. Cet esprit de lutte pousse en avant l'homme que ses aptitudes désignent pour l'avancement. Il n'avancerait peut-être pas si, quelque jour, notre organisation, – pour employer un mot que je n'aime guère – s'immobilisait, et qu'il y ait chez nous des souliers de morts à chausser. Mais nous avons si peu de gens qui aient un titre assigné, que lorsqu'un homme mérite un emploi meilleur, il ne tarde pas à l'obtenir. Il n'en est pas empêché par le manque de postes vacants au-dessus de lui, car il n'y a pas de postes. Nous n'avons pas de positions toutes faites : ce sont les meilleurs qui se font chez nous leur position. Cela ne souffre pas de difficulté, car il y a toujours assez à faire et quand tout le monde pense au moyen de faire son travail au lieu de chercher un titre qui convienne à un individu désireux d'avancer, les questions d'avancement ne sont pas difficiles à résoudre. L'avancement, du reste, n'a rien de formel : il consiste à faire autre chose que ce que l'on faisait précédemment, et à gagner plus d'argent.

Tous nos gens sont ainsi partis du bas de l'échelle. Le directeur de notre fabrique a débuté comme mécanicien. L'homme qui dirige la grande usine de Rivière-Rouge a débuté comme modeleur. Un autre, qui a l'inspection d'une des principales sections a débuté comme balayeur. Il n'y a pas chez nous un seul homme qui ne nous soit venu tout simplement de la rue. Tous nos perfectionnements sont l'œuvre d'hommes qui ont appris leur métier chez nous. Par bonheur, nous n'avons hérité d'aucune tradition et nous n'en fondons pas. Si nous avions une tradition, ce serait celle-ci :

« Toute chose peut être faite mieux qu'elle n'est faite. »

Le rendement du travail

Toute chose peut être faite mieux qu'elle n'est faite. Cet effort continuel pour faire mieux et plus vite résout presque tous les problèmes des usines. Les sections sont jugées selon leur taux de production. Le taux de production et le prix de revient sont deux facteurs distincts. Les contremaîtres et chefs d'ateliers ne feraient que perdre leur temps, s'ils tenaient en compte les frais de leurs sections. Il est une partie de ces frais tels que les salaires, les frais généraux, le coût des matières premières, etc., auxquels ils ne peuvent rien changer ; par conséquent, ils ne s'en occupent pas. Mais ce qui dépend d'eux, c'est le rendement du travail dans leur propre section. Le rendement d'une section se calcule en divisant le nombre de pièces produites par le nombre des heures de travail. Chaque contremaître tient à jour ce compte pour son atelier, et porte toujours les chiffres sur lui. L'inspecteur a un tableau de tous les comptes ainsi établis. Si quelque chose ne marche pas bien dans une section, le compte du rendement le décèle tout de suite. L'inspecteur demande des explications, et le contremaître ouvre les yeux. Une portion considérable de l'effort qui est fait pour améliorer les méthodes résulte directement de cette méthode pratique d'évaluation du rendement. Le contremaître n'a pas besoin de s'embarrasser de la comptabilité des frais. Il ne ferait pas un meilleur contremaître pour cela. Ce qui le regarde, ce sont ses machines et ses hommes. Quand ils travaillent à plein rendement, il a fait son service. Le taux de sa production est son guide. Il n'a aucun besoin de disperser son activité sur des objets à côté.

Ce système d'évaluation oblige le contremaître à laisser de côté les questions personnelles, à oublier tout ce qui n'est pas à sa main. S'il choisissait les gens qui lui plaisent au lieu de ceux qui travaillent le mieux, son compte de rendement ne tarderait pas à déceler le fait. C'est dans son intérêt personnel qu'il pousse toujours les meilleurs ouvriers, car, de la sorte, il se pousse lui-même.

Il n'y a pas de difficulté dans le choix des hommes pour l'avancement. Ils se choisissent eux-mêmes, car bien que l'on entende souvent parler de la peine que l'on a à avancer, la généralité des ouvriers aime mieux une occupation tranquille que de monter en grade. Parmi les salariés, bien que tous désirent toucher une grosse paye, cinq pour cent à peine sont disposés à assumer en retour le surcroît de responsabilité et de travail qu'entraîne la promotion à un poste supérieur. On n'en trouve même qu'un sur quatre, environ, qui consente à passer maître-ouvrier, et le plus souvent parce que cet emploi rapporte une plus forte paye que de travailler sur une machine. D'autres, qui ont du goût pour la mécanique, mais qui craignent les responsabilités, entrent dans les ateliers de fabrication des machines-outils, parce que ce travail leur est mieux payé que la fabrication ordinaire. Mais la grande majorité des ouvriers ne demande qu'à rester en place. Ils veulent être dirigés. Ils veulent n'avoir à s'occuper de rien et n'avoir pas de responsabilité. Par conséquent, en dépit du grand nombre d'hommes que nous employons, la difficulté pour nous n'est pas de trouver ceux qu'il y a lieu de faire avancer, mais ceux qui seront disposés à accepter de l'avancement.

La théorie admise, c'est que chacun est très désireux d'améliorer sa situation et un grand nombre de beaux systèmes ont été édifiés sur cette idée. Tout ce que je puis dire, c'est que je ne constate pas que ce soit le cas. Les Américains que nous employons veulent en général avancer, mais il ne faudrait pas croire qu'ils ont tous l'ambition d'arriver au sommet de l'échelle.

Les suggestions des ouvriers

Ainsi que je l'ai déjà dit, tout le monde chez nous réserve sa liberté de critique à l'égard de tous les détails de la production. S'il règne, à cet égard, une théorie, une opinion établie, c'est que rien ne se fait assez bien. Tous les dirigeants de l'usine sont constamment disposés à accepter des suggestions, et nous avons établi une règle qui permet à tout ouvrier, sans formalité aucune, de nous communiquer toute idée qui a pu lui venir et de la faire mettre à l'épreuve. Il peut faire parvenir sa suggestion par écrit, ou parler à son contremaître, ou encore s'adresser à l'un des inspecteurs volants qui parcourent sans cesse les ateliers. Notre contrôle de la production des ateliers aiguillonne les contremaîtres et c'est de ceux-ci que proviennent la plupart des suggestions. Mais il y en a beaucoup aussi qui sont dues aux ouvriers.

Tout nouveau procédé suggéré et étudié à l'égard des détails d'exécution, et le prix de revient, comparé avec celui qu'entraîne la méthode en usage, en est calculé sur la base de quatre mille voitures, – notre production quotidienne actuelle. Une économie d'un cent par unité peut donc être intéressante. Un cent épargné sur une pièce, au train actuel de notre fabrication, représente douze mille dollars par an. C'est pourquoi, quand nous étudions une économie, nous poussons nos calculs jusqu'à la millième partie d'un cent. Si donc une économie ressort du procédé nouveau suggéré, et que les frais occasionnés par le changement s'amortissent dans un délai raisonnable, trois mois par exemple, le perfectionnement est tout naturellement adopté. Les changements ne se bornent pas à des améliorations destinées à augmenter le rendement ou à diminuer le coût. Bon nombre, – la plupart peut-être – ont pour but de faciliter le travail. Nous ne voulons pas chez nous de ces tâches accablant l'ouvrier, et il y en a très peu de ce genre. D'ordinaire, il arrive que les procédés les moins fatigants pour les travailleurs soient aussi les moins coûteux. Il y a un rapport très étroit entre la probité et les bonnes affaires. Nous calculons aussi jusqu'à la dernière décimale, s'il vaut mieux pour nous fabriquer une pièce, ou l'acheter à d'autres.

Les suggestions viennent de tous les côtés. L'un de nos ouvriers, qui ne parlait pas l'anglais, fit un jour comprendre que si le ciseau de sa machine était fixé à un angle différent, il s'émousserait moins vite. Placé comme il l'était, il ne pouvait servir que quatre ou cinq fois. Cet homme ne se trompait pas, et nous épargnâmes depuis lors beaucoup d'argent sur l'affûtage. Un autre, qui conduisait une perceuse, y adapte un petit organe qui le dispensait de manier la pièce après l'avoir forée. Ce perfectionnement fut adapté partout et il en résulta une économie considérable. Les ouvriers inventent souvent des détails de construction, leur spécialisation leur permettant, s'ils sont doués, d'imaginer des perfectionnements. La propreté de la machine, bien que le nettoyage ne fasse pas partie des obligations de l'ouvrier, est aussi en général un indice de son intelligence.

Voici quelques-unes des améliorations suggérées.

L'idée de transporter les moulages de la fonderie à l'atelier des machines au moyen d'un transporteur aérien épargna soixante-dix hommes au service des transports.

Il y avait dix-sept hommes – alors que notre production était moindre qu'à présent – pour limer les bavures de métal des engrenages. C'était un travail dur et difficile. Un homme nous apporta un croquis sommaire d'une machine spéciale. Son idée fut mise à l'étude et la machine construite. Actuellement, quatre hommes font ce travail plus vite que les dix-sept hommes d'autrefois et ce n'est plus du tout un travail pénible.

Le remplacement d'une tige ferme par une tige soudée dans une certaine partie du châssis effectua une économie immédiate d'environ un demi-millier de dollars par an, sur une production moindre que la présente. En fabriquant certains tubes au moyen de feuilles plates, au lieu de les étirer à la façon ordinaire, nous fîmes une autre économie énorme.

La vieille façon de fabriquer un certain appareil comprenait quatre opérations et 12 % de l'acier était perdu en rognures. Nous employons la plus grande partie de nos rognures et nous comptons un jour employer le tout, mais ce n'est pas une raison pour ne pas éviter autant que possible d'en produire. Le fait que tout le rebut n'est pas une perte sèche n'excuse pas le gaspillage. Un ouvrier inventa un nouveau procédé très simple pour fabriquer l'appareil de façon à ne perdre que 1 % de l'acier.

Les arbres de transmission doivent être passés au four pour que leur surface soit assez dure. Les arbres sortaient toujours du four un peu tordus et, en 1918, nous avions trente-sept hommes qui n'étaient occupés qu'à les redresser. Quelques-uns de nos hommes se livrèrent à des essais pendant une année environ et finalement établirent une nouvelle forme de four dans lequel les arbres ne pouvaient pas se gauchir. En 1921, avec une production bien plus grande qu'en 1918, nous n'employions que huit hommes pour l'opération complète du traitement à la chaleur.

Et tout le monde s'efforce de supprimer la nécessité de l'adresse dans tous les emplois de la main-d'œuvre. Le durcisseur d'outils d'autrefois était un expert. Il fallait qu'il appréciât les températures auxquelles il devait soumettre les outils. L'opération était aléatoire. Ce qu'il y a de surprenant, c'est qu'elle réussit si souvent. Le traitement par la chaleur dans le durcissement de l'acier est fort important, mais il faut savoir exactement quelle est la température à appliquer. Ceci ne s'estime pas au jugé mais se mesure. Nous inaugurâmes une méthode grâce à laquelle l'homme qui est au tour n'a pas à se préoccuper de la chaleur. Il ne se sert plus du pyromètre. Des signaux électriques colorés lui indiquent ce qu'il doit faire.

L'empirisme n'a rien à voir dans aucun des perfectionnements ci-dessus énumérés. Nous étudions les suggestions, parce que nous ne voulons pas laisser passer l'occasion de réaliser un progrès, mais nous ne laissons jamais rien au hasard. Aucune de nos machines n'est jamais construite au hasard. Avant tout, le projet est étudié en détail. Parfois, on construit des modèles en bois, ou bien les pièces sont dessinées, en grandeur nature, au tableau noir. Nous ne sommes pas enchaînés par les précédents, il ne nous est jamais arrivé encore de construire une machine qui ne fût pas propre à l'ouvrage auquel elle était destinée. Quatre-vingt-dix pour cent environ de nos essais ont réussi.

Tous les progrès techniques de la fabrication sont dus aux ouvriers. Je crois que, si on laisse faire les ouvriers, et qu'ils aient conscience d'être utiles, ils mettront toute leur intelligence et toute leur volonté dans la plus banale des tâches.

CHAPITRE VII
LA RÉPUGNANCE POUR LA MACHINE

Le travail qui consiste à faire sans cesse la même chose et toujours de la même façon constitue une perspective terrifiante pour certaines sortes d'esprit. Elle le serait pour moi. Il me serait impossible de faire la même chose d'un bout du jour à l'autre ; mais j'ai dû me rendre compte que pour d'autres esprits, peut-être pour la plupart des esprits, ce genre de travail n'a rien d'effrayant. Pour certaines intelligences, au contraire, c'est la pensée qui est quelque chose de redoutable. Pour ces dernières, l'occupation idéale est celle où l'esprit d'initiative n'a pas besoin de se manifester. Les occupations qui réclament de l'intelligence non moins que de la force physique trouvent très peu d'amateurs ; nous cherchons toujours des hommes qui aiment un travail parce qu'il est difficile. La plupart des travailleurs, je le dis à regret, recherchent les occupations qui ne leur imposent pas un trop grand effort musculaire, mais avant tout, ils recherchent celles qui ne les obligent pas à penser. Les personnes douées de ce que l'on pourrait appeler l'intelligence créatrice, et qui ont la monotonie en horreur, sont portées à croire que tous les autres esprits sont, comme les leurs, ennemis du repos, et en conséquence à éprouver à l'endroit du manœuvre qui, du matin au soir, répète sans cesse la même opération, une compassion tout à fait injustifiée.

Si l'on va au fond des choses, la plupart des occupations participent de ce caractère monotone. L'homme d'affaires a une routine qu'il suit avec beaucoup d'exactitude. Le travail d'un directeur de banque est presque entièrement routinier ; celui des employés subalternes d'une banque l'est complètement. Par le fait, dans de nombreux domaines, le caractère de la plupart des hommes impose la nécessité d'une sorte de routine et la répétition incessante des mêmes actes : sans quoi le travailleur ne produirait pas assez pour vivre du produit de son travail. Mais, il n'y a pas de raison pour qu'un homme doué d'un esprit inventif soit retenu par un métier monotone, car de toutes parts, on réclame des hommes doués de cet esprit. Les emplois ne manqueront jamais pour les hommes capables, mais nous sommes forcés de reconnaître que le désir de devenir capable n'est pas répandu. Et même, lorsque ce désir existe, ce qui manque souvent, c'est le courage qu'il faut pour subir l'apprentissage nécessaire. Il ne suffit pas d'avoir envie d'être capable pour le devenir.

Les cerveaux créateurs

On fait beaucoup trop de suppositions sur la nature humaine et ce qu'elle doit être, et on ne s'occupe pas assez de chercher ce qu'elle est réellement. Prenons par exemple l'opinion qui ne reconnaît de travail créateur que dans le domaine de l'imagination. On ne parle de création qu'en matière de musique, de peinture, d'art. On paraît limiter les frontières créatrices de l'intelligence à la production de tableaux, de symphonies, ou d'autres œuvres destinées à charmer les loisirs de personnes oisives et raffinées, réunies pour admirer mutuellement leur culture. Mais quiconque cherche un domaine d'activité créatrice essentielle n'a qu'à aborder un domaine où s'exercent des lois plus hautes que celles de l'harmonie, de la ligne, ou de la couleur, le domaine où il aura affaire aux lois qui régissent la personnalité humaine.

Nous avons besoin d'artistes en matière de relations industrielles, de maîtres dans les méthodes de l'industrie, dans l'intérêt à la fois du producteur et du produit. Nous avons besoin d'hommes capables de pétrir la pâte politique, sociale, industrielle et morale, d'en faire un tout robuste, et harmonieux. Nous avons trop limité la faculté créatrice et l'avons employée à des fins trop banales. Nous avons besoin d'hommes capables de faire entrer dans un plus réalisable tout ce qui est bon, beau et désirable dans la vie. De bonnes intentions servies par un système bien étudié, peuvent entrer dans les faits et connaître le succès. Il est possible d'accroître le bien-être du travailleur, non en le laissant travailler moins, mais en l'aidant à travailler mieux.

Si les hommes étaient disposés à consacrer tous leurs efforts à l'élaboration d'un système fait pour servir le prochain tel qu'il est, ce système pourrait reposer sur une base pratique. Il aurait de la stabilité et se traduirait par des bénéfices à la fois moraux et financiers. Ce dont notre génération a besoin, c'est d'une foi profonde dans la possibilité de faire régner dans le travail industriel l'honnêteté, la justice et l'humanité.

Si nous ne devons pas posséder ces vertus, il vaudrait mieux pour nous que l'industrie n'existe pas. En vérité, si nous ne savons les acquérir, les jours de l'industrie sont comptés, mais nous saurons les acquérir ; déjà nous avons commencé.

Lorsqu'un homme ne peut pas gagner sa subsistance sans l'aide des machines, est-ce lui rendre service que de le priver de cette aide, sous prétexte que servir une machine est un travail monotone ? Et faut-il le laisser mourir de faim ou ne vaut-il mieux pas lui procurer le moyen de bien vivre ? Serait-il plus heureux, s'il mourait de faim ? Et s'il a avantage à faire rendre à une machine moins qu'elle ne devrait, a-t-il également avantage à produire moins qu'il ne pourrait et par suite à obtenir en échange de son travail une moindre portion des biens de ce monde ?

La répétition de mouvements et la santé du travailleur

Il ne m'a pas été donné de constater que la répétition des mouvements dans le travail porte à l'ouvrier un préjudice d'aucune sorte. J'ai bien entendu dire par des experts en conversation que cette monotonie les tuait moralement et physiquement, mais cela ne ressort pas de nos recherches. Nous avions par exemple un homme qui toute sa journée n'avait guère qu'à actionner avec le pied une pédale. Il pensa que ce mouvement avait pour effet de le rendre asymétrique. L'examen médical ne décela pas le fait, mais, bien entendu, on lui donna une autre occupation qui mettait en jeu une autre catégorie de muscles. Au bout de quelques semaines, il demanda à reprendre la première. Il semble raisonnable de croire que le fait de répéter tous les jours, continuellement, pendant huit heures, la même série de mouvements doive produire une déformation du corps, mais le cas ne s'est jamais produit chez nous. Nos ouvriers, quand ils veulent changer d'occupation, n'ont qu'à le demander et nous aimerions que ces changements fussent de règle. Ce serait très courant, si les hommes ne s'y opposaient pas. Mais ils n'aiment pas qu'on les change de travail, s'ils ne l'ont demandé eux-mêmes.

Quelques-unes des opérations sont indubitablement monotones, tellement monotones qu'il semble à peine possible qu'un homme se soucie de rester longtemps dans le même emploi. La tâche la plus monotone sans doute, de toute l'usine, consiste à recueillir une pièce d'engrenage avec un crochet d'acier, à la secouer dans un bassin d'huile et, enfin, à la laisser tomber dans un panier. Le mouvement ne varie jamais. Les pièces arrivent toujours exactement au même endroit. L'homme donne à chacune le même nombre de secousses et la laisse tomber dans le panier qui ne bouge pas non plus de place. Rien ne demande moins de force musculaire, ni d'intelligence. Il n'a qu'à donner à peine un léger tour de main, tant la tige d'acier qu'il manie est légère. Cependant, l'homme qui est chargé de ce travail le fait depuis huit ans sans interruption. Il a épargné et placé son argent, possède aujourd'hui près de quarante mille dollars et refuse obstinément de se laisser assigner une occupation plus avantageuse !

Les investigations les plus consciencieuses n'ont pas mis au jour un seul cas de déformation ou de détérioration de l'intelligence par la monotonie du travail. Ceux dont l'esprit ne s'accommode pas de ce genre d'occupation ne sont pas forcés d'y persévérer.

Dans chaque section de l'usine, le travail est classé, selon ses avantages et l'habileté qu'il exige, en trois catégories : A, B, C, dont chacune comprend de dix à trente opérations différentes. Du bureau d'embauchage, on entre tout d'abord à la catégorie C. À mesure qu'on se perfectionne, on passe successivement aux catégories B et A et, de cette dernière, aux machines-outils à quelque fonction de surveillance. Il ne dépend que de l'ouvrier de se faire sa place. S'il reste à la fabrication, c'est parce que cela lui plaît.

L'emploi des invalides

Dans un chapitre précédent, j'ai noté qu'aucune demande d'emploi n'était repoussée pour raison d'invalidité. Ce principe fut inauguré le 12 janvier 1914, quand le minimum de salaire fut fixé à cinq dollars par jour et la durée du travail à huit heures. Il entraînait avec lui cette conséquence que personne ne pourrait être renvoyé pour raison d'invalidité, réserve faite, bien entendu, des maladies contagieuses.

Pour qu'une entreprise industrielle remplisse jusqu'au bout son rôle, il faut à mon avis qu'une coupe faite dans les catégories de son personnel décèle à peu près les mêmes proportions qui règnent dans la société, en général. Nous avons toujours parmi nous des mutilés et des infirmes. Il existe dans le public une disposition généreuse à considérer tous ceux que leur condition corporelle rend inaptes au travail, comme à la charge de la société, et comme l'objet des secours de la charité.

Il est des cas où je comprends que la charité s'exerce, comme par exemple lorsqu'il s'agit d'une personne déficiente. Mais ces cas sont extrêmement rares et il nous a été possible, parmi les tâches si nombreuses et si diverses de notre fabrication, de trouver presque pour chacun une occupation convenable, et cela dans des conditions de bon rendement. L'aveugle ou l'infirme sont capables, à la place qui leur est assignée, de faire exactement autant d'ouvrage, et reçoivent exactement le même salaire que s'ils étaient parfaitement valides : nous n'avons pas bien entendu de préférence pour les infirmes, mais nous avons prouvé qu'ils pouvaient gagner chez nous le plein salaire d'un ouvrier.

Il serait complètement étranger à l'esprit de ce que nous voulons faire d'accepter des gens parce qu'ils seraient infirmes, en les payant moins que d'autres, et en nous contentant d'un rendement moindre. Cela leur procurerait peut-être un secours immédiat, mais ce ne serait pas la meilleure manière de les secourir. Mieux vaut toujours leur donner une capacité de production égale à celle des ouvriers valides. Je crois qu'il y a très rarement lieu d'exercer la charité dans ce monde, c'est-à-dire la charité qui consiste à donner. A la vérité, les affaires et la charité ne sont pas faîtes pour aller ensemble. Le but d'une usine est de produire, et elle servirait mal la communauté, si elle ne produisait au plein de sa capacité. Mais nous sommes trop disposés à admettre, sans y regarder d'assez près, qu'il est indispensable qu'un homme jouisse de la pleine possession de ses moyens pour être capable de s'acquitter très bien d'une occupation quelconque.

Afin de savoir au juste à quoi nous en tenir sur ce point, nous fîmes dresser tableau de toutes les occupations de l'usine, indiquant les machines employées et le genre de travail : léger, moyen, pénible ; si l'ouvrier travaillait à sec ou touchait à des liquides, et dans ce cas, à quels liquides ; si le travail était propre ou salissant ; s'il se faisait près d'une étuve ou d'un fourneau ; quel était l'état de l'atmosphère ; si le travail occupait une seule main de l'ouvrier ou les deux ; si l'ouvrier travaillait debout ou assis ; si le travail était bruyant ou silencieux ; s'il exigeait de la précision ; si l'éclairage était naturel ou artificiel ; quel nombre de pièces il fallait traiter par heure ; le poids de matière passant entre les mains de l'ouvrier ; et l'effort déployé par celui-ci. Il résulta de cette enquête qu'il y avait au moment où elle fut faite sept mille huit cent quatre-vingt-deux occupations différentes dans l'usine. De celles-ci neuf cent quarante-neuf étaient classées comme travail pénible demandant des hommes robustes, valides et en parfait état corporel. Trois mille trois cent trente-huit autres voulaient des hommes de force moyenne. Il fut mis en lumière que trois mille cinq cent quatre-vingt-quinze occupations restantes ne demandaient pas d'effort musculaire et pouvaient être remplies par les hommes les plus faibles. La plupart auraient même pu être confiées à des femmes ou à des adolescents.

Les occupations les moins pénibles firent l'objet d'un nouveau classement destiné à faire ressortir combien exigeaient des hommes en possession de tous leurs moyens et nous constatâmes que six cent soixante-dix pouvaient convenir à des hommes privés des deux jambes, deux mille six cent trente-sept à des hommes pourvus d'une seule jambe, deux à des hommes privés de deux bras, sept cent quinze à des hommes pourvus d'un seul bras et dix à des aveugles. Par conséquent, sur sept mille huit cent quatre-vingt-deux sortes d'occupations, quatre mille trente-quatre n'exigeaient pas une validité corporelle complète. Ce qui veut dire que l'industrie perfectionnée est en état de procurer du travail normalement rémunéré à une quantité d'hommes de validité au-dessous de la moyenne, dépassant la proportion contenue d'ordinaire dans une communauté humaine normale. Si les occupations avaient été ainsi analysées dans une industrie quelconque, ou, si l'on veut, dans une usine quelconque comme dans la nôtre, les proportions trouvées auraient pu être très différentes, mais il est cependant tout à fait sûr que si le travail est suffisamment subdivisé, – subdivisé jusqu'à la plus extrême économie – on ne manquera pas d'emplois pour les invalides, où ceux-ci pourront faire le travail d'un homme et gagner le salaire d'un homme.

C'est au point de vue économique un réel gaspillage que de prendre à sa charge des infirmes et de leur apprendre de petits métiers tels que la fabrication de paniers en osier ou quelqu'autre travail manuel de peu de rapport, moins dans l'espoir de leur faire gagner leur vie, que de leur épargner l'ennui et le découragement.

Quand notre bureau d'embauchage prend un homme, nous avons pour principe de lui donner un travail qui convienne à son état physique. S'il s'agit d'un homme qui a déjà une occupation dont il ne semble pas capable de s'acquitter, ou qui ne lui plaît pas, on lui donne une carte de mutation, qu'il va présenter au bureau des transferts, puis, après examen médical, on le met à l'essai dans quelque autre occupation mieux appropriée à son état ou à son humeur.

La récupération humaine

Les hommes qui sont au-dessous de la validité corporelle moyenne font d'aussi bons travailleurs, si on les met en une place convenable, que ceux qui sont au-dessus. Par exemple, un aveugle fut placé un jour au service de magasinage pour compter des boulons et des écrous destinés à être embarqués à destination de nos agences. Deux autres hommes, valides, étaient déjà employés à ce travail. Au bout de quarante-huit heures, le contremaître faisait parvenir une note au service des transferts, mettant à la disposition les deux hommes valides, parce que l'aveugle pouvait faire à lui seul, non seulement sa propre tâche, mais aussi celles que faisaient avant lui ses deux compagnons qui avaient de bons yeux.

Cette récupération peut être portée plus loin. On admet généralement comme évident qu'un homme blessé ne peut rien faire et qu'il n'y a qu'à lui payer une allocation. Mais il y a toujours une période de convalescence, spécialement dans les cas de fracture d'un membre, où le patient est en état de travailler et même généralement désireux de le faire, car les plus fortes allocations d'invalidité n'atteignent pas le montant du salaire d'un ouvrier. Si on les relevait à ce niveau, l'industrie supporterait de ce fait une taxe additionnelle qui se traduirait par une élévation du prix de revient des produits. Il y aurait moins de demande sur le marché et par conséquent moins de travail pour quelqu'un. C'est un enchaînement de faits qu'il ne faut jamais perdre de vue.

Nous avons fait des essais sur des hommes alités, mais qui pouvaient se tenir assis. Nous recouvrîmes leurs lits d'une couverture, ou tablier, en toile cirée, et leurs donnâmes des écrous à visser à de petits boulons. C'est un travail qui doit se faire à sa main et auquel quinze ou vingt hommes sont continuellement employés à la section des magnétos. Les hommes hospitalisés pouvaient aussi bien s'acquitter de cette tâche que s'ils avaient été à l'atelier, et cela leur permettait de recevoir leur salaire. Nul n'était tenu à faire ce travail. Mais tous en étaient heureux : cela les empêchait de trouver le temps long. Ils dormaient mieux, mangeaient de meilleur appétit et se rétablissaient plus vite.

On n'a pas à se préoccuper spécialement des sourds-muets. Ils travaillent à plein rendement. Les tuberculeux (nous en avons généralement un millier) sont employés surtout dans le service de récupération des matériaux. Ceux qui sont considérés comme contagieux travaillent ensemble dans un atelier à part spécialement construit pour eux. Leurs occupations à tous les tiennent autant que possible au grand air.

Le dernier tableau de notre personnel portait neuf mille cinq cent soixante-trois hommes au-dessous de la validité moyenne. Parmi eux se trouvaient cent vingt-trois mutilés ou amputés du bras, de l'avant-bras ou des mains, l'un avait perdu les deux mains. Il y avait quatre aveugles, deux cent sept borgnes ; deux cent cinquante-trois autres avaient un œil presque mort. Il y avait aussi trente-sept sourds-muets, soixante épileptiques ; quatre hommes privés des jambes ou des pieds ; deux cent trente-quatre privés d'une jambe ou d'un pied. Les autres avaient des infirmités moindres.

Le temps nécessaire pour s'habituer aux diverses occupations est à peu près le suivant : quarante-trois pour cent du total ne demandent pas plus d'un jour d'apprentissage ; trente-six pour cent demandent d'un jour à une semaine ; six pour cent d'une semaine à deux ; quatorze pour cent d'un mois à un an ; un pour cent d'un an à six ans. Ces dernières occupations exigent une grande habileté, par exemple la fabrication des outils et l'alésage.

La discipline

La discipline dans toute l'usine est rigoureuse. Mais il n'y a pas de règlements mesquins, ni dont la justice soit contestable. On évite les renvois arbitraires en réservant au seul directeur du service d'embauchage le droit de prononcer un renvoi, et il en use rarement. L'année 1919 est la dernière où on tint les statistiques. Cette année-là, trente mille cent vingt-sept ouvriers quittèrent l'usine. Dans ce nombre, dix mille trois cent quatre restèrent absents plus de dix jours sans avertissement, et furent, en conséquence, rayés. Trois mille sept cent deux partirent, parce qu'ils n'acceptaient pas l'occupation qu'on leur offrait ou qu'on ne leur accordait pas un transfèrement demandé sans raison. Trente-huit furent renvoyés pour refus d'apprendre l'anglais à l'école que nous avions créée pour cela. Trois mille environ furent transférés à d'autres usines. Le nombre de ceux qui rentrèrent dans leur pays, se firent agriculteurs, ou s'établirent pour leur compte égal, à peu près, le total formé par les catégories précédentes. Quatre-vingt-deux femmes furent congédiées parce que leurs maris travaillaient : nous n'employons pas de femmes mariées dont les maris ont de l'ouvrage. De tous ceux que nous avons énumérés quatre-vingts seulement furent renvoyés sur le champ, pour les causes suivantes : mensonge, cinquante-six ; ordre du ministère de l'Éducation, vingt ; indésirables, quatre.

Nous exigeons que nos hommes fassent ce qu'on leur dit. Notre organisation est tellement spécialisée et toutes ses parties dépendent tellement les unes des autres qu'il est impossible de songer à laisser nos ouvriers en faire à leur tête. Sans la plus rigoureuse discipline, nous arriverions à la confusion la plus extrême. Je ne crois pas qu'une méthode différente soit possible dans l'industrie. Il faut que les ouvriers produisent le plus possible et reçoivent les plus forts salaires possibles. Si on laissait chacun en faire à sa tête, la production en souffrirait, et par conséquent, les salaires. Quiconque n'est pas content de se conformer à notre règle n'a qu'à s'en aller. Notre société ne recherche que la justice et l'impartialité dans ses rapports avec le personnel. Il est naturellement de l'intérêt et des contremaîtres et des chefs d'ateliers que les renvois soient peu nombreux. L'ouvrier a tout moyen de faire connaître ses griefs, si on s'est conduit injustement à son égard, il a tout droit d'appel. Bien entendu, il peut se produire des injustices. Les imperfections de la nature humaine contrecarrent parfois nos bonnes intentions. Un contremaître peut parfois ne pas bien saisir notre pensée, ou la mal traduire, mais nous faisons les suprêmes efforts pour que notre volonté soit observée.

Il est nécessaire d'être rigoureux sur la question des absences. Il n'est pas possible qu'un ouvrier vienne ou ne vienne pas, à sa fantaisie. Il peut toujours demander une permission au contremaître, mais s'il s'absente sans avertissement, une enquête sérieuse est faite à son retour sur la cause de son absence et il en est référé, à l'occasion, au service médical. Si les explications fournies par l'ouvrier sont valables, il est autorisé à reprendre son travail. Dans le cas contraire, il peut être renvoyé. Quand nous engageons un homme, nous ne lui demandons que son nom et son adresse, son âge ; s'il est marié ou non ; combien de personnes il a à sa charge ; s'il a travaillé auparavant pour la Société Ford ; nous nous assurons aussi de l'état de sa vue et de son ouïe.

Nous ne nous informons pas des antécédents. Mais quand un homme a déjà exercé un métier avant d'entrer chez nous, il fournit au bureau d'embauchage une note indiquant le métier qu'il connaît. De la sorte, quand nous avons besoin de spécialistes d'un genre quelconque, il nous est possible de faire passer directement l'ouvrier de la fabrication ordinaire à une spécialité.

C'est aussi là une des voies par lesquelles les outilleurs et les mouleurs atteignent rapidement des situations plus élevées. J'eus besoin, un jour, d'un horloger suisse. Nos fiches nous en fournirent un : il faisait marcher une perforeuse. Le département des traitements thermiques désirait un bon façonnier pour briques réfractaires ; il conduisait aussi une perforeuse. Il est maintenant inspecteur général.

Nous avons peu de contacts personnels avec nos ouvriers. Ils font leur travail et rentrent chez eux : une usine n'est pas un salon. Mais nous essayons de faire observer la justice et, si nous ne serrons pas beaucoup de mains (il n'y a pas chez nous de serreurs de mains de profession), nous faisons du moins notre possible pour empêcher les persécutions mesquines. Nous avons tant de services que notre établissement est presqu'un monde à lui tout seul. Toute espèce de gens peuvent s'y rencontrer.

Prenons, par exemple, les batailleurs. Il y a toujours des hommes qui se battent. D'habitude, c'est une cause de renvoi immédiat. Il ne nous semble pas que cela arrange les affaires des combattants. Aussi les contremaîtres sont-ils devenus ingénieux à imaginer des punitions qui ne fassent pas de tort aux familles des coupables, et n'entraînent pas de perte de temps.

La tenue des ateliers

Un point tout à fait essentiel sous le rapport du bon rendement non moins que sous celui de l'humanité, c'est la propreté, le bon éclairage, et la bonne aération des usines. Nos machines sont placées très près les unes des autres. Dans l'usine, chaque pied carré de surface supporte sa part de frais généraux. Il faut donc que le consommateur paye un surplus de frais généraux et de frais de transport, si les machines sont placées à six pouces seulement de trop l'une de l'autre.

Nous mesurons exactement pour chaque occupation l'espace dont l'ouvrier a besoin. Il ne faut pas qu'il soit gêné, il en résulterait une perte de temps. Mais si l'homme et sa machine occupent plus d'espace qu'il n'est nécessaire, il en résultera un autre genre de perte. Ce raisonnement nous a fait rapprocher nos machines probablement plus que dans aucune autre usine au monde. À un visiteur, elles peuvent sembler être l'une sur l'autre, mais elles sont savamment arrangées, non seulement conformément à la succession des opérations, mais aussi en vue de donner à chaque homme et à chaque machine, jusqu'au dernier pouce carré, l'espace nécessaire, mais pas un pouce, en tout cas pas un pied carré de plus : nos ateliers ne sont pas des jardins publics. Le rapprochement des machines rend nécessaire le maximum de protection et de ventilation.

La protection contre le danger des machines fait l'objet d'une attention particulière. Une machine, quelque bon qu'en soit le rendement, ne fait pas notre affaire, si elle n'est absolument sûre. Nous n'en avons pas que nous jugions dangereuses, mais, en dépit de tout, quelques accidents se produisent.

Tout accident, pour aussi banal qu'il soit, fait l'objet d'une enquête de la part d'un agent habile, qui n'a pas d'autre fonction, et qui recherche les moyens de rendre à l'avenir le même accident impossible.

Quand nous élevâmes nos premières constructions, nous ne comprenions pas l'aération aussi bien qu'aujourd'hui. Dans toutes nos bâtisses récentes, les colonnes de support sont creusées et c'est par leur moyen que l'air vicié est expulsé et l'air frais introduit.

Une température presque invariable est entretenue partout d'un bout de l'année à l'autre, et pendant la journée il n'est besoin nulle part d'éclairage artificiel. Sept cents hommes environ ont pour tâche spéciale de nettoyer les ateliers, de laver les vitres, d'entretenir toute l'usine en bon état. Les coins sombres sont peints en blanc. Il ne peut y avoir de goût au travail sans propreté. Nous ne tolérons pas davantage qu'on nous donne le change en matière de propreté qu'en matière de fabrication.

Il n'existe pas de raison pour que le travail à l'usine soit dangereux. Le travail lorsqu'il est trop dur ou trop prolongé engendre chez l'ouvrier un état mental qui prête aux accidents. La prévention des accidents consistera donc pour une part, à empêcher cet état mental de se produire, pour une autre part à prévenir les négligences et, enfin, à établir des machines absolument sûres. Les principales causes d'accidents sont groupées par les experts sous les rubriques suivantes :

1. Défaut de construction
2. Défaut de la machine
3. Manque de place

4. Manque de garde-fou
5. Malpropreté
6. Mauvais éclairage
7. Mauvaise atmosphère
8. Vêtements mal appropriés
9. Négligence
10. Ignorance
11. Fatigue mentale
12. Manque de coopération.

Les causes qui tiennent à la mauvaise construction des ateliers, à une machinerie défectueuse, l'insuffisance de place, à la malpropreté, à la mauvaise atmosphère, au mauvais éclairage, à la fatigue mentale, sont faciles à éliminer.

Aucun de nos ouvriers ne travaille avec excès. Les salaires qu'ils reçoivent leur enlèvent les neuf dixièmes des raisons de fatigue mentale qu'ils pourraient avoir et la bonne installation des ateliers supprime les autres causes d'accidents. Il ne reste donc qu'à les mettre en garde contre le danger des vêtements mal appropriés au travail, contre la négligence et l'ignorance, et enfin à rendre toutes nos machines absolument sûres. La difficulté de ce point est plus grande là où nous employons des courroies.

Dans tous nos nouveaux ateliers, chaque machine à son moteur électrique individuel. Mais, dans nos anciennes installations, nous avions été obligés d'employer des courroies. Chaque courroie est protégée. Au-dessus des transporteurs automatiques sont placés des ponts : de la sorte, un homme n'est jamais obligé de passer par un endroit dangereux. Partout où ils risquent d'être atteints par des éclats de métal, les ouvriers ont l'ordre de porter des lunettes, et ce danger est encore réduit par l'installation d'un treillis autour de la machine.

Autour des fournaises, nous avons des grillages. Il n'existe nulle part un organe de mécanique découvert où les vêtements puissent s'accrocher. Toutes les allées sont tenues libres. Les commandes de démarrage des presses sont protégées par des étiquettes rouges qui doivent être enlevées avant que ces commandes puissent être manœuvrées. Ainsi la machine ne peut être mise en mouvement par distraction.

Il y a des ouvriers qui portent des vêtements mal appropriés : des cravates qui risquent d'être prises par une poulie, des manches trop larges, etc. Les maîtres ouvriers doivent y avoir l'œil, et ils préviennent les contrevenants. Les machines nouvelles sont essayées de toutes les façons avant d'être installées. En conséquence, nous n'avons presque pas d'accidents sérieux.

Il ne faut pas que l'industrie lève un tribut de victimes humaines.

CHAPITRE XVIII
LES SALAIRES

Il n'y a aucune logique dans la conduite des affaires à se régler sur la coutume, et à dire : « Je paie les salaires courants. » Celui qui dit cela ne déclarerait pas aussi facilement : « Je ne vends pas meilleur, ni meilleur marché que les autres. » Nul fabricant doué de bon sens ne prétendra que c'est en achetant seulement les matières premières les moins coûteuses qu'on est sûr de fabriquer les meilleurs articles.

Pourquoi donc tous ces discours sur la diminution de la main-d'œuvre et les profits que retirerait le pays de la réduction des salaires ? Le résultat n'en est autre que la réduction du pouvoir d'achat des salariés et le rétrécissement du marché intérieur. À quoi sert l'industrie, si elle est assez mal dirigée pour ne pas assurer des moyens d'existence à tous ceux qui concourent à son activité ? Aucune question n'est plus importante que celle des salaires. La plupart de nos compatriotes ne vivent que de salaires. Le pied sur lequel ils vivent, le taux de leurs salaires, déterminent la prospérité de notre pays.

Dans toutes les entreprises de la Société Ford, le minimum de salaire est aujourd'hui de six dollars par jour. Il était, il n'y a pas longtemps, de cinq dollars. Avant cela, nous payions ce qu'il fallait payer. Il serait malséant de revenir à l'ancienne façon de fixer les salaires, au cours du marché, et ce serait aussi la pire façon d'entendre les affaires.

Envisageons d'abord les rapports sociaux. On n'a pas l'habitude de parler d'un ouvrier comme d'un associé, et, cependant, est-il autre chose ? Quand un chef d'industrie trouve que la direction de son affaire excède ses forces ou son temps disponible, ne prend-il pas des auxiliaires pour l'assister dans cette direction ? Pourquoi alors ce chef d'industrie, s'il constate que le travail de ses mains ne suffit pas à cette partie de sa tâche qui est la fabrication, pourquoi refusera-t-il le titre d'associé à ceux qui se joignent à lui pour l'aider à fabriquer ?

Toute entreprise qui emploie plus d'un homme est une sorte d'association. Dès le moment où le chef d'une affaire fait appel à une aide, il prend un associé. Il se peut qu'il soit le seul propriétaire des capitaux de l'entreprise et le seul directeur de ses opérations, mais, à moins de rester seul administrateur et seul producteur, il ne peut prétendre à une complète indépendance. Nul homme n'est indépendant tant qu'il a besoin de l'aide d'un autre. Le patron est l'associé de son ouvrier, l'ouvrier est l'associé de son patron. Et, tel étant le cas, il est vain, de la part du capital ou de la part du travail, de se prétendre l'élément indispensable. Ils sont indispensables tous les deux.

Si l'un s'arroge une part abusive, ce ne peut être qu'aux dépens de l'autre et finalement à ses propres dépens aussi. Il est au plus haut point absurde, de la part du capital ou de la main-d'œuvre, de s'envisager eux-mêmes comme des groupes : ce sont des associés. Quand ils tirent en sens opposés et se paralysent mutuellement, ils ne font autre chose que porter préjudice à une affaire où leurs intérêts sont communs et dont l'un et l'autre tirent leur subsistance.

Ce devrait être l'ambition de l'employeur, comme chef, de payer de meilleurs salaires que n'importe quelle entreprise similaire et ce devrait être l'ambition du travailleur de rendre cela possible.

À la vérité, il y a dans tous les ateliers des ouvriers qui paraissent croire que s'ils font de leur mieux cela ne servira qu'à leur patron, et pas du tout à eux-mêmes. Il est fâcheux qu'un tel sentiment existe. Mais il existe et n'est peut-être pas sans quelque justification. Si un employeur demande à ses hommes de faire de leur mieux, et que ceux-ci, au bout de quelque temps, s'aperçoivent que leur zèle ne leur vaut aucune récompense, ils se relâcheront de leur effort, et ne feront que juste ce qu'il faut. Mais si les résultats de leur activité se traduisent par une paye plus généreuse, prouvant que le bon travail fait le bon salaire, ils ne tarderont pas à comprendre qu'ils font corps avec l'affaire qui les emploie, que sa prospérité dépend d'eux et que la leur dépend d'elle.

Grande question

Que doit payer l'employeur ? Que doit recevoir l'ouvrier ? Ce ne sont là que des questions secondaires. La question fondamentale est celle-ci : « Qu'est-ce que l'affaire peut supporter ? » Assurément, il n'est pas d'entreprise qui puisse soutenir des frais dépassant ses rentrées. Quand on pompe l'eau d'un puits plus vite qu'elle ne se renouvelle, le puits se tarit, et, quand le puits est tari, ceux qui ont soif sont à plaindre. Si, par hasard, ils se figurent qu'ils pourront tarir un puits et n'auront qu'à passer à un autre, ils finiront par les tarir tous : ce n'est qu'une affaire de temps. On revendique de toutes parts aujourd'hui une plus juste rémunération du travail, mais il faut reconnaître qu'il y a des limites à la rémunération. Ce sont les affaires elles-mêmes qui établissent ces limites. Un industriel ne peut pas payer cent cinquante mille dollars de salaires, si son industrie ne lui en rapporte que cent mille. L'état d'une entreprise limite donc les salaires qu'elle peut donner. Mais est-il quelque chose qui limite le développement de cette entreprise ? En règle générale, oui. Elle se limite elle-même, en suivant de mauvais errements.

Si les salariés au lieu de dire : « Le patron devrait faire telle ou telle chose » disaient : « L'affaire devrait être menée de façon à pouvoir faire telle ou telle chose » cela les mènerait à quelque résultat, car c'est l'affaire seule qui peut payer des salaires. Le patron ne le peut pas, si l'état de son entreprise ne le lui permet. Mais si cet état est assez bon pour justifier la hausse des salaires et que l'employeur refuse de les augmenter, que faut-il faire ? En règle générale, une entreprise industrielle, qui constitue le moyen d'existence d'un grand nombre d'hommes, ne devrait pas subir de ruine. Il est criminel d'assassiner une industrie à laquelle un grand nombre d'hommes ont consacré leur labeur, et qu'ils ont pris l'habitude de considérer comme leur champ d'activité et la source de leurs moyens d'existence. Tuer une affaire par une grève ou un lock-out n'arrange rien. Le patron n'a rien à gagner à regarder ses ouvriers en se demandant : « A quel salaire pourrais-je bien les réduire », ni l'ouvrier à rendre au patron son regard menaçant et à se dire : « Quel salaire pourrais-je le forcer à donner ? » Finalement, l'un et l'autre seront obligés de faire entrer l'affaire en ligne de compte et de se demander : « De quelle façon, cette industrie pourrait-elle être rendue sûre et profitable, de manière à procurer à tous une vie agréable et assurée ?

Mais ni les employeurs, ni les ouvriers ne pensent toujours juste. Quand on a l'habitude de s'inspirer de vues courtes, il est difficile de s'en départir. Qu'y faire ? Rien. Il n'y a ni règle, ni loi qui n'y puissent rien changer ; mais l'intérêt personnel éclairé le peut. Il faut un peu de temps à la lumière pour se répandre. Mais elle se répandra forcément, car une affaire où le patron et les ouvriers travaillent en commun à la même fin d'utilité ne peut manquer de faire son chemin. Ceux que le bon sens n'a pas encore éclairés devront donc tourner les yeux vers sa lumière ou se retirer des affaires.

Mais qu'entendons-nous par de bons salaires ?

Nous entendons par là des salaires plus élevés que ceux d'il y a des mois, ou d'il y a dix ans ; non pas des salaires supérieurs à ce qu'ils doivent être. Du reste, les gros salaires d'aujourd'hui seront peut-être devenus insuffisants dans dix ans.

S'il est bon de la part du directeur d'une industrie d'essayer de lui faire produire de plus gros dividendes, il n'est pas moins bon d'essayer de lui faire produire de meilleurs salaires. Mais ce n'est pas le chef d'une industrie qui les paie. Bien entendu, s'il peut le faire et s'y refuse, il est à blâmer, mais il ne dépend pas de lui seul de rendre les gros salaires possibles. Ceux-ci ne peuvent être payés que si l'ouvrier les gagne ; son travail est un facteur de la production. Ce n'est pas le seul, car une mauvaise direction, par le gaspillage du travail et de la matière première, pourra annuler les efforts des ouvriers. De même, les ouvriers peuvent réduire à rien les résultats d'une habile direction. Mais dans une association formée entre une direction habile et une main-d'œuvre consciencieuse, c'est l'ouvrier qui rend les bons salaires possibles. Il apporte à l'association son énergie et sa connaissance du métier, et du moment qu'il les lui apporte de tout cœur et sans réserve, il mérite un beau salaire : non seulement il l'a gagné, mais il en est dans une grande mesure le créateur.

Toutefois, il faut bien comprendre que le salaire prend sa source à l'atelier. S'il n'est pas d'abord créé par le travail, il ne viendra pas tout seul dans les enveloppes. On n'inventera jamais aucun système qui abolisse la nécessité du travail. La nature y a veillé. L'oisiveté des mains et de l'intelligence n'est permise à personne. Dans le travail sont la raison, l'honneur et le salut. Ce n'est pas une malédiction, c'est le plus grand des bienfaits. Seul, il est la source d'une justice sociale en actes. Celui qui donne beaucoup a le droit de recevoir beaucoup. La charité n'a donc rien à voir avec la fixation des salaires.

Le travail est notre salut

L'ouvrier qui donne à son travail, jour après jour, le meilleur de son être finira par se décourager si ses mérites restent sans récompense. L'homme qui prend son outil, le matin, avec le sentiment que ses efforts, quels qu'ils soient, ne le mettront pas à l'abri du besoin, n'est pas en bonne disposition pour commencer sa tâche journalière. Il est mécontent et tourmenté, et son travail s'en ressentira.

Au contraire, s'il sait que son travail journalier non seulement subviendra a ses besoins essentiels, mais lui apportera par surcroît quelque bien-être, lui fournira le moyen d'élever ses enfants, de donner à sa femme quelques satisfactions, alors il aimera son métier et s'y consacrera de plein cœur, au grand avantage de celui qui l'emploie et au sien propre ; tandis que l'homme qui n'éprouve pas de satisfaction dans l'accomplissement de sa tâche perd la meilleure partie de son salaire.

Car le travail quotidien est une grande, une très grande chose ! Il est la base même de la société. C'est sur lui que repose notre honneur. Et l'employeur doit constamment travailler avec plus d'ardeur que pas un de ses ouvriers. Il faut qu'un patron, s'il prétend sérieusement faire son devoir, travaille dur. Cela n'a pas de sens de dire : « J'ai tant de milliers d'hommes qui travaillent pour moi. » En réalité, ce sont ces milliers d'hommes qui font travailler leur patron pour eux, et, mieux ils travaillent eux-mêmes, plus il est occupé à disposer de leur production.

Les salaires et appointements sont d'un montant fixe et il doit en être ainsi pour qu'il y ait une base de calcul. Les salaires et appointements sont une sorte de partage de bénéfices fixé d'avance. Mais, il arrive souvent que lorsque l'exercice est terminé, on s'aperçoive que les appointements et salaires pourraient être élevés. Alors, il faut les élever. Tous ceux qui donnent leur travail à une affaire doivent participer à ses profits, sous forme de bons salaires, ou d'appointements, ou de prime additionnelle. On commence aujourd'hui à comprendre cela partout.

On revendique nettement aujourd'hui, pour le côté humain de l'industrie, légalité avec le côté matériel. Et cela ne tardera pas à se réaliser. La question est seulement de savoir si cette réalisation se fera sagement, de façon à maintenir debout l'armature matérielle qui nous supporte actuellement, ou si elle se fera aveuglément et de manière à nous taire perdre tout le bénéfice du travail antérieur.

La production subvient aux besoins de notre existence nationale, traduit nos progrès économiques, et nous donne notre rang parmi les nations. Nous ne voulons pas mettre tout cela en péril, nous voulons que l'élément humain de l'industrie obtienne un meilleur traitement, et certainement c'est un résultat que l'on peut atteindre sans rien démolir, sans faire rien perdre à qui que ce soit, mais au contraire avec un profit accru pour tout le genre humain ; et le moyen en réside dans la reconnaissance d'un lien d'association entre tous les hommes. Tant que chacun ne se suffira pas absolument à lui-même, nous ne pourrons jamais échapper à cette loi d'association.

Telles sont les vérités fondamentales en matière de salaires. Le salaire est une répartition de bénéfices entre associés.

En quoi consiste un salaire égal à ce qu'il doit être ? Quel genre de vie peut-on raisonnablement compter s'assurer par son travail ? Avez-vous jamais réfléchi à ce que l'on peut et doit attendre du salaire ? Dire qu'il doit payer le coût de la vie, c'est ne rien dire. Le coût de la vie dépend en grande partie de l'efficacité de la production et des transports et celle-ci résulte de l'efficacité de la direction et de la main-d'œuvre. Le bon travail, bien dirigé, doit avoir pour résultat les gros salaires et la vie à bon marché.

Qu'appelle-t-on salaire ?

Si nous essayons de régler les salaires sur le coût de la vie, cela ne nous mène à rien. Le coût de la vie est un résultat, et nous ne pouvons espérer qu'un résultat restera constant, si nous altérons sans cesse les facteurs qui le produisent. Quand nous essayons de régler les salaires sur le coût de la vie, nous imitons un chien qui court après sa queue. Et, d'ailleurs, qui est compétent pour fixer le genre de vie qui servira de base à ce calcul ? Élargissons donc notre point de vue et disons ce que le salaire doit représenter pour l'ouvrier, ce qu'il doit être.

Le salaire fait face à toutes les obligations que le travailleur doit remplir en dehors de l'atelier. Il fait face à toutes les nécessités de direction et de service dans l'intérieur de l'usine. La production industrielle est la plus précieuse mine qu'on ait jamais mise en exploitation. Certes, ce n'est pas trop lui demander que de couvrir les besoins de l'ouvrier dans la vie, et il faudrait bien aussi qu'elle mit ses vieux jours à l'abri de la misère. Mais pour arriver à ce simple résultat, il faudra que l'industrie se conforme à un système de production, de répartition et de rémunération qui s'opposera à ce que les produits du travail entrent dans les poches de ceux qui ne participent pas à la production. Pour créer un système qui soit aussi indépendant de la bonne volonté des patrons bienveillants que de la mauvaise volonté des patrons égoïstes, il faut se fonder sur les réalités de la vie elle-même.

Une journée de travail exige la même dépense de force musculaire quand le blé coûte un dollar le boisseau que quand il coûte deux dollars et demi. Les œufs coûtent tantôt douze cents la douzaine, tantôt six ou sept fois plus cher. Quelle différence cela fait-il dans la dépense d'énergie qu'un homme consacre au travail du jour ?

S'il ne s'agissait que du producteur lui-même, il serait bien facile de calculer le coût de sa subsistance et le profit auquel il aurait droit. Mais le producteur n'est pas seulement un individu. C'est un citoyen, qui contribue à la prospérité de la nation. C'est le chef d'un ménage. C'est souvent un père de famille et il faut que sur son salaire, il élève ses enfants et en fasse des citoyens utiles. Tout cela doit entrer en ligne de compte. Comment allez-vous chiffrer la contribution que le foyer apporte au travail de cet ouvrier ? Vous payez bien l'homme pour son travail, mais quelle est la dette de ce travail envers le foyer du travailleur ? La dette envers sa position de citoyen ? Envers sa position de père ? L'homme travaille à l'atelier, mais la femme travaille à la maison. Il faut donc que l'atelier paye pour les deux. Quel système de comptabilité établira la part du foyer domestique dans le prix de revient de la journée ouvrière ? Est-ce la subsistance du travailleur lui-même qui doit être considérée comme le prix de revient et faut-il envisager le moyen qu'il a d'entretenir un foyer et une famille comme son bénéfice ? Ou bien le bénéfice d'une journée de travail doit-il se calculer sur ce qui lui reste d'argent comptant, après qu'il a satisfait à tous ses besoins et à ceux de sa famille ? Ou bien tout ce qui découle des obligations familiales doit-il être strictement envisagé comme élément du prix de revient, et le bénéfice calculé entièrement en surplus de ces éléments ? C'est-à-dire qu'après avoir vécu et fait vivre les siens, les avoir habillés, logés, élevés, leur avoir procuré les avantages ordinaires de leur situation sociale, le travailleur doit-il pouvoir encore faire une réserve à titre d'épargne ? Est-il juste de grever la journée de travail de toutes ces charges ? Je le crois. Sinon, il faut envisager l'odieuse perspective du travail au-dehors, pour la mère et les enfants.

Ce sont des questions qui réclament une étude attentive et des calculs soigneux. Peut-être notre vie économique ne contient-elle pas de chapitre qui nous réserve plus de surprise que la connaissance exacte des charges qui pèsent sur la journée de travail.

Il serait peut-être possible de calculer avec exactitude – non sans une gêne considérable pour le travail – l'énergie qu'une journée de travail enlève à un homme. Mais il n'est pas du tout possible de déterminer exactement ce qu'il en coûtera de lui restituer cette énergie, en vue du travail du lendemain, ni quelle est la proportion de cette énergie dépensée qu'il ne récupérera jamais. Les économistes n'ont pas encore imaginé un amortissement pour la récupération de l'énergie ouvrière. Mais il est possible de constituer une sorte de fonds d'amortissement sous la forme de pensions pour la vieillesse.

Mais les pensions ne sont pas adéquates au bénéfice que le labeur quotidien de l'ouvrier devrait lui rapporter en compensation des frais généraux de sa vie, de ses fatigues et de l'usure inévitable de ses forces. Les salaires les plus élevés qui aient été payés jusqu'à ce jour sont loin d'être aussi élevés qu'ils devraient l'être. L'industrie n'est pas encore suffisamment organisée et ses objectifs ne sont pas suffisamment clairs pour qu'il soit possible de payer plus qu'une fraction des salaires légitimes. Cette organisation est, du reste, une partie de la tâche qui nous reste à remplir. Mais ce n'est pas en parlant d'abolir le salariat et d'y substituer la propriété collective qu'on s'acheminera vers une solution. Le système du salariat est le seul qui permette de récompenser selon sa valeur la contribution de chacun à la production. Supprimez cette mesure, il ne restera qu'une justice universelle. Perfectionnez le système, et vous établirez peut-être l'universelle justice.

Le commerce et les salaires

L'expérience m'a beaucoup appris, en matière de salaires. Je crois tout d'abord, en mettant de côté toute autre considération, que notre propre réussite dépend en partie des salaires que nous payons. Si nous répandons beaucoup d'argent, cet argent se dépense. Il enrichit les négociants, les détaillants, les fabricants et les travailleurs de tout ordre, et cette prospérité se traduit par un accroissement de demandes pour nos automobiles. De hauts salaires pour tout le monde auraient pour conséquence la prospérité générale du pays, pourvu dépendant que, à l'accroissement des salaires, correspondît l'accroissement de la production. Donner de gros salaires et diminuer la production, c'est s'engager sur la pente du marasme.

Il nous fallut quelque temps pour adopter une ligne de conduite en matière de salaires, et ce ne fut pas avant que nous fussions entrés en plein dans la fabrication du modèle T qu'il nous fut possible d'établir le montant des salaires. Auparavant, nous donnions une part de bénéfice. À la fin de chaque année, depuis quelques années, nous répartissions un pourcentage de nos bénéfices entre les ouvriers. Par exemple, déjà en 1909, nous distribuâmes quatre-vingt mille dollars, sur la base des années de service. Les hommes qui avaient un an de présence recevaient cinq pour cent de leurs salaires annuels ; ceux qui avaient deux ans de service recevaient sept et demi ; ceux qui avaient trois ans, dix pour cent. L'inconvénient de ce système, c'est qu'il n'était pas en relation assez intime avec la production. L'ouvrier ne recevait sa part que longtemps après avoir fait son travail et elle lui arrivait comme une sorte de cadeau. Il est toujours fâcheux que le salaire paraisse participer de la nature d'un don gratuit.

De plus, les salaires n'avaient pas, avec les diverses occupations, un rapport scientifique. Tel ouvrier, dans la spécialité A, pouvait être payé à un certain taux, et tel autre, dans la spécialité B, à un taux plus élevé. Alors qu'il se trouvait parfois que la première de ces occupations demandât plus de connaissances, ou plus de peine, que la seconde. Il s'introduit beaucoup d'injustice dans l'établissement des salaires, à moins que l'employeur et le salarié ne soient certains que le taux n'en a pas été fixé au petit bonheur. En conséquence, à partir de 1913, nous fîmes étudier, pour les milliers d'opérations de notre industrie le temps requis pour chacune de ces opérations. Cette étude du temps permet de déterminer théoriquement quelle doit être la production d'un ouvrier. Puis au moyen d'abattements généraux, on obtient une production moyenne satisfaisante pour une journée, et, en faisant intervenir la question d'habileté, on arrive à un taux de salaire exprimant assez exactement la quotité d'habileté professionnelle et de travail qui entre dans une occupation donnée, et aussi ce que l'on peut attendre de l'ouvrier en échange du salaire. Sans cette étude scientifique, l'employeur ne sait pas pourquoi il paye tel ou tel salaire, ni l'ouvrier pourquoi il le reçoit. Sur cette base, toutes les occupations de notre usine furent standardisées et les taux indiqués.

Nous n'avons pas de travail aux pièces. Une partie de nos hommes est payée à la journée, et une partie à l'heure. Mais, dans presque tous les cas, un rendement est indiqué au-dessous duquel l'ouvrier ne doit pas descendre. S'il en était autrement, ni les ouvriers ni nous-mêmes ne saurions jamais si le salaire est mérité ou non. Il faut, pour que le salaire réel puisse être payé, que soit fixé d'abord le rendement du jour de travail. Les gardiens sont payés pour leur présence, mais les ouvriers sont payés pour leur ouvrage.

Ayant en main ces données positives, nous annonçâmes et mimes en vigueur, en janvier 1914, un système de partage de bénéfices par lequel le salaire minimum était fixé pour toute espèce de travail, sous certaines conditions, à cinq dollars par jour. En même temps, nous réduisions la journée à huit heures au lieu de neuf, et la semaine à quarante-huit heures. Cette décision fut entièrement volontaire. Toutes nos augmentations de salaire ont été volontaires. À notre sentiment, c'était un acte de justice sociale et, en dernière analyse, nous l'accomplîmes pour notre propre satisfaction.

Il y a plaisir à penser qu'on rend les gens heureux, que l'on allège en quelque mesure le fardeau de son prochain, qu'on lui procure un surcroît de ressources disponibles pour l'épargne ou pour l'agrément. La bonne volonté des hommes est, parmi les biens de la vie, un des rares qui ait de la valeur. Un homme doué de détermination peut gagner à peu près tout ce qu'il désire, mais, si au nombre de ses gains ne se trouve pas d'amour de ses semblables, son profit est de mince valeur.

Cependant, ces augmentations n'avaient aucunement le caractère d'un don gratuit. Cela ne fut généralement pas compris. Beaucoup d'employeurs se figuraient que nous prenions cette mesure parce que nos affaires marchaient bien et que nous voulions nous faire de la réclame, et ils nous incriminaient parce que nous bouleversions les prix établis et portions atteinte à l'usage courant de donner aux ouvriers le salaire le plus petit qu'ils voulaient accepter. Ces prix établis, ces usages n'ont aucun sens. Ils sont à abolir et seront abolis un jour, sans quoi on ne fera jamais disparaître la pauvreté. Nous n'avons pas apporté de changement aux salaires, parce que nous avions envie de payer plus cher et que nous pouvions le faire. Si nous avons tenu à payer de hauts salaires, c'est pour placer nos affaires sur une base durable. Ce ne fut pas pour répandre des dons, mais pour assurer l'avenir. Une industrie à bas salaires est toujours en péril.

Il est probable que rarement décision fit l'objet d'autant de commentaires dans le monde entier. Presque personne, du reste, ne saisit la réalité de nos intentions. Les ouvriers, en général, se figuraient qu'ils allaient toucher cinq dollars par jour quel que fût leur travail.

Notre système de partage des bénéfices

La réalité n'était pas tout à fait ce que l'on croyait généralement. Notre plan consistait dans une distribution de bénéfices, mais, au lieu d'attendre que les bénéfices fussent acquis, nous pensions les évaluer d'avance approximativement, et les ajouter, sous certaines conditions,

aux salaires des ouvriers et employés ayant au moins six mois de service chez nous. C'était une participation destinée à trois catégories de personnel :
1. Les hommes mariés vivant avec leur famille et en prenant soin.
2. Les célibataires de plus de vingt et un ans, ayant des habitudes d'épargne vérifiées.
3. Les jeunes gens de moins de vingt-deux ans et les jeunes femmes ayant quelque proche à leur seule charge.

Chacun devait d'abord toucher son juste salaire, qui était alors, en moyenne, de quinze pour cent environ au-dessus du taux habituel courant. Ensuite, il pouvait être attribué au travailleur un certain bénéfice. Salaire et bénéfice étaient calculés de façon à lui donner un revenu quotidien minimum de cinq dollars. Le taux de la participation aux bénéfices était établi sur le nombre d'heures de travail et combiné avec le salaire horaire de façon à donner à ceux qui recevaient le moindre salaire horaire la plus grande proportion de bénéfices. Ce bénéfice se touchait par quinzaines, avec le salaire. Par exemple, un homme qui recevait trente-quatre cents l'heure, participait aux bénéfices au taux de vingt-huit cents et demi l'heure ; cela lui faisait ses cinq dollars par jour. Un autre qui recevait un salaire de cinquante-quatre cents l'heure, avait un bénéfice de vingt et un cents l'heure, ce qui lui faisait un revenu quotidien de six dollars.

C'était, en somme, un système imaginé pour faire participer le personnel à la prospérité de nos affaires, mais sous certaines conditions. L'ouvrier et sa famille devaient se conformer à certaines règles de décence et de civisme. Nous ne visions pas à l'établissement d'un système paternel ; mais quelque chose de paternel s'introduisit pourtant dans l'affaire, et ce fut même une des raisons qui nous le firent abandonner. Mais notre idée originelle avait été d'instituer une mesure qui encourageât très activement les ouvriers à bien vivre, et nous avions pensé que l'encouragement le meilleur était une prime en argent. L'homme qui vit bien travaille bien. De plus, nous voulions éviter l'abaissement du rendement de travail qui résulte parfois de l'augmentation des salaires. L'expérience due à la guerre a prouvé que l'élévation trop rapide des salaires ne fait augmenter que la cupidité de l'ouvrier et, par suite, affaiblit son rendement. Si, au commencement, nous nous étions contentés de mettre l'augmentation dans les enveloppes, il est très probable que les rendements réglementaires auraient fait défaut. Le nouveau système doublait le salaire de la moitié environ des hommes. La différence aurait pu être considérée comme une gratification. Mais quand on pense à une gratification, le travail en souffre. Il y a danger à élever trop rapidement le salaire d'un homme, peu importe qu'il ait reçu précédemment un dollar par jour ou cent dollars. En fait, si les appointements d'un homme passaient, du jour au lendemain, de cent dollars par jour à trois cents, il y aurait des chances pour qu'il fît plus de sottises que l'ouvrier dont la paye serait passée de un dollar à trois dollars l'heure. Plus on a d'argent, plus on a de moyens de faire l'imbécile.

Dans le système ci-dessus exposé, les règles établies n'étaient pas mesquines, bien que parfois elles aient pu être appliquées avec mesquinerie. Nous avions un service d'enquête, comprenant cinquante inspecteurs. Le bon sens de la plupart d'entre eux était vraiment remarquable, mais il est impossible de réunir cinquante hommes doués de la même dose de bon sens. Des erreurs se commettaient parfois : c'est des erreurs que l'on parle surtout. Nous comptions que, pour recevoir le pari bénéficiaire, les hommes mariés vivraient dans leur ménage et en prendraient meilleur soin. Nous eûmes à réformer la répréhensible habitude, de prendre des pensionnaires, de considérer leur foyer comme un établissement à exploiter, plutôt que comme une véritable demeure. Des jeunes gens de moins de dix-huit ans recevaient une part bénéficiaire, s'ils aidaient leurs parents. Des célibataires menant une vie décente avaient aussi une part. La meilleure preuve de la bienfaisance essentielle du système est dans les résultats suivants : quand il fut mis en vigueur, soixante pour cent des travailleurs se trouvèrent immédiatement dans le cas d'y participer. Au bout de six mois, il y avait soixante-dix-huit pour cent de participants, à la fin de l'année quatre-vingt-sept pour cent. Au bout de dix-huit mois, tous étaient participants à l'exception d'un centième.

Les gros salaires eurent d'autres effets. En 1914, quand le système entra en vigueur, nous employions quatorze mille personnes et nous devions en embaucher environ cinquante-trois mille par an pour garder un effectif constant de quatorze mille. En 1915, nous n'eûmes à embaucher que six mille cinq cent huit hommes, dont la plupart furent engagés par suite du développement de nos affaires. Avec l'ancien mouvement de main-d'œuvre et notre effectif présent, il nous faudrait embaucher près de deux cent mille hommes par an, ce qui serait un problème presque insoluble. Bien qu'un minimum d'apprentissage suffise pour se rendre capable chez nous de n'importe quel travail, nous ne pouvons changer d'équipe tous les jours, ni toutes les semaines, ni tous les mois. Car bien qu'un homme puisse acquérir au bout de deux ou trois jours une pratique suffisante pour faire passablement vite une besogne passable, il sera, au bout d'un an capable de faire bien mieux encore. Le renouvellement de la main-d'œuvre ne nous a pas depuis lors préoccupé. Il est difficile de donner à cet égard des chiffres exacts, parce que, lorsque nous ne travaillons pas à plein, nous établissons un roulement, afin de répartir l'ouvrage entre le plus grand nombre possible d'ouvriers. Cela rend la distinction difficile entre les départs volontaires et les autres. Actuellement, nous n'en tenons pas registre. Le recrutement du personnel fait si peu de difficulté que nous ne prenons pas la peine d'en tenir un compte.

Autant que je sache, le renouvellement du personnel est entre 3 % et 6 % par mois.

Nous avons introduit des changements dans le système, mais nous n'avons jamais dévié du principe suivant : « Si vous voulez qu'un homme consacre tout son temps et toute son énergie à son travail, donne-lui un salaire qui le mettra au-dessus des préoccupations pécuniaires. »

C'est une bonne affaire : nos bénéfices, après avoir payé de forts salaires et une participation (qui déjà atteignait environ dix millions de dollars par an, avant que nous changions le système) prouvent que c'est en payant de gros salaires que l'on fait les meilleures affaires.

Il y avait des inconvénients dans les participations bénéficiaires basées sur la bonne conduite. Cette méthode tendait à l'établissement d'une discipline paternelle. Cette discipline n'est pas de mise dans la vie industrielle. La bienfaisance qui consiste à se mêler des affaires privées du personnel que l'on emploie est chose périmée. Il y a des gens qui ont besoin de bons conseils et d'autres qui ont besoin d'aide : d'une aide particulière, souvent. Il faut leur fournir aide et conseil ; c'est un devoir d'humanité.

Mais un système largement et pratiquement établi de capitalisation et de participation aux bénéfices fera davantage pour consolider l'industrie et fortifier l'organisation que toutes les œuvres sociales extérieures.

Sans changer notre principe, nous avons modifié notre méthode de paiement.

CHAPITRE IX
LES CRISES ÉCONOMIQUES

Il faut qu'un chef d'industrie vive d'un bout de l'année à l'autre ; de même, ses ouvriers. Mais au premier, comme aux seconds, le travail vient, en général, de semaine en semaine. Ils attrapent, l'un, sa commande, les autres, leur occupation, au moment et au prix qu'ils peuvent. Dans les périodes dites prospères, les commandes et le travail abondent. Dans les mauvaises périodes, rien ne va. En affaires, l'alternance de la prospérité et de la gêne est continuelle. Tantôt elles marchent bien, tantôt elles marchent mal. Il n'est, certes aucun moment où chacun possède trop de biens de la vie, où chacun soit dans trop d'aisance ou trop de bonheur ; cependant viennent certaines périodes, dites de dépression, qui présentent le spectacle surprenant d'un monde avide de produits, et d'une organisation industrielle anxieuse de produire, tenus à l'écart l'un de l'autre par une barrière d'argent. L'embauchage, la fabrication ne vont que par à-coups. Au lieu d'avancer d'une marche régulière, la production procède par bonds capricieux et s'arrête soudain. Quand les acheteurs se présentent en très grand nombre, on dit que la marchandise fait défaut. Quand il n'y a pas d'acheteurs, on dit qu'il y a surproduction et encombrement du marché. Ce que je sais, c'est qu'il y a toujours manque, et jamais, à mon sens, surabondance de produits. Il se peut, à un moment donné, qu'il y ait un excès de marchandises inutiles, mais ce n'est pas là de la surproduction, c'est de la production à l'étourdie. Il peut y avoir aussi de gros approvisionnements d'articles à des prix trop élevés. Ce n'est pas non plus de la surproduction : c'est de la mauvaise fabrication ou de la mauvaise administration financière.

Les affaires sont-elles bonnes ou mauvaises par arrêt du destin ? Faut-il envisager l'état du marché comme une nécessité inévitable ? Non, il sera bon ou mauvais selon que nous le ferons tel. La seule raison que l'on ait de retourner le sol, fouiller les mines, tisser des étoffes, c'est de procurer aux hommes de quoi manger, se chauffer, se vêtir : on ne saurait imaginer d'autre motif. Cependant celui-ci est rejeté à l'arrière-plan, et nous voyons s'accomplir des travaux dont l'objet n'est pas de satisfaire à ces besoins, mais de gagner de l'argent ; et cela parce que nous avons peu à peu créé un système monétaire qui, au lieu d'être un instrument d'échange approprié, fait quelquefois obstacle aux échanges. Nous reviendrons là-dessus plus loin.

L'erreur financière

Si nous supportons si fréquemment des périodes de prétendue malchance, c'est parce que nous ne dirigeons pas bien. Or, si une année les récoltes étaient partout très mauvaises, je comprendrais qu'il y eût famine, mais je ne puis concevoir que nous souffrions la misère et la faim quand elles ne sont que la conséquence d'une mauvaise direction, et particulièrement de la mauvaise direction qui est le fruit naturel d'une organisation financière irrationnelle. La guerre a bouleversé notre marché, c'est vrai : elle a bouleversé le monde entier. Si les affaires avaient été mieux conduites, il n'y aurait pas eu de guerre du tout ; mais la guerre n'est pas seule à blâmer. Elle a mis en relief des défauts du système financier, mais, par-dessus tout, elle a montré l'insécurité des affaires quand celles-ci ne reposent que sur l'argent. Je ne saurais dire si le mauvais état des affaires est le résultat de mauvaises méthodes financières, ou si, au contraire, c'est une fausse conception des affaires qui crée les mauvaises méthodes financières ; mais ce que je sais, c'est que, bien qu'il soit tout à fait inexpédient de se mettre à bouleverser le système financier actuel, il serait de toute importance de rétablir la production sur un principe d'utilité générale. Il faudra alors qu'un meilleur système financier s'établisse. Celui d'aujourd'hui disparaîtra de lui-même, parce qu'il n'aura plus de raison d'être. Cette transformation devra être graduelle.

Il est loisible à qui voudra d'entreprendre la stabilisation de ses propres affaires. On n'arrivera pas à des résultats parfaits en agissant isolément, mais peu à peu l'exemple produira son effet, les imitateurs suivront, et nous pouvons espérer voir un jour l'inflation du marché, avec sa compagne la dépression du marché, classées parmi les maladies qui peuvent se prévenir, comme la petite vérole. Il sera parfaitement possible, grâce à la réorganisation industrielle et financière qui ne peuvent manquer d'avoir lieu, de faire disparaître, sinon les saisons, du moins leurs répercussions incommodes sur la production industrielle, et aussi les dépressions périodiques. L'agriculture est déjà en voie de réorganisation. Quand l'industrie et l'agriculture seront pleinement réorganisées, elles seront complémentaires. Elles sont du même ordre et non distinctes. Comme indication de ce que j'entends par complémentaires, je citerai notre usine de valves. Je l'ai installée à 18 milles du centre, en pleine campagne, afin que les ouvriers puissent faire aussi de l'agriculture. Grâce au machinisme, les travaux agricoles n'exigeront qu'une faible partie du temps que l'on y consacre actuellement. Dans beaucoup de fabrications où les pièces détachées ne sont pas volumineuses, il est à peu près indifférent qu'elles soient faites n'importe où. L'énergie hydraulique permet de les fabriquer dans les régions agricoles. Il pourra de la sorte, d'une façon beaucoup plus générale qu'on ne le croit, exister des organisations industrielles et agricoles où les travaux de l'industrie et ceux de l'agriculture se feront dans les conditions les plus scientifiques et les plus salubres. Cette combinaison fera l'affaire de certaines industries saisonnières. D'autres pourront se livrer à des productions variées suivant leur équipement ; d'autres encore, par une direction plus soigneuse pourront faciliter le passage d'une saison à l'autre. L'étude complète de chaque problème particulier en fournira la solution.

Les crises périodiques de dépression sont plus graves : par leur étendue, elles semblent échapper à notre action. Tant qu'une organisation d'ensemble ne sera pas réalisée, nous ne pourrons en effet nous en rendre complètement maîtres, mais chaque industriel, dans son domaine, pourrait aisément réaliser des progrès et, tout en améliorant d'une façon très sensible sa propre organisation, être utile également aux autres. La production de la Société Ford n'a pas été affectée par les périodes favorables ou défavorables. Elle a progressé sans interruption, quel que fût l'état du marché, sauf quand notre usine se consacra aux fabrications de guerre, de 1917 à 1919. L'année 1912 passa pour être mauvaise, bien qu'aujourd'hui quelques-uns la qualifient de normale : notre chiffre d'affaires doubla cette année-là. L'année 1913 fut mauvaise : nous augmentâmes notre chiffre de plus du tiers. L'année 1920 passe pour avoir vu une des crises les plus fortes de l'histoire : nous vendîmes, en 1920, un million et quart de voitures, environ cinq fois autant qu'en 1912, année normale. Je ne dirai donc pas que les crises m'inquiètent beaucoup. Je sais assez bien mener mes affaires pour qu'elles marchent mieux dans les années difficiles que dans les autres. Il n'y a là rien de mystérieux : c'est le résultat inévitable de l'application d'un principe qui peut s'adapter à toutes les entreprises.

Et en progressant ainsi, nous avons augmenté les salaires, alors qu'ils baissaient dans presque tout le pays. Tout en payant les matières premières et les fournitures plus chères que jamais, nous vendons aux prix les plus bas qu'ait connus l'histoire de l'industrie.

La stabilité industrielle

Nous avons aujourd'hui un salaire minimum de six dollars, dont le paiement n'est soumis à aucune réserve. Nos ouvriers sont assez habitués à gagner beaucoup d'argent pour n'avoir pas besoin de contrôle. Le salaire minimum est payé dès que l'ouvrier s'est rendu capable de produire suffisamment, ce qui dépend de sa bonne volonté au travail. Nous faisons entrer l'évaluation des bénéfices dans le salaire et payons aujourd'hui mieux que pendant la période de prospérité qui a suivi immédiatement la guerre. Mais nous payons, comme toujours, sur la base du travail, et ce qui montra bien que l'on travaille chez nous, c'est que 60 % de nos ouvriers reçoivent plus de six dollars. C'est en effet un minimum et non un salaire uniforme.

Considérons d'abord les fondements de la prospérité. Le progrès ne consiste pas dans une série de tours de force. Il faut que chaque avance soit calculée. Un homme ne peut pas s'attendre à progresser sans y penser. Qu'est-ce que la prospérité ? Une époque véritablement prospère est celle où la grande majorité des hommes se procurent tout ce qui est nécessaire à la satisfaction de leurs légitimes besoins de tout genre, et sont, dans tous les sens du mot, à leur aise. C'est l'aisance générale, et non le bénéfice porté au compte de banque de l'industriel, qui est un signe de prospérité. L'industriel n'est qu'un serviteur de la communauté et il ne la sert qu'en dirigeant ses entreprises de manière à mettre à la disposition du public des articles toujours meilleurs à des prix de plus en plus bas, en payant à tous ceux qui participent à la production des salaires de plus en plus élevés, basés sur le travail qu'ils fournissent. C'est de cette façon seulement qu'un fabricant ou qu'un homme d'affaires, quel qu'il soit, justifie sa raison d'être.

Je ne fais pas grand cas de statistiques et des théories des économistes sur la récurrence des périodes de prospérité et de dépression. Ils nomment prospères les périodes où les prix sont élevés ; mais il ne faut pas évaluer la prospérité d'une période par les prix auxquels les fabricants cotent leurs articles. Que les temps de cherté apportent ou non de la prospérité au fabricant, cela importe peu.

Je ne tiens pas à une façon de parler plutôt qu'à une autre. Le prix des marchandises est-il trop élevé pour les facultés des acheteurs ? Abaissez donc le prix au niveau de ces facultés. D'ordinaire, on conçoit une affaire comme quelque chose qui commence par l'usine et qui finit par le client. Si le client ne veut pas acheter l'article que le fabricant met en vente, et n'a pas d'argent pour le payer, le fabricant s'en prend au consommateur et déclare que les affaires ne marchent pas. Il a mis la charrette devant les bœufs et il se plaint. N'est-ce pas absurde ?

L'industriel existe-t-il pour le consommateur ou le consommateur pour l'industriel ? Si le consommateur n'achète pas, dit qu'il ne peut acheter ce que le fabricant lui offre, est-ce la faute de celui-ci ou celle du consommateur ?

Ou n'est-ce la faute de personne ? Si ce n'est la faute de personne, le fabricant n'a plus qu'à fermer son usine.

Mais où est donc l'affaire qui commence par l'usine et finit par le client ? D'où vient l'argent qui met les machines en mouvement ? Du client, bien entendu. Il n'y a donc que lui qui compte. Et on ne peut réussir dans l'industrie que si on est en mesure de lui donner satisfaction. On lui donne satisfaction soit par le prix, soit par la qualité de l'article. Il est d'autant plus content que la qualité est meilleure et le prix plus bas, et quiconque pourra lui fournir les produits les plus parfaits au plus bas prix ne manquera pas de prendre le premier rang au monde dans son industrie, quel que soit l'article qu'il fabrique. Il ne peut en être autrement.

Pourquoi donc patauger, en attendant que les affaires deviennent bonnes ? Réduisez les prix de revient par une meilleure organisation. Réduisez les prix de vente au niveau des facultés de l'acheteur.

Abaisser les salaires est la façon la plus commode et la plus paresseuse de s'y prendre, sans compter que c'est une mesure inique. Cela revient, en effet, à faire retomber sur le travailleur les conséquences de l'incapacité du chef d'industrie. Si on voulait bien le comprendre, toute crise de dépression n'est qu'un avertissement donné aux industriels de mettre plus d'intelligence au service de leurs affaires, de lutter par l'organisation contre les difficultés que d'autres essayent de surmonter par la réduction des salaires. Toucher aux salaires avant que tout le reste ait été modifié, c'est éluder le véritable problème. Si l'on s'attaque à ce problème en premier lieu, la réduction des salaires sera peut-être inutile. J'en ai fait moi-même l'expérience. Ce qui s'impose tout d'abord, c'est que, dans l'ajustement des prix, quelqu'un aura à subir une perte. Et qui peut subir une perte sinon ceux qui ont quelque chose à perdre ? Encore

cette expression, « subir une perte », est-elle un peu trompeuse. En réalité, il n'y a rien de perdu. Tout se réduit à l'abandon d'une partie des bénéfices passés en vue de bénéfices à venir. Je discutais, il n'y a pas longtemps, avec un marchand de fers d'une petite ville. Voici ce qu'il me disait :
« Je m'attends à subir une perte de dix mille dollars sur mes marchandises en magasin. Mais, bien entendu, je ne compte pas cela pour une perte réelle de dix mille dollars. D'abord, nous autres, dans les fers, nous avons fait ces temps-ci de bonnes affaires. La plus grande partie de mes marchandises a été achetée en hausse mais je les ai déjà renouvelées plusieurs fois, et avec bénéfices. De plus, les dix mille dollars que je vais perdre ne sont pas la même espèce de dollars que j'avais autrefois. Ce sont, en quelque manière, des dollars de spéculation. Ce ne sont pas les bons écus en échange desquels on avait pour cent sous de marchandise. De la sorte, en ayant l'air de perdre beaucoup, je ne perdrai pas grand-chose, et cela permettra à mes concitoyens de continuer à construire des maisons, au lieu d'en être détournés par la cherté des fournitures métalliques. »

Ce commerçant est un homme avisé. Il aime mieux gagner moins et favoriser la marche des affaires que de défendre ses prix et entraver le progrès de la communauté dont il fait partie. Un citoyen de cette espèce est une richesse pour une ville. C'est un esprit clair. Il fera supporter l'ajustement des prix par son inventaire, au lieu de réduire les salaires de ses acheteurs, et leur faculté d'achat.

Mon marchand de fers ne reste pas là, irrésolu, maintenant ses prix et attendant un changement. Il comprend une chose dont personne ne semblait s'aviser ; qu'il est de la nature de la propriété de subir, de temps à autre une perte.

Je dus, moi aussi, subir la mienne.

La vente se ralentit chez nous, comme partout. Nous fîmes un grand inventaire, évaluant les matières et les pièces détachées comprises dans cet inventaire au prix de revient : il nous était impossible de fabriquer à meilleur marché que nous ne le faisions. Mais, dans l'état des affaires, notre prix était encore supérieur à ce que le public voulait ou pouvait payer. Nous fermâmes nos portes pour étudier la question. L'alternative était pour nous de réduire le chiffre de l'inventaire de dix-sept millions de dollars ou de subir une perte beaucoup plus grosse encore en cessant de travailler. Nous n'avions donc pas le choix.

C'est toujours la même alternative qui se présente en affaires. On peut, ou bien inscrire immédiatement une perte dans ses livres et se remettre aussitôt au travail, ou bien s'arrêter, et subir la perte consécutive à cet arrêt.

La perte produite par l'arrêt des affaires dépasse communément la somme d'argent par laquelle elle se traduit, parce que, pendant la période d'inaction, la timidité prend le dessus sur l'initiative et si la fermeture dure trop longtemps, on finit par n'avoir plus jamais le courage de rouvrir.

Il ne sert à rien d'attendre que les affaires s'améliorent. Un industriel qui veut remplir sa fonction doit descendre ses articles au niveau des prix que le public veut payer. Il y a toujours, quel que soit l'état du marché, un prix que le public pourra et voudra payer pour un produit nécessaire, et toujours, si on y met de la bonne volonté, on pourra arriver à ce prix.

On n'y arrivera pas par l'abaissement de la qualité, ni par des économies à courte vue, qui n'auraient d'autre résultat que de créer du mécontentement dans le personnel ouvrier.

On n'y arrivera pas en s'agitant, ni en bourdonnant, mais on y arrivera en augmentant le rendement du travail, et, envisagée de la sorte, toute prétendue crise qui se produira devra être considérée comme un challenge proposé à l'intelligence de la communauté industrielle. Mais ne s'attacher qu'à l'argent au lieu de songer à l'utilité générale, c'est le propre d'un homme d'affaires incapable de justifier son titre à la propriété d'une industrie.

Tout cela revient à dire que les prix devraient s'établir sur la valeur réelle, qui est le coût de la transformation de l'énergie humaine en articles ou produit commerciaux. Mais cette simple formule n'est pas considérée comme digne d'un homme d'affaires. Elle n'est pas assez compliquée. Il y a des affaires qui consistent à s'emparer des formes les plus honorables de l'activité humaine pour les mettre au service de spéculateurs rusés, qui savent créer artificiellement la disette dans les produits d'alimentation et les autres, et susciter ainsi, par l'inquiétude, une hausse des prix. Il y a ainsi une fausse stimulation et ensuite un faux engourdissement du marché.

La justice économique est constamment et, très souvent innocemment, violée. On peut dire que ce sont les conditions économiques qui font de l'humanité ce qu'elle est, ou bien, inversement, que c'est l'humanité qui fait des conditions économiques ce qu'elles sont. La première thèse a beaucoup de partisans. Ils s'en prennent au système industriel de tous les défauts que l'on constate dans l'espèce humaine. Mais d'autres prétendent que c'est l'homme qui crée le monde dans lequel il vît ; que si le système économique, industriel ou social, est mauvais, c'est qu'il reflète la nature même de l'homme. Les fabricants répugnent à admettre que les erreurs des méthodes industrielles présentes soient, en partie du moins, leurs propres erreurs systématisées et étendues. Mais portez le débat sur un terrain étranger aux intérêts individuels immédiats de votre interlocuteur, et il n'aura pas de peine à vous suivre.

Sans doute, si la nature humaine avait été moins imparfaite, un système social moins imparfait se fût développé. De même que si la nature humaine était pire qu'elle n'est, il en serait sorti un système pire – qui probablement n'aurait pu durer aussi longtemps que le présent. Mais on ne prétendra pas que l'humanité ait entrepris délibérément de créer un système social défectueux. En accordant sans réserve que tous les défauts du système social soient dans l'homme lui-même, il ne s'ensuit pas que celui-ci ait fait exprès de porter ses imperfections dans un système organisé et établi. Nous aurons bien des choses à mettre au compte de l'ignorance, beaucoup, aussi, au compte d'une certaine naïveté.

Prenons, par exemple, les origines de notre présent système industriel. Rien n'indiquait ce qu'il allait devenir. Tout nouveau progrès était salué avec joie. Nul ne concevait encore le capital et le travail comme des éléments antagonistes. Il ne venait à l'idée de personne que le succès même apporterait avec lui des périls insidieux. Et cependant ce fut le développement qui révéla toutes les imperfections cachées du système. Une affaire prenait de telles proportions que le chef avait bientôt tant d'auxiliaires qu'il ne pouvait se rappeler leurs noms. Cela ne causait aucune peine et même était accueilli avec joie. Et pourtant, cela aboutit à un système impersonnel où l'ouvrier est devenu un peu moins qu'une personne – simplement une partie du système. Personne ne peut croire, naturellement, que cette diminution de l'ouvrier a été délibérément inventée. Elle a grandi spontanément. Elle était à l'état latent dans le système primitif, mais personne ne la voyait ni ne la prévoyait. Seul un développement prodigieux et inconnu jusqu'alors pouvait la mettre en lumière.

Prenez l'idée d'industrie. Qu'est-ce que c'est ? Le véritable but de l'industrie n'est pas de faire de l'argent : l'industriel doit toujours se proposer de fabriquer des objets utiles.

Produire, produire... organiser un système qui fait de la production un art délicat, l'intensifier de sorte qu'elle aboutisse au développement et à la construction d'autres ateliers qui produiront d'autres milliers de choses utiles. Voilà la véritable idée industrielle. La négation de l'idée industrielle est la spéculation. Il y a des hommes à courte vue qui ne peuvent se rendre compte que les affaires dépassent les intérêts particuliers. Les affaires consistent à échanger, vivre et laisser vivre. C'est une coopération de puissances et d'intérêts divers. Un homme convaincu que les affaires sont une rivière dont le flux avantageux doit s'arrêter dès qu'il parvient à lui est un homme qui croit pouvoir continuer une affaire en arrêtant sa circulation. Il produirait de la richesse en arrêtant la production de cette richesse.

Les principes de l'utilité générale ne peuvent manquer d'améliorer de mauvaises affaires, ce qui nous conduit à l'application pratique des principes de l'utilité générale et des finances.

CHAPITRE X

À QUEL PRIX LE PLUS BAS LES CHOSES PEUVENT-ELLES ÊTRE FAITES ?

Nul ne contestera que, si l'on abaisse suffisamment les prix, on trouve toujours des clients, quel que soit l'état du marché. Voilà une vérité élémentaire. Cependant les matières premières, parfois, ne s'écoulent pas, pour aussi bas qu'en soit le cours. On a pu le voir récemment : la raison en était que les fabricants et les commerçants essayaient de se défaire de leurs stocks achetés en hausse, avant de prendre de nouveaux engagements. Les marchés étaient stagnants, mais non, comme on le disait, saturés. Un marché saturé est celui où les prix dépassent la faculté d'achat de la demande, ou encore un marché où les acheteurs, après une orgie extravagante d'acquisitions, restent sur la réserve.

L'exagération des prix est toujours un mauvais symptôme à l'égard de l'état des affaires, car elle est toujours due à des conditions anormales. Un homme en bonne santé a une température normale ; de même, quand un marché est sain, il a des prix normaux. L'élévation des prix se produit communément par l'effet de la spéculation qui suit l'annonce d'une pénurie. Bien qu'il n'y ait jamais pénurie de toutes choses, le déficit de quelques denrées importantes suffit pour mettre la spéculation en mouvement. Il arrive aussi que, sans qu'il n'y ait aucune disette de produits, une inflation monétaire ou de crédit produise une subite augmentation de la faculté d'achat apparente, créant ainsi des facilités à la spéculation. Il peut y avoir aussi pénurie réelle, et en même temps inflation monétaire ; ceci arrive souvent en temps de guerre. Mais quelle que soit la cause de l'exagération des prix, le public paye, parce qu'il s'attend à la pénurie. Les uns feront provision de farine, de peur de ne pas en trouver à acheter plus tard ; d'autres achèteront des denrées dans l'espoir de les revendre avec bénéfices. Quand il fut question d'une disette de sucre, des ménagères qui n'en avaient jamais acheté plus de dix livres à la fois cherchèrent à s'approvisionner d'une quantité dix ou vingt fois plus forte, cependant que, de leur côté, des spéculateurs l'accumulaient dans leurs entrepôts. Presque toujours, pendant la guerre, la pénurie des denrées a été causée par la spéculation, ou par des approvisionnements excessifs.

Quelle que soit la rareté d'une denrée sur le marché, ou les efforts des pouvoirs publics pour s'assurer de cette denrée et en saisir jusqu'au dernier gramme, on pourra toujours, en y mettant le prix, s'en procurer telle quantité que l'on voudra. Nul ne connaît réellement les quantités de telle ou telle denrée qui sont contenues dans un pays. Les chiffres les plus plausibles ne sont que conjecturaux. Quant à l'évaluation de ces quantités pour le monde entier, elle est forcément encore plus vague. On pourrait peut-être savoir, pour un jour ou pour un mois déterminé, le volume de la production de tel ou tel article, mais cela n'indique pas ce que deviendra cette production le jour ou le mois suivant.

De même, nous ignorons ce qui se consomme. Moyennant de gros frais, nous arriverions peut-être, en y mettant le temps, à chiffrer d'une façon assez exacte la consommation faite d'une denrée particulière au cours d'une période donnée ; mais une fois ces calculs établis, ils ne présenteraient plus qu'un intérêt historique, parce que, dans la période suivante, la consommation de la denrée en question pourrait être du double, ou de la moitié. Le public ne reste pas immuable. C'est bien là le malheur de tous les systèmes socialistes communistes ou autres, qui prétendent donner des règles à la société. Ils présument tous que le public ne bougera pas. C'est aussi l'idée des réactionnaires. Ils voudraient aussi que personne ne bougeât. Mais nul ne les écoute, de quoi je me réjouis.

La consommation varie selon les prix et la qualité des objets et nul ne sait, ni ne peut conjecturer, quel développement elle prendra dans l'avenir, car chaque fois que l'on abaisse les prix, on atteint une nouvelle couche de clientèle. Tout le monde connaît ce fait, mais nombreux sont ceux qui se refusent à y conformer leurs actes.

Quand un commerçant a acheté des marchandises à un trop haut cours et qu'il s'aperçoit qu'elles ne se vendent pas, il abaisse graduellement le prix, jusqu'à ce que les acheteurs viennent. S'il est avisé, au lieu de réduire le prix par degrés, et d'encourager ainsi ses clients à attendre toujours la dernière baisse, il fera d'un seul coup une large brèche dans la cote de l'article, et sa marchandise partira. Il y a tel état du marché où chaque vendeur est forcé de subir une perte. On compte en général sur un gros profit ultérieur pour la réparer. C'est, d'ordinaire, une illusion. Les moyens de supporter la perte doivent provenir du bénéfice des opérations qui ont précédé la réduction des prix. Tous ceux qui eurent la sottise de considérer les gros gains de la période de hausse comme définitifs se trouvèrent plongés dans des embarras financiers quand la chute des cours arriva. Quoi qu'il en soit, l'opinion régnante, opinion très ferme, veut que les affaires consistent dans une succession de gains et de pertes et que les affaires soient bonnes quand ce sont les gains qui dominent : par suite, le meilleur prix de vente serait le plus élevé que l'on pût obtenir. Telle serait la bonne règle en affaires. Est-ce exact ? Ce n'est pas ce que j'ai constaté.

Les approvisionnements

J'ai constaté, dans l'achat des matières premières, qu'il ne valait pas la peine de dépasser dans ses approvisionnements ses besoins immédiats. Je n'achète moi-même que ce qui est exigé par mon programme de production, en tenant compte de l'état des moyens de transport. Si les transports étaient parfaitement aménagés et qu'un arrivage régulier de matériaux pût être assuré, je n'aurais pas du tout de stock. Les chargements de matériaux m'arriveraient selon contrat dans l'ordre et les quantités déterminées et passeraient directement du wagon à l'usinage. Ce serait une grosse économie, car le renouvellement serait très rapide et les fonds immobilisés en matières premières seraient bien moindres qu'ils ne le sont. L'imperfection des moyens de transport oblige les industriels à avoir des stocks plus abondants. En 1921, au moment de la révision de notre inventaire, dont j'ai parlé au chapitre précédent, nos stocks étaient excessifs, parce que les transports étaient très défectueux. Mais nous savions de longue date qu'il ne fallait pas acheter à l'avance dans une intention de spéculation. Quand les prix montent, on considère comme habile de s'approvisionner pour très longtemps, et, une fois la hausse acquise, d'acheter le moins possible. Il n'est besoin d'aucun raisonnement pour prouver que, si je paye des matières premières à dix sous la livre et qu'elles montent par la suite à vingt sous, je jouirai d'un avantage signalé sur un concurrent qui sera forcé de les payer vingt sous. Mais j'ai néanmoins constaté qu'on ne gagnait rien à s'approvisionner ainsi à l'avance.

Entrer dans une partie de jeu n'est pas travailler. Si j'acquiers de gros approvisionnements à dix sous, je serai en très bonne posture tant que les autres payeront vingt sous. Mais supposons que, par la suite, j'aie de nouveau l'occasion d'acheter, cette fois à vingt sous, et que ce marché paraisse avantageux, les circonstances faisant prévoir pour bientôt le prix de trente sous. Ayant grande confiance en mon jugement, qui m'a si bien servi dans la conjecture précédente, je fais, bien entendu, la seconde opération. Là-dessus, les cours fléchissent, emportant mon bénéfice, et je ne suis pas plus riche qu'avant ma première opération. Nous avons soigneusement vérifié par les chiffres, au cours des années, l'inutilité d'acheter ainsi à l'avance. Le gain d'une opération est balancé par le déficit d'une autre et, finalement, on s'est donné beaucoup de peine pour rien. En conséquence, quand nous achetons, nous nous contentons d'obtenir les prix les plus favorables possibles pour les quantités de matières dont nous avons besoin. Nous n'achèterons pas une moindre quantité parce que le prix sera élevé, ni une plus grande parce que le prix sera bas. Nous écartons tout marché de pure spéculation. Je ne dirai pas que cette détermination ait été facile à prendre. On est toujours disposé à se prendre pour un bon juge de l'état du marché et il n'est personne qui n'ait plus ou moins un penchant à la spéculation. Mais, en fin de compte, le jeu sera la perte de n'importe quel industriel. Qu'un homme fasse seulement deux bonnes affaires qui lui donneront une grosse somme : il ne songera bientôt qu'à gagner de l'argent par la hausse ou la baisse, au lieu d'en faire produire à son industrie normale, et il finira par un désastre. Il n'y a qu'un moyen d'éviter ces déconvenues : c'est d'acheter ce dont on a besoin, ni plus ni moins. Cette règle de conduite supprime un des hasards de l'industrie.

Pour vendre

Si je suis entré dans ces détails, c'est parce que notre façon d'acheter explique notre façon de vendre. Au lieu de me préoccuper de la concurrence ou de la demande, j'établis mes prix sur une estimation de ce que la clientèle, dans sa très grande majorité, pourra ou voudra payer pour nos voitures. Rien ne mettra mieux en lumière les résultats de cette règle que la comparaison des prix de vente de notre voiture de tourisme avec le nombre des unités fabriquées au cours des douze dernières années :

Années	Prix	Fabrication
1909	950 dollars	18 664 voitures
1910	780 -	34 528 -
1911	690 -	78 440 -
1912	600 -	168 220 -
1913	550 -	248 317 -
1914	490 -	308 213 -
1915	440 -	533 921 -
1916	360 -	785 432 -
1917	450 -	706 584 -
1918	525 -	533 706 -

(Au cours des deux dernières années, notre usine s'occupait de fabrication de guerre.)

Années	Prix	Fabrication
1919	575 puis 440	996 660 voitures
1920	440 -	1 250 000 –

Les gros prix de 1921, si l'on tient compte de l'inflation financière, n'ont pas été exagérés. Au moment où j'écris (1921), la voiture se vend 497 dollars. Ce prix est, en réalité,

plus bas qu'il ne paraît, car la qualité de la fabrication s'améliore sans cesse. Nous étudions les voitures des autres constructeurs, pour le cas où elles présenteraient quelque trait méritant d'être imité. Si un autre constructeur fait quelque chose mieux que nous, je tiens à le savoir et, pour cela, j'achète toujours les nouveaux modèles. D'ordinaire, je me sers de la voiture quelque temps, lui fais subir une épreuve de route ; puis je la démonte, pour voir comment elle est construite et avec quoi. Il n'est pour ainsi dire pas une marque dont je n'aie à Dearborn un échantillon. De temps à autre, quand j'achète une nouvelle automobile, il en est question dans les journaux et on ne manque pas de remarquer que Ford ne se sert pas de la voiture Ford. L'année dernière, je commandai une grosse Lancherster – marque qui passe pour la meilleure des marques anglaises. La voiture resta plusieurs mois dans notre usine de Long Island, puis je décidai de m'en servir pour rentrer à Détroit. J'étais en compagnie et nous formions une petite caravane : ma Lanchester, une Packard, et une ou deux Ford. Comme je conduisais la Lanchester, au moment où nous traversions une ville de l'État de New York, des journalistes nous abordèrent et voulurent tout de suite savoir pourquoi je ne conduisais pas une Ford :
« Eh bien ! Répondis-je, voici pourquoi : je suis en vacances ; rien ne me presse, je n'ai aucune hâte d'arriver. C'est pour cela que je ne conduis pas la Ford. »

On voit que nous tenons aussi boutique « d'anecdotes Ford. »

Mon principe est d'abaisser les prix, d'étendre les opérations et de perfectionner nos voitures. Il faut noter que la réduction du prix vient en première ligne. Je n'ai jamais considéré le coût de fabrication comme quelque chose de fixe. En conséquence, je commence par réduire les prix pour vendre davantage, puis on se met à l'œuvre, et on tâche de s'arranger du nouveau prix. Je ne me préoccupe pas du coût de fabrication. Le nouveau prix oblige le coût de fabrication à descendre. La manière d'agir habituelle, je crois, est d'évaluer le coût de fabrication et de fixer le prix ensuite : bien que cette méthode soit rationnelle au sens étroit du terme, elle ne l'est pas au sens large ; car, à quoi bon connaître un coût de fabrication, si cela ne sert qu'à vous démontrer qu'il vous sera impossible de fabriquer à un prix permettant de vendre vos articles ? Mais voici qui répond mieux à la question : on a beau calculer les prix de revient (et, bien entendu, tous nos frais sont soigneusement calculés) nul ne sait ce que ces prix devraient être. Une des façons de l'apprendre est de fixer un prix de vente assez bas pour forcer tous les services de l'usine à donner le plus haut rendement possible. L'abaissement du prix oblige chacun à rechercher les moindres profits. Cette contrainte me fait trouver plus d'idées nouvelles, en matière de fabrication et de vente, que n'importe quelle autre méthode moins exigeante.

Par bonheur, les gros salaires contribuent à l'abaissement du coût de fabrication, les ouvriers devenant de plus en plus industrieux une fois exempts de préoccupations étrangères à leur travail.

La fixation du salaire de la journée de huit heures à cinq dollars fut une des plus belles économies que j'aie jamais faites, mais en le portant à six dollars, j'en fis une plus belle encore. Jusqu'où irons-nous dans cette voie, je n'en sais rien. Je pourrais probablement trouver des hommes qui feraient pour trois dollars par jour le genre de travail que je paye six dollars. Sans me prétendre, plus qu'un autre, en mesure d'établir un calcul exact, la question étant sujette à conjectures, j'estime, au jugé, qu'il me faudrait deux et peut-être trois de ces ouvriers à bas prix pour remplacer chacun de mes ouvriers bien payés. Cela entraînerait plus de machines, plus de force motrice, et un accroissement considérable de confusion et de frais.

Les prix de vente fixés par nous nous ont toujours laissé du bénéfice, et de même que je n'imagine pas jusqu'où monteront les salaires, je n'imagine pas davantage jusqu'où tomberont les prix de vente. Il n'y a donc pas lieu de s'attarder à cette question. Notre tracteur, par exemple, se vendait en premier lieu 756 dollars ; puis 650 ; puis 625 ; et tout récemment nous l'avons diminué de 37 % et mis à 395 dollars. Si nous avons pu faire cet abattement, c'est parce que nous venons juste de commencer à fabriquer en grand les tracteurs. La fabrication de ceux-ci n'est pas liée à celle des automobiles. Aucune usine n'est assez grande pour faire ces deux articles. Pour arriver à une économie réelle, il faut qu'un atelier ne soit consacré qu'à un seul produit. J'ai déjà indiqué dans mon chapitre sur les travaux d'atelier comment les économies se présentent, mais je n'ai fait qu'effleurer la question. Il en est beaucoup dont je n'ai pas fait mention, et une très importante, sur laquelle je ne suis entré dans aucun détail. Mais étudions le principe de toutes les économies de fabrication.

Les économies de fabrication

Dans presque tous les cas, un homme avec une machine vaut mieux qu'un homme sans machine. En mettant les moyens de fabrication en rapport avec la destination du produit à fabriquer, on arrive à trouver la machine qui multiplie le plus la force productive de la main-d'œuvre. On confère donc par-là à l'ouvrier une utilité plus grande, d'où résulte son titre à une plus large aisance.

Si nous ne perdons pas de vue ce principe, nous nous attaquerons au gaspillage avec un objectif défini. Nous ne mettrons dans nos établissements industriels rien d'inutile.

Nous n'élèverons pas de constructions d'une élégance recherchée, en guise de manifestation de notre prospérité. L'intérêt des capitaux, les frais d'entretien que nous y engagerions, ne serviraient qu'à augmenter inutilement le prix de revient des articles : c'est pourquoi ces monuments de prospérité deviennent parfois des monuments funéraires. Peut-être de vastes bureaux sont-ils parfois nécessaires, mais cela me donne à craindre que l'on ne fasse trop d'administration. Pour ma part, je ne me suis jamais avisé de l'utilité d'une administration compliquée, et j'aime mieux me faire de la réclame par la qualité de mes articles que par la somptuosité des usines où ils sont fabriqués.

La standardisation

La standardisation, quand elle procure une grosse économie au consommateur, donne au producteur des bénéfices d'une telle importance qu'il sait à peine que faire de son argent. Mais il faut que son effort soit sincère, laborieux et hardi. Faire choix d'une demi-douzaine de modèles n'est pas standardisé. Ce pourra être, ce sera généralement, mettre une limite à ses affaires, car lorsque l'on vend avec le bénéfice calculé sur la base ordinaire, qui consiste à prendre au client tout l'argent qu'il est disposé à lâcher, le client doit, à minimum, jouir d'un large choix d'articles.

La standardisation est donc le stade final de notre marche. Nous sommes partis du client, avons continué par l'étude de l'article, et terminons par la fabrication. De la sorte, la fabrication devient le moyen d'une fin d'utilité.

Il ne faut pas perdre de vue cette gradation. Jusqu'à présent, elle n'a pas été bien comprise. L'élément prix est méconnu. On en est resté à l'idée qu'il faut tenir les prix. C'est tout le contraire. Les bonnes affaires, l'accroissement de la consommation, ont pour condition leur abaissement.

Et voici une autre règle. Il faut que l'article rende le plus de services possibles au client. Je crois qu'il est tenu, dans l'industrie, pour un bon usage, et pour un usage non blâmable de changer à l'occasion quelque chose à l'agencement d'un article, de manière à démoder les précédents modèles et à forcer la clientèle à en acheter un nouveau, soit parce que les pièces de rechange manquent pour réparer les anciens, soit que le modèle nouveau présente quelque trait que l'on puisse faire valoir pour déterminer un acheteur à racler ses fonds de tiroirs pour en faire l'acquisition. On m'a dit que c'était une bonne façon, une façon intelligente de faire des affaires, que les affaires consistaient à amener les gens à acheter souvent, et qu'on avait tort d'essayer de fabriquer quelque chose qui durât toujours, parce que, dans ce cas, une fois le client en possession de votre marchandise, il n'aura jamais besoin d'acheter de nouveau.

Mon principe est exactement le contraire. Je ne puis concevoir que ce soit servir un client que de ne pas lui fournir un article qui, pour autant que cela dépende de moi, dure perpétuellement. Ce que nous voulons, c'est construire une machine qui dure toujours. Cela ne nous réjouit pas du tout que nos voitures s'usent ou se démodent. Nous voulons, lorsqu'on a acheté un de nos articles, que l'on irait de longtemps besoin d'en acheter un autre. Nous ne faisons jamais une amélioration qui démode un de nos modèles antérieurs. Les pièces de tel modèle donné sont interchangeables, non seulement avec celles de toute autre voiture du même modèle, mais aussi avec celles de tous les autres modèles de voitures que nous avons fabriqués. On peut prendre une de nos voitures d'il y a dix ans, et, en achetant des pièces fabriquées aujourd'hui, en faire à très peu de frais une voiture du modèle actuel. Avec ces objectifs, les coûts de fabrication cèdent toujours à notre effort et descendent. Et comme nous tenons fermement notre principe de constamment réduire les prix, notre effort est continuel. Parfois, seulement, c'est un peu plus difficile.

Nos déchets

Étudions quelques autres exemples d'économies. Nos balayures produisent six cent mille dollars par an. Nous faisons sans cesse des expériences sur l'utilisation des déchets. Dans une de nos opérations d'estampage, on découpe dans des feuilles de métal des disques de six pouces de diamètre, qui étaient autrefois jetés au rebut. Ce gaspillage déplaisait aux ouvriers, qui se mirent à chercher le moyen d'utiliser ces déchets de tôle. Ils remarquèrent que leurs formes et leurs dimensions les rendaient propres à faire des chapeaux de radiateur, mais que le métal n'était pas assez résistant. Ils essayèrent donc de s'en servir en appliquant deux feuilles l'une sur l'autre et obtinrent ainsi des pièces qui, mises à l'épreuve, furent plus résistantes que celles faites d'une seule feuille. Nous produisons 150 000 de ces disques par jour. Jusqu'ici, nous n'en utilisons que 20 000 par jour, mais comptons bien trouver l'utilisation du reste. Nous épargnâmes près de dix dollars par pièce en construisant nos transmissions au lieu de les faire fabriquer ailleurs. Nous avons essayé des boulons que nous fabriquons avec une machine spéciale que nous avons appelée « upsetting-machine » et qui nous a permis de fonctionner avec un matériel représentant le tiers du matériel ordinaire. L'économie portant sur un seul genre de boulons s'éleva à un demi-million de dollars par an. Nous faisions l'assemblage de nos voitures à Détroit, et bien que par un emballage spécial nous fussions arrivés à en faire entrer cinq ou six dans un wagon, il nous fallait des centaines de wagons par jour. Des trains faisaient constamment la navette. Un certain jour, mille wagons furent chargés. Dans ces conditions, on ne peut éviter quelque encombrement. De plus, il est très coûteux de démonter des automobiles et de les emballer dans des paniers d'osier de façon à les garantir des risques du voyage. Ajoutons les frais de transport. Aujourd'hui, nous n'assemblons que trois ou quatre cents châssis par jour à Détroit, juste ce qu'il faut pour les besoins locaux. Pour le surplus, nous expédions les pièces à tous nos ateliers d'assemblage des États-Unis, et je puis presque dire du monde entier, de telle sorte que les voitures sont assemblées une fois rendues. Toutes les fois qu'il est possible à une de nos usines locales de fabriquer une pièce à meilleur compte que notre prix de revient de Détroit augmenté des frais d'expédition, cette usine fabrique la pièce.

Dans notre établissement de Manchester, en Angleterre, les voitures sont fabriquées presque complètement. Notre usine de tracteurs de Cork, en Irlande, fabrique presque entièrement les tracteurs. Il y a là une énorme économie. Ceci ne fait que donner une idée des résultats que pourra réaliser l'industrie en général lorsque chaque pièce d'un article complexe sera fabriquée exactement à l'endroit où il y aura le plus d'économie à la fabriquer. Nous ne cessons de faire des expériences sur toutes les matières qui entrent dans notre voiture. Nous abattons la plus grande partie de notre bois dans nos propres forêts. Nous expérimentons la fabrication du cuir artificiel, parce que nous employons environ quarante mille mètres de cuir artificiel par jour. Un cent par ici, un cent par là, cela fait une grosse somme au bout de l'année.

Notre installation la plus perfectionnée, cependant, est celle de Rivière-Rouge. Quand elle fonctionnera au plein de sa capacité, il en résultera des abattements nombreux et considérables dans tous les prix de revient de nos fabrications. Aujourd'hui, toute notre usine de tracteurs s'y trouve. Elle est sur la rivière, dans la banlieue de Détroit et son terrain couvre six cent soixante-cinq arpents – ce qu'il faut pour les agrandissements futurs. Elle a un bassin où peut tourner n'importe quel bateau à vapeur. Avec un canal d'embranchement et quelque peu de dragage, on établira une communication avec le lac par la rivière de Détroit. Nous consommons beaucoup de charbon. Ce charbon va directement de nos mines par le chemin de fer de Detroit-Toledo et Ironton, qui nous appartient, à nos usines de Highland-Park et de Rivière-Rouge. Une partie est employée à produire de la vapeur ; une autre partie s'en va aux fours à coke avec sous-produits que nous avons installés à Rivière-Rouge. Le coke passe automatiquement des fours aux hauts fourneaux. Les matières volatiles sont envoyées par des tuyaux aux chaudières de la centrale de force motrice ; elles y sont rejointes par la sciure et les rognures des ateliers où se font les caisses des voitures. La fabrication de toutes nos caisses a été transportée dans cette usine et, de plus, les poussières de coke sont aujourd'hui utilisées également au chauffage. Notre installation motrice à vapeur n'emploie donc presque pour son chauffage que des produits qui seraient perdus autrement. D'immenses turbines à vapeur couplées directement avec des dynamos transforment la force en électricité, et toute la machinerie de l'usine des tracteurs et de la carrosserie est actionnée par des moteurs isolés, mis en mouvement par cette électricité. Plus tard, nous espérons avoir assez d'électricité pour actionner presque toute l'usine de Highland-Park, ce qui nous fera une économie sur les frais de charbon.

Parmi les sous-produits des fours à coke, il y a des gaz combustibles. Ils sont envoyés par une tuyauterie aux usines de Rivière-Rouge et de Highland-Park, où nous les employons pour les traitements à chaud, pour les fours à émaillage, etc. Il nous fallait autrefois payer ces gaz. Le sulfate d'ammoniaque est utilisé comme engrais. Le benzol sert pour les moteurs. Le coke de trop petit échantillon pour convenir aux hauts fourneaux est vendu à notre personnel à un prix très inférieur à celui du marché et livré gratuitement à domicile. Le gros coke va aux hauts fourneaux. Il n'y a pas de manutention manuelle. Nous coulons la fonte en fusion directement des hauts fourneaux dans de grandes louches qui se rendent automatiquement dans les ateliers où la fonte est versée directement dans les moules sans nouveau chauffage. Non seulement, nous obtenons ainsi une qualité de fonte uniforme, selon nos propres spécifications et sous notre contrôle direct, mais nous supprimons la fonte de fer en gueuses. Nous supprimons en définitive une des phases de la fabrication, en même temps que nous utilisons nos déchets.

À combien se montera le total de ces économies ? Je l'ignore. L'usine ne fonctionne pas depuis assez longtemps pour donner mieux qu'une indication à l'égard de l'avenir. Ainsi, nous économisons de tous les côtés, sur les transports, la production de la force motrice, celle du gaz, la fonte du métal. Outre tout cela, il faut compter le revenu des sous-produits et du petit coke. Les frais consacrés à ces améliorations dépassent légèrement trente millions de dollars.

Jusqu'à quel point nous remonterons dans cette exploration vers les sources d'économies, tout dépend entièrement des circonstances. J'indique seulement combien le champ est vaste. Il n'est personne qui n'en soit réduit aux conjectures à l'égard de ce que sera le coût de fabrication demain. Le plus sage est de reconnaître que l'avenir nous réserve plus de progrès que le passé n'en a réalisés, et que chaque jour apporte une amélioration sur les méthodes du jour précédent.

Les progrès et la production

Mais quels seront les effets du progrès sur la production ? Si toutes les choses nécessaires à la vie sont produites ainsi à bas prix et en surabondance, le monde ne sera-t-il pas bientôt engorgé de produits ? N'arrivera-t-il pas un moment où, quel qu'en soit le bon marché, les consommateurs se refuseront tout simplement à acheter, se contentant de ce qu'ils ont déjà ? Et, aussi, si les méthodes de fabrication perfectionnées utilisent un nombre d'ouvriers sans cesse décroissant, que deviendront tous les autres ? Où trouveront-ils du travail ? Comment vivront-ils ?

Commençons par la seconde question. J'ai souvent fait mention de machines, ou de méthodes qui laissaient disponibles un grand nombre de bras, et il me semble entendre cette objection :
« Oui, sans doute, du point de vue du propriétaire de l'usine l'idée est excellente. Mais ces pauvres diables à qui leur occupation est enlevée, que disent-ils de cela ? »

La question est très rationnelle, mais il est néanmoins étonnant qu'on puisse encore la poser. Quand a-t-on vu, en fait, des ouvriers privés de travail par le perfectionnement des méthodes industrielles ? Les conducteurs de diligence ont bien perdu leur occupation, quand les chemins de fer sont venus. Aurait-il fallu interdire les chemins de fer et conserver les diligences ? Les voies ferrées n'emploient-elles pas plus de personnel que les diligences ? Aurait-il fallu interdire les taxis sous le prétexte que leur adoption retirait le pain de la bouche des cochers de voitures attelées ? Que l'on compare le nombre des taxis à celui des voitures attelées, quand celles-ci florissaient ! La fabrication mécanique des chaussures a forcé la plupart de ceux qui façonnaient la chaussure à la main de fermer boutique. Mais quand toutes les chaussures se faisaient à la main, il n'y avait que les personnes très à leur aise qui pouvaient posséder plus d'une paire de souliers, et la plupart des travailleurs allaient nu-pieds l'été. Aujourd'hui, presque personne ne possède qu'une seule paire de souliers et la fabrication des chaussures est devenue une grande industrie. Non ! Toutes les fois que vous trouvez le moyen de faire produire à un homme le travail de deux, vous augmentez la richesse de tout le pays de telle sorte qu'il se présentera une nouvelle occupation plus favorable pour l'ouvrier qui aura été écarté de la première. Ah ! Si les industries se transformaient du jour au lendemain, oui, certes, ce serait un problème que de disposer de la main-d'œuvre devenue inutile. Mais les changements ne se font que peu à peu. Dans mes entreprises, il se présente toujours une place vacante pour l'ouvrier privé de son travail par un perfectionnement de la fabrication. Et ce qui se passe dans mes ateliers se passe également dans toutes les industries. Il y a un grand nombre de fois autant d'hommes employés aujourd'hui dans les industries de l'acier qu'il y en avait lorsque tous les travaux s'exécutaient à la main. C'est forcé. Tout s'est toujours passé et se passera toujours de la même façon. Qui ne veut le voir, ne veut pas voir plus loin que son nez.

Parlons un peu, maintenant, de la saturation du marché. On me demande à chaque instant :
« N'arrivez-vous pas un jour à la surproduction ? N'y aurait-il pas bientôt plus d'automobiles que de clients pour les acheter ? »

Je crois en effet possible d'atteindre quelque jour un stade où la production sera tellement abondante et à si bon marché que la surproduction soit une réalité. Mais, en ce qui me concerne, cette idée ne m'inspire pas de crainte, mais, au contraire, une vive satisfaction. Rien ne serait plus beau qu'un monde où chacun aurait tout ce dont il a besoin. Ma seule appréhension est donc que cet état de chose ne se fasse trop attendre. À l'égard de ce que je fabrique, nous en sommes encore loin ! Je ne sais pas combien d'automobiles de ma marque les familles jugeront agréable d'employer. Mais voici ce que je sais : les agriculteurs tout d'abord n'employaient qu'une voiture (encore faut-il se rappeler le temps, peu éloigné, où cette clientèle était absolument inconnue de l'industrie automobile, la limite possible des ventes ayant été fixée, par les pontifes de la statistique, à un chiffre voisin de celui des propriétaires d'un million de dollars.) Or, depuis que les prix ont baissé, les agriculteurs emploient souvent deux voitures, plus un camion. Peut-être, au lieu de transporter dans un autobus des ouvriers que leurs occupations appellent à différents endroits, y aurait-il un jour intérêt à ce que chacun se rende à son travail dans sa propre voiture. C'est ce qui arrive déjà pour les voyageurs de commerce. Le public se rend compte de ses besoins avec une exactitude infaillible, et, depuis que nous ne fabriquons plus des automobiles ni des tracteurs, mais seulement les pièces qui, une fois assemblées, deviennent des tracteurs ou des automobiles, les moyens de fabrication que nous possédons actuellement suffiraient à peine à fournir des pièces de remplacement à dix millions de voitures. Il en serait de même de toute autre entreprise. Il n'y a donc pas lieu de craindre la surproduction d'ici un certain nombre d'années, pourvu que les prix soient ce qu'il faut. C'est la résistance du public aux prix trop élevés qui est le véritable stimulant de l'industrie. Si donc nous voulons faire des affaires, il faudra que nous abaissions les prix sans porter atteinte à la qualité des produits. La baisse des prix nous oblige à apprendre des méthodes de fabrication meilleures et plus économiques. Les conditions normales des industries nous sont révélées, le plus souvent, par les procédés perfectionnés dus à l'intelligence de ceux qui les dirigent. Quand on a réduit son prix de vente à un niveau où on n'a pas de bénéfice, ou même on se trouve en perte, on est bien obligé de trouver un moyen de faire un article aussi bon par une méthode meilleure en demandant le bénéfice à l'emploi de cette méthode et non à la réduction des salaires, ni à l'augmentation du prix.

C'est mal diriger ses affaires que de prendre son bénéfice sur les ouvriers ou les acheteurs : que votre bonne direction vous obtienne votre bénéfice. Ne sabotez pas le produit ; n'avilissez pas le salaire ; ne surfaites pas le client. Mettez de l'intelligence dans vos méthodes, et encore de l'intelligence, et toujours ! Faites chaque jour mieux que la veille ; tel est le gage de la satisfaction commune du producteur et du consommateur.

Et tout cela peut toujours être réalisé.

CHAPITRE XI
L'ARGENT ET LES BIENS

L'objet primordial d'une industrie est de produire, et si cet objet n'est jamais perdu de vue, la gestion financière devient une affaire secondaire, ayant rapport surtout à la tenue des livres. Mes propres opérations financières ont toujours été très simples.

Dès le début, je me suis fait une règle d'acheter et de vendre au comptant, gardant toujours une forte encaisse à ma disposition, profitant de l'escompte et touchant l'intérêt des sommes à mon crédit. Pour moi, une banque est surtout un établissement sûr et commode pour tenir son argent en réserve, mais je trouve mieux que la banque me serve des intérêts que de lui en servir moi-même.

Les minutes que vous passez à vous occuper des affaires d'un concurrent sont du temps perdu pour vos affaires. C'est par l'atelier qu'il faut financer une entreprise industrielle et non par la banque. Je ne dirai pas qu'un homme d'affaires n'a besoin de ne rien savoir en matière de finance, mais il vaut mieux pour lui en savoir trop peu que d'en savoir trop long, parce que s'il devient trop habile, il commencera bientôt à réfléchir qu'au lieu de gagner de l'argent, il peut en emprunter ; après quoi, il empruntera de nouveau pour s'acquitter de son premier emprunt, et au lieu d'être un industriel, il ne sera plus qu'un jongleur s'évertuant à renvoyer sans cesse en l'air une volée d'effets de commerce.

S'il est jongleur vraiment habile, il peut faire durer ce jeu longtemps, mais quelque jour il manquera fatalement son coup et tous ses papiers joncheront le parquet autour de lui. Pas de confusion entre la banque et l'industrie ; je crains que trop d'industriels n'inclinent à se mêler de banque, tandis que trop de banquiers se mêlent d'industrie. Cela tend à détourner de leur véritable objet et la banque et l'industrie, et fait tort à l'une et à l'autre. Il faut que l'argent vienne de l'atelier, non de la banque. J'ai acquis, pour ma part, la preuve que l'atelier était en mesure de faire face à tous les besoins : dans un moment où l'on croyait la Société Ford gravement démunie de fonds, il suffit de se tourner du côté de l'atelier pour en obtenir une aide pécuniaire que nulle banque des États-Unis n'aurait pu procurer.

Mes rapports avec la finance ont surtout consisté jusqu'à ce jour à démentir que j'eusse les attaches financières que l'on m'attribuait. Il y a quelques années, je dus démentir nombre de fois que les entreprises Ford dépendissent de la Standard Oil et à cette dénégation, je jugeai à propos d'en joindre une seconde : je déclarai donc que nous n'avions pas davantage de liens avec aucune autre affaire et que nous n'avions pas l'intention de vendre des voitures par câble ! Une autre fois, le bruit que l'on accueillit avec le plus de faveurs fut que nous étions fort occupés à chercher de l'argent dans Wall Street. Je ne pris pas la peine de le démentir. Au lieu de m'y attarder, je me contentai de faire la preuve que je n'avais pas besoin d'argent. Depuis lors, il n'a plus été question pour moi d'un concours financier de Wall Street.

Je n'ai pas d'hostilité contre l'emprunt en général, et pas davantage contre les banquiers. Mais je condamne le fait que l'on veuille remplacer le travail par l'emprunt, et je suis l'ennemi des banquiers pour qui une affaire est un melon à découper.

Les capitaux

L'argent en affaires, n'est qu'un outil. Ce n'est qu'une partie de la machinerie. Si le mal est au cœur de votre affaire, il ne vous servira pas davantage d'emprunter cent mille fours que d'emprunter cent mille dollars. Vous ne le guérirez pas plus en empruntant de l'outillage que de l'argent. Vous n'y trouverez de remède que dans une dose redoublée d'intelligence, de réflexion et de courage avisé.

Quand une entreprise industrielle fait mauvais emploi des ressources dont elle dispose, elle fera mauvais emploi également des nouvelles ressources qu'elle pourra se procurer. Tout revient donc à ceci : portez remède à ce mauvais emploi ; alors votre entreprise commencera à faire l'argent dont elle a besoin, exactement comme un corps humain rétabli se remet à faire un sang pur et abondant.

On se dispense trop facilement, quand on emprunte, de remonter jusqu'à la source du mal. L'emprunt devient trop aisément un narcotique pour l'indolence. Il y a des hommes d'affaires qui sont trop paresseux pour se décider à revêtir les habits de travail et à plonger dans les régions profondes de la production, pour voir ce qui ne va pas ; trop fiers pour admettre seulement la pensée qu'une entreprise issue de leur initiative puisse mal fonctionner. Mais la loi des affaires est comme la loi de la pesanteur : dès qu'on y résiste, on en sent la puissance.

Autre chose est d'emprunter pour s'agrandir ou d'emprunter pour réparer les conséquences de la mauvaise administration et du gaspillage. Dans le second cas, l'argent est superflu, parce qu'il ne peut rendre le service qu'on lui demande. Le remède au gaspillage est dans l'économie ; le remède à la mauvaise administration est fourni par le bon sens.

Plus d'un industriel remercie son étoile d'avoir traversé une crise qui lui a appris que son meilleur capital était dans sa tête et non dans le coffre-fort d'un banquier. Dans certains cas emprunter, c'est imiter l'ivrogne qui recommence à boire pour dissiper les traces de ses excès antérieurs : on n'arrive qu'à aggraver ses embarras.

Soins continuels à l'entreprise

Ce sont les maladies internes d'une affaire qui exigent les soins les plus attentifs. Les affaires, dans le sens commercial du mot, consistent surtout à répondre aux besoins du public. Si vous fabriquez l'article qui convient à celui-ci et le vendez à un prix qui représente pour l'acheteur un avantage, et non une cause de gêne, les affaires ne vous manqueront jamais. On achète les produits utiles, comme on boit quand on a soif.

Mais les procédés de fabrication de votre produit exigeront de vous des soins continuels. Les machines s'usent et ont besoin d'être réparées. Les hommes deviennent arrogants, paresseux, négligents. L'industrie, c'est l'homme et la machine unis pour la production des choses nécessaires. L'homme, comme la machine, a de temps en temps besoin d'être réparé ou remplacé, et quelquefois, c'est aux dirigeants qu'un rhabillage ferait le moins de mal ; toutefois ils sont les derniers à le reconnaître.

Quand, par leur mauvaise gestion, ils ont laissé de l'engorgement se produire dans leurs affaires ; quand, faute de porter attention au fonctionnement de leur organisme, ils les ont laissé tomber en langueur ; quand ils s'étalent nonchalamment dans leurs fauteuils, comme si les idées qu'ils ont mises en œuvre une fois devaient nécessairement produire des résultats indéfinis ; quand leur industrie est devenue pour eux une plantation qui doit les faire vivre, et non plus un domaine qui réclame leur travail et leurs efforts ; à compter de ce moment, il faut s'attendre à des déboires.

On se réveille un beau matin et on s'aperçoit qu'on fait des affaires, plus que jamais, – et qu'elles n'ont jamais été plus mauvaises ; on se trouve à court d'argent ! Sans doute, on peut emprunter : rien de plus facile. Mais en empruntant, on ne fait que stimuler la cause du mal dont on souffre. On nourrit sa maladie. Un homme sera-t-il plus sage avec de l'argent emprunté qu'avec le sien ? Pas d'ordinaire. Emprunter dans de telles circonstances, c'est hypothéquer un bien qui dépérit.

Le bon moment pour emprunter, s'il existe, c'est quand on n'a pas besoin d'argent ; c'est-à-dire, quand on n'en a pas besoin pour parer aux conséquences de ses erreurs. Lorsqu'une affaire marche très bien et a besoin de s'étendre, on peut emprunter sans imprudence. Mais si l'argent fait défaut par suite d'une mauvaise gestion, il s'impose de pénétrer dans les entrailles de l'entreprise, et de la soigner par l'intérieur, au lieu d'y appliquer un emprunt extérieur, comme un cataplasme.

Ma gestion financière résulte de mes principes à l'égard de la vente. Je tiens qu'il vaut mieux vendre un grand nombre d'articles avec un faible bénéfice qu'un petit nombre avec un gros bénéfice. Cela donne à plus de gens la facilité de s'en procurer et rapporte de bons salaires à un plus grand nombre d'ouvriers ; dès lors on peut envisager une production systématique, puis éliminer la morte-saison et les pertes résultant du chômage des usines.

Les bénéfices

Ainsi se constituent les affaires bien agencées. En y réfléchissant, on voit que, dans la plupart des cas, ces prétendus besoins pressants de trésorerie proviennent, dans les affaires, d'une marche sans continuité et livrée au hasard. Mais les gens à courte vue confondent l'abaissement des prix de vente avec celui des dividendes. Il est très difficile de se faire entendre de cette sorte d'esprits, trop dépourvus d'une compréhension, même générale, de la nature des affaires.

Par exemple, un jour où je songeais à réduire de quatre-vingts dollars le prix des voitures, quelqu'un me demanda si sur les cinq cent mille automobiles que nous fabriquions, cet abattement ne diminuerait pas de quarante millions de dollars les dividendes de la Société. Il est de toute évidence que si le nouveau prix n'avait pas dû nous faire dépasser ce nombre de 500 000 ventes, le dividende eut été réduit de la somme énoncée ; calcul arithmétique intéressant mais qui n'a rien à voir avec les affaires ; car, si on n'abaisse pas le prix d'un article, la vente n'augmente pas continuellement, et par suite l'affaire manque de stabilité.

Quand une affaire ne grandit pas, elle est condamnée bientôt à décroître, et une affaire qui décroît a sans cesse besoin d'être financée. On avait pour principe, autrefois, qu'il fallait toujours maintenir les prix le plus haut qu'on pouvait, tant qu'on trouvait des acheteurs. Une affaire réellement moderne doit adopter le point de vue opposé. Les banquiers et les gens de loi sont rarement en mesure de reconnaître ce fait. Ils confondent l'inertie avec la stabilité. Réduire volontairement ses prix dépasse leur compréhension. C'est pourquoi mettre dans l'administration d'une affaire un banquier ou un juriste de type ordinaire, c'est se vouer au désastre. L'abaissement des prix augmente le volume de vos affaires et vous permet d'employer les fonds disponibles, pourvu que vous considériez vos inévitables bénéfices comme obligatoirement consacrés à étendre et perfectionner votre production. Nos bénéfices à nous, par suite de la rapidité des rentrées et du volume de nos ventes, ont toujours été considérables, quel que fût notre prix de vente. Nous gagnions peu sur chaque article, mais notre bénéfice total était grand ; il allait de quinze à trente pour cent. Il n'était pas constant ; à la suite de chaque réduction des prix, il baissait pour quelque temps, mais bientôt les économies inévitables entraient en jeu et ces bénéfices remontaient. Toutefois ils n'étaient pas distribués en dividendes. J'ai toujours exigé que les dividendes fussent faibles et la société est aujourd'hui délivrée des porteurs de parts qui demandaient qu'on adoptât une autre règle. Je considère les profits industriels, à partir d'un certain pourcentage modéré, comme appartenant à l'affaire elle-même plutôt qu'aux porteurs de parts.

Il ne devrait avoir d'autres porteurs de parts, à mon sentiment, que des personnes jouant un rôle actif dans la direction de leur entreprise et la considérant comme un instrument d'utilité générale, plutôt que comme une organisation destinée à leur rapporter de l'argent. Si l'on fait de gros bénéfices, ce qui ne peut manquer quand on travaille en vue d'être utile, il faut qu'une partie en soit remise dans l'affaire, afin de la rendre plus capable encore de rendre des services, et en attribuer aussi une part aux acheteurs. Une année, nos bénéfices furent tels que nous rendîmes volontairement cinquante dollars à chaque acheteur d'une de nos voitures. Nous vîmes que, sans le vouloir, nous les faisions payer trop cher.

Ma règle de conduite en matière de prix, et par suite de gestion financière, fut mise en cause par un procès intenté à notre Société, il y a plusieurs années, pour la forcer à payer de plus gros dividendes. À la barre du tribunal, je fis cet exposé des principes qui étaient et sont encore en vigueur chez nous :

« Tout d'abord, j'ai pour règle qu'il vaut mieux vendre un grand nombre de voitures avec une marge de bénéfice petite quoique raisonnable, que d'en vendre moins avec un gros profil.

C'est ma règle ; elle permet à une portion plus considérable du public d'acquérir des automobiles et d'en jouir ; elle permet aussi d'employer à cette fabrication un plus grand nombre d'ouvriers bien rétribués. Tels sont les buts que j'ai dans la vie. Mais je ne passerais pas pour avoir réussi, j'aurais même misérablement échoué, si je ne pouvais à la fois remplir ce programme et en même temps m'assurer à moi-même et à mes associés une juste rétribution.

Ma règle de conduite, je la tiens pour bonne, parce qu'elle me réussit, parce que, chaque année, il m'a été possible de mettre notre automobile à la portée d'un nombre constamment croissant d'acheteurs, d'employer une main-d'œuvre de plus en plus nombreuse, et, en même temps, grâce un développement de nos affaires, d'augmenter nos bénéfices au-delà de tout ce que nous avions osé espérer ou rêver au début.

Chaque fois que l'on diminue le prix d'une automobile, sans diminuer sa qualité, on augmente le nombre des acheteurs possibles. Il y a beaucoup de gens qui paieront une automobile 360 dollars, mais ne la payeraient pas 440. Nous en avons vendu en chiffres ronds 500 000 à 440 dollars et j'estime que, au prix de 360 dollars, nous pourrons sans doute porter ce nombre à 800 000 ; moins de bénéfice par unité, mais plus d'affaires, plus de main-d'œuvre employée et en fin de compte tout le bénéfice auquel nous pouvons prétendre.

Et je le dirai franchement ; je ne crois pas qu'il nous soit permis de faire sur nos voitures des bénéfices aussi énormes. Un bénéfice raisonnable, oui ! Mais pas excessif. Aussi me suis-je fait une règle de comprimer le prix de nos voitures au fur et à mesure que la fabrication me le permet, et de répartir la différence entre les clients et les ouvriers, règle d'où sont résultés pour nous-mêmes des bénéfices surprenants ».

Cette manière d'agir n'est pas conforme à l'opinion générale qui veut qu'une affaire soit administrée en vue de permettre aux porteurs de parts de toucher les plus gros revenus possibles. C'est pourquoi je ne veux pas avoir de porteurs de parts, au sens ordinaire du terme ; ils ne concourent pas à développer l'utilité d'une affaire. Mon ambition est d'employer de plus en plus de personnel et de propager, dans la mesure de mon pouvoir, les bienfaits du système industriel que nous travaillons à établir. Nous voulons aider des hommes à se faire une vie et un foyer. Il faut pour cela que la plus grande partie de nos bénéfices soit réemployée dans le travail productif. C'est pourquoi nous ne faisons pas de place aux porteurs de parts non collaborant.

Si, à un moment donné, se posait l'alternative de diminuer les salaires ou de supprimer les dividendes, je supprimerais les dividendes. Ce moment ne risque guère de venir, car ainsi que je l'ai indiqué, les bas salaires ne sont pas une économie. C'est une mauvaise règle financière du réduire les salaires, parce qu'on réduit en même temps les facultés d'achat du salarié. Si l'on croit que la qualité de chef d'industrie comporte avec elle une responsabilité, c'est une part de cette responsabilité que d'assurer à ceux que l'on dirige, le moyen de gagner leur vie. Il n'y a pas là de charité. Il n'y a pas de charité dans un juste salaire. Mais aucune société ne peut être considérée comme stable si elle n'est assez bien dirigée pour donner à l'ouvrier le moyen de faire beaucoup de travail, et par suite de gagner un fort salaire.

Le salaire a quelque chose de sacré : il représente des loyers domestiques et le sort de nombreuses familles. Sur les feuilles de paye, le salaire n'est qu'un chiffre ; mais dans la vie, c'est la huche à pain et le coffre à charbon, le berceau de l'enfant, son instruction, l'aisance et le contentement de la maisonnée.

D'autre part, il y a aussi quelque chose de sacré dans le capital, lorsqu'il s'emploie à accroître l'efficacité productive du travail.

Si le suc nourricier de nos industries venait à tarir, qui y gagnerait ? L'usine qui emploie des milliers de bras est aussi respectable que le foyer domestique. L'atelier est l'armature qui soutient toutes ces choses délicates que représente le foyer. Si donc ces choses font notre bonheur, ayons grand soin d'entretenir l'activité de l'atelier. La pleine justification des bénéfices de l'usine, c'est qu'ils servent à renforcer la sûreté des foyers qui en dépendent. Ces bénéfices pourraient aller grossir la fortune d'un particulier. Mais si on les consacre à établir une industrie sur une base plus sûre à améliorer les conditions du travail, à augmenter les salaires, à assurer une occupation à chacun, n'est-ce pas préférable ? Quand le capital est ainsi employé, il n'y faut pas toucher à la légère. Car, sous la direction d'un seul, il sert l'intérêt de tous.

Les bénéfices appartiennent à trois éléments. Ils appartiennent d'abord à l'entreprise qui les produit, et doivent la maintenir robuste, progressive et saine. Ils appartiennent en second lieu à ceux dont le travail contribue à les créer. Ils appartiennent enfin, pour une part, au public. Une entreprise prospère profite à ces trois éléments : la direction, le travail, la clientèle.

Il est des gens dont les bénéfices sont excessifs. Ils devraient être les premiers à abaisser les prix de vente. Ils ne le font pas. Ils font retomber sur le consommateur, de proche en proche, tout le poids de frais exagérés, et lui imposent encore un tant pour cent sur les prix ainsi augmentés. Toute leur philosophie des affaires se réduit à cette maxime : « Tant qu'il y en a, profitez-en ! » Voilà les spéculateurs, les exploiteurs, l'élément pernicieux qui ne cesse de faire tort aux intérêts légitimes. Rien de bon à attendre de ces gens-là. Leur vision est sans portée et ne va pas plus loin que les pages de leur livre de caisse.

De telles gens parleront plus volontiers de réduire les salaires de 10 % ou de 20 % que de réduire d'autant les dividendes. Mais un véritable homme d'affaires qui envisage les intérêts de la communauté tout entière et qui veut servir cette communauté, doit être capable d'apporter sa contribution à la stabilité des affaires.

Fonds de roulement

Nous maintenons pour règle d'avoir toujours à notre disposition une forte somme d'argent comptant. Au cours de ces dernières années, notre compte présentait généralement une balance de cinquante millions de dollars en notre faveur. Cet argent est en dépôt dans diverses banques des États-Unis et porte intérêt. Nous n'empruntons pas, mais nous avons établi des conventions de crédit qui nous permettraient, si nous le jugions à propos, de nous procurer une très forte somme d'argent par les banques. Le comptant que nous avons en réserve nous dispense d'emprunter : notre seul but est d'être parés en face des cas imprévus. Depuis que je suis dans les affaires, je n'ai jamais emprunté, sauf une fois pour racheter les parts qui n'étaient pas aux mains de membres de ma famille. C'est que je ne veux pas courir le risque de voir la direction de mes affaires, et par suite mes principes, tomber en d'autres mains.

Une partie considérable de la gestion financière consiste à triompher de l'irrégularité saisonnière dans la fabrication. Il faut que l'argent rentre de façon à peu près continue. Il faut travailler avec régularité pour travailler avec profit. La fermeture d'une usine implique de grosses pertes : perte du travail des ouvriers, perte de l'utilisation de l'équipement, perte dans l'avenir, sur les ventes, par suite de l'augmentation des prix résultant de l'interruption. C'est là un des problèmes que nous avons eu à résoudre. Nous ne pouvions pas fabriquer des voitures pour les garder en magasin pendant les mois d'hiver, alors que la vente est moins active qu'au printemps ou qu'en été. Comment pourrait-on entreposer un demi-million de voitures, et où les mettrait-on ? Et une fois emmagasinées, comment ferait-on pour les embarquer, la saison venue ? Et si même on trouvait le moyen d'entreposer un tel nombre de voitures, où prendrait-on l'argent que coûterait cet emmagasinage gigantesque ?

Le travail saisonnier a de graves inconvénients pour l'ouvrier. De bons artisans ne veulent pas accepter d'engagements qui ne soient valables que pour une partie de l'année. Travailler à plein d'un bout de l'année à l'autre assure à une usine des ouvriers capables, à la fabrication une organisation permanente, et constitue un gage d'amélioration continuelle pour le produit ; les ouvriers ne s'interrompant jamais dans l'exécution de leur tâche y deviennent plus habiles.

Il faut que l'usine fabrique, que le service commercial vende et que les commerçants locaux achètent des voitures tout le long de l'année, si chacun veut tirer de l'affaire tout le profil qu'elle peut donner. Si le marchand local ne veut pas songer à acheter, seul en saison, il importe de se livrer à une propagande faisant ressortir l'utilité que présente une automobile, d'un bout à l'autre de l'année, et non pas seulement dans une saison limitée ; et tandis que cette éducation du public se fait, il faut que le fabricant construise et que le marchand achète des voitures, par anticipation.

Nous fûmes les premiers, dans l'industrie automobile, à résoudre ce problème. La vente des voitures Ford est une opération commerciale. Au temps où l'on ne fabriquait que sur commande, et où cinquante voitures par an constituaient une grosse production, il était raisonnable d'avoir un acheteur avant de faire une commande, et l'industriel attendait la commande avant de fabriquer.

Nous nous rendîmes vite compte que nous ne pouvions attendre les commandes pour travailler. On n'aurait pu construire une usine assez grande pour fabriquer de mars à août toutes les voitures qui étaient commandées pendant ces mois. Depuis longtemps a commencé la campagne de propagande destinée à démontrer qu'une Ford n'était pas une voiture de plaisance pour l'été, mais une voiture de service pour toute l'année. Il fallut aussi habituer les marchands à comprendre que, même s'ils ne pouvaient vendre autant de voitures en hiver qu'en été, leur intérêt commandait de les avoir en magasin afin de pouvoir livrer sans délai, la saison venue. Ces deux campagnes ont été menées à bonne fin. Presque partout aux États-Unis, on se sert de nos voitures, hiver comme été, sur la neige, la glace, ou dans la boue, en un mot partout. C'est pourquoi la vente d'hiver ne cesse d'augmenter, et les agents de vente sont soulagés de la presse qui se produisait l'été venu ; de la sorte l'influence saisonnière ne se fait pas sentir à l'usine. La fabrication, jusqu'aux deux dernières années, a été continuelle exception faite de la fermeture annuelle pour inventaire. Nous avons eu seulement quelques interruptions ; pendant la période d'extrême crise ; elles furent d'ailleurs nécessaires à notre réadaptation à l'état du marché.

Le réglage de la fabrication

Pour obtenir une production continuelle, et par conséquent un mouvement continuel d'argent, nous sommes obligés de combiner nos opérations avec un soin extrême. Notre programme est établi minutieusement chaque mois entre le service des ventes et celui de la fabrication, afin de régler celle-ci de telle manière que le nombre de nos voitures en cours d'expédition corresponde à celui des commandes reçues. Précédemment, quand nous assemblions et embarquions les voitures, c'était de la plus haute importance, parce que nous n'avions pas d'espace où entreposer nos voitures terminées. Aujourd'hui, nous expédions des pièces au lieu de voitures ; nous n'assemblons que dans la mesure des besoins du district de Détroit.

Le réglage de la production n'a pas moins d'importance, car si le courant de la fabrication et celui des commandes n'étaient pas approximativement égaux, nous serions, ou bien encombrés de pièces laissées pour compte, ou en retard sur nos commandes. Quand on produit la quantité de pièces qu'il faut pour fabriquer quatre mille voitures par jour, il suffit de la plus petite erreur en excès sur l'évaluation des commandes probables pour accumuler des fabrications qui, à l'inventaire, se chiffreront par des millions de dollars. Le réglage de nos opérations est donc extrêmement délicat.

Pour réaliser, avec notre étroite marge de bénéfices, un bénéfice total convenable, il importe que la circulation des fonds engagés soit rapide. Nous fabriquons pour vendre, non pour emmagasiner, et la production d'un seul mois restée pour compte se monterait à une somme dont les intérêts seuls seraient déjà énormes.

Le programme de fabrication est établi une année d'avance et le nombre des voitures à construire chaque mois y est consigné, car c'est naturellement un gros problème que de régler l'arrivage des matières premières, ainsi que des pièces fournies par d'autres fabricants, en harmonie avec les besoins de notre propre fabrication. Il nous est aussi impossible d'avoir en magasin de grandes quantités de produits finis que de grandes provisions de matières premières. Il nous faut un mouvement continuel d'entrées et de sorties. Et, parfois, nous est-il arrivé de l'échapper belle ! Il y a quelques années, l'usine de « The Diamond C° » brûla. Cette société faisait pour nous des pièces de radiateurs et des pièces de laiton étirées ou moulées. Il nous fallait nous débrouiller vivement ou subir une grosse perte. Nous réunîmes les chefs de tous nos services, les modeleurs et les dessinateurs. Ils travaillèrent de vingt-quatre à quarante-huit heures sans interruption et firent de nouveaux modèles. La société loua une usine et fit venir de l'outillage en grande vitesse. Nous lui fournîmes le reste de l'outillage et, au bout de vingt jours, elle avait recommencé à nous expédier. Nous avions assez de marchandises en magasin pour tenir sept ou huit jours ; mais cet incendie retarda nos expéditions de dix ou quinze jours. Si nous n'avions pas eu de stock, ce retard eût été de vingt jours, et nos frais auraient couru pendant ce temps-là.

Nous eûmes le même contretemps avec la « Société des Tubes sans soudures de Détroit », sept ou huit mois plus tard. Nous aidâmes à élever un bâtiment provisoire, mais en dépit de tout ce que nous pûmes faire, ses expéditions furent suspendues pendant quinze jours au moins. Par malheur, nous manquions à ce moment d'approvisionnement en tubes : nous avions heureusement un autre fournisseur que nous mîmes fortement à contribution.

Pour y revenir : c'est à l'atelier qu'il faut exercer la gestion financière. C'est un principe qui ne nous a jamais trompés, et un jour où on nous croyait gênés par le manque d'argent, son application démontra de façon concluante combien il vaut mieux que la gestion financière s'exerce de l'intérieur que de l'extérieur.

Chapitre XII
L'ARGENT : MAÎTRE OU SERVITEUR

En décembre 1920, dans tout le pays, les affaires marquaient le pas. La plupart des fabriques d'automobiles étaient fermées et beaucoup étaient entre les mains des banquiers. Des bruits défavorables étaient répandus sur le compte de presque toutes les sociétés industrielles et j'appris un jour, avec intérêt, que, d'après une rumeur persistante, la Société Ford cherchait de l'argent sans en trouver. Tant de racontars courent sur la Société Ford que je prends rarement la peine de les démentir, mais cette fois ils étaient précis et circonstanciés, et m'apprenaient que j'avais triomphé de ma répugnance pour l'emprunt, que l'on me rencontrait presque chaque jour, le chapeau à la main, dans Wall Street, sollicitant des avances de fonds. On allait même jusqu'à prétendre que personne ne voulait m'en prêter et que je pourrais bien me voir forcé bientôt de déposer mon bilan et d'abandonner les affaires.

Effectivement, un problème se posait pour nous. En 1919,

nous avions emprunté soixante-dix millions de dollars sur notre signature pour racheter les parts de notre Société qui n'étaient pas dans nos mains. Sur cette somme, il nous restait trente-trois millions de dollars à payer. Nous avions dix-huit millions de dollars d'impôt sur le revenu, échus ou à courte échéance à verser dans les caisses de l'État, et nous tenions aussi à verser à nos ouvriers la part bénéficiaire habituelle qui s'élevait à sept millions de dollars. Au total du 1er janvier au 19 avril 1921, nous devions faire face à des paiements qui s'élevaient à cinquante-huit millions de dollars, et nous n'avions que vingt millions de dollars en banque. La situation de notre compte était plus ou moins connue du public, et on tenait pour assuré, je pense, que pour nous procurer les trente-huit millions de dollars manquants, nous devions recourir à l'emprunt. Il n'est guère facile en effet de se procurer une telle somme sans l'aide de Wall Street. Nous avions largement de quoi répondre. Deux ans auparavant, nous avions emprunté soixante-dix millions de dollars, et comme notre fortune n'était grevée d'aucune hypothèque, et que nous n'avions pas de dettes commerciales, on n'eût pas hésité, en temps ordinaire, à nous prêter une grosse somme. C'eût été, au contraire, une très bonne opération bancaire.

Cependant, je commençais à m'apercevoir que notre besoin de trésorerie était activement exploité, dans le public, comme un signe avant-coureur de débâcle. Puis, bien que les bruits fussent propagés par des dépêches de presse qui venaient de tous les points des États-Unis, je me pris à soupçonner qu'ils émanaient peut-être d'une source unique. Ce soupçon se confirma quand je fus informé qu'un journaliste financier très influent se trouvait à Battle Creek, d'où il expédiait des bulletins sur la gravité de notre situation financière. J'eus donc soin de ne pas démentir la moindre nouvelle. Notre plan financier était prêt, et il n'y entrait aucun projet d'emprunt, le plus mauvais moment pour emprunter, on ne saurait trop y insister, étant celui où les gens de banque supposent que vous avez besoin d'argent.

Le marché en 1920

Jetons un coup d'œil en arrière et voyons quel était l'état du marché. Au début de 1920 apparurent pour la première fois des indices faisant pressentir que la fiévreuse activité spéculative née de la guerre allait s'arrêter. Quelques affaires nées de la guerre et qui n'avaient plus de raison d'être s'effondrèrent. Les achats se raréfièrent. Notre propre mouvement d'affaires continuait, mais nous savions qu'un jour ou l'autre il se ralentirait. Je pensai sérieusement à abaisser les prix, mais, en toutes choses les coûts de fabrication étaient devenus impraticables. La main-d'œuvre rendait de moins en moins, en retour des gros salaires. Les détenteurs de matières premières ne se montraient pas disposés à rentrer dans les voies du bon sens. Nul ne voulait apercevoir les signes précurseurs de l'orage.

Nous abaissons le prix de nos voitures

En juin, notre vente commença à faiblir. Elle diminua de plus en plus chaque mois, de juin à septembre. Il fallait prendre des mesures pour rapprocher notre article de la faculté d'achat du public et surtout une décision énergique afin de ne pas laisser croire que nous ne faisions qu'un sacrifice illusoire. En conséquence, au mois de septembre, nous réduisîmes le prix de la voiture de tourisme de 575 à 440 dollars, c'est-à-dire bien au-dessous du coût de fabrication, car nous travaillions encore avec des matériaux achetés en hausse. Cet abaissement de prix fit sensation, et nous attira beaucoup de critiques : on nous reprochait de porter le trouble dans le marché. C'était exactement ce que nous voulions. Nous voulions contribuer pour notre part à ramener les prix d'un niveau artificiel au niveau raisonnable. Je crois fermement que si, à ce moment-là, ou plus tôt, les fabricants et les commerçants avaient tous comprimé énergiquement les prix et s'étaient livrés à un nettoyage complet, nous n'aurions pas souffert aussi longtemps de la stagnation des affaires.

En s'attachant à l'espoir de vendre cher, on ne fit que regarder l'ajustement des prix. Personne, du reste, ne réalisa les bénéfices espérés ; mais si on s'était décidé à subir tout de suite la baisse, non seulement les facultés de production et d'achat du pays se fussent harmonisées, mais cette longue suspension des affaires nous eût été épargnée. En s'obstinant à attendre les gros prix, on a grossi les pertes, parce qu'il fallait bien, dans l'intervalle, décaisser l'intérêt des sommes excessives engagées dans les marchandises en magasin ; et, en attendant, on ne réalisait pas les bénéfices raisonnables qu'on aurait pu faire. Le chômage, de son côté, en diminuant la distribution des salaires, contribua à élargir le gouffre qui séparait l'offre de la demande. Il fut beaucoup question, un moment, d'un arrangement consistant à ouvrir de vastes crédits à l'Europe, dans l'espoir de réussir, par ce moyen, à lui passer notre marchandise chère. Bien entendu, ce projet ne se formulait pas dans des termes aussi crus, et je crois que nombre de gens se persuadaient qu'en ouvrant de gros crédits à l'étranger, même sans espoir de recouvrer jamais ni son capital ni ses intérêts, on améliorerait la situation du marché américain. À vrai dire, si ces crédits avaient été endossés par les banques américaines, celles-ci se seraient vues encombrées d'une telle masse de valeurs pétrifiées qu'elles auraient ressemblé à des maisons de conserves, plutôt qu'à des maisons de banque. Il est peut-être naturel de s'attacher à l'espoir de la hausse jusqu'au dernier moment, mais ce n'est pas une bonne méthode d'affaires.

Nos ventes, après la baisse du prix, augmentèrent d'abord, mais ne tardèrent pas à retomber. Nous n'étions pas rentrés encore dans les limites de la faculté d'achat du public. D'une façon générale, les prix de détail n'avaient pas encore touché le fond, et le public se méfiait de toutes offres. Nous prîmes nos dispositions en vue d'une nouvelle baisse, et nous maintînmes notre fabrication aux environs de cent mille voitures par mois. Cette production n'était pas justifiée par la vente, mais nous voulions aussi transformer la plus grande partie possible de nos matières premières avant de fermer. Nous savions qu'il nous faudrait fermer pour faire un inventaire et rendre la situation nette, et nous voulions, en rouvrant sur une nouvelle grosse baisse de prix, avoir des voitures disponibles pour fournir à la demande. Ensuite les nouvelles voitures pourraient être construites avec des matériaux achetés à des prix plus raisonnables. Nous étions déterminés à obtenir des prix plus bas.

Nous fermâmes en décembre, avec l'intention de rouvrir au bout de quinze jours. Mais nous trouvâmes tant à faire que nos portes restèrent en réalité fermées près de six semaines. Au moment de cette interruption, les bruits qui couraient sur notre situation financière redoublèrent d'intensité. Bien des gens espéraient que nous serions forcés de nous mettre à la recherche de fonds ; or si nous avions demandé de l'argent, nous aurions été forcés de subir certaines conditions. Mais nous ne demandâmes pas d'argent : nous n'en avions pas besoin. On nous fit pourtant une offre : une banque de New York m'envoya un agent qui me proposa un plan financier comprenant un gros emprunt, et où figurait aussi un arrangement en vertu duquel un représentant de la banque nous aurait servi de trésorier et aurait assumé la gestion financière de la Société. Cette proposition, j'en suis persuadé, était faite à bonne intention. Nous n'avions pas besoin d'emprunter, mais il se trouvait précisément que nous manquions, à ce moment, d'un trésorier ; ainsi la banque s'était bien rendu compte de notre situation. Je demandai donc à mon fils Edsel de devenir le trésorier en même temps que le Président de notre Société. La question fut réglée par-là, et nous n'eûmes que faire des services de la banque.

Là-dessus, nous commençâmes à remettre de l'ordre dans notre maison. Au cours de la guerre, nous nous étions consacrés à de nombreuses fabrications militaires et avions dû nous départir de la règle de l'article unique. De nombreux services étaient venus s'ajouter aux anciens, l'objectif de nos bureaux s'était enflé et le gaspillage qui accompagne toujours les fabrications multiples avait fait de grands progrès chez nous. Le travail de guerre est un travail de hâte et de gaspillage. Nous nous mîmes donc en devoir de nous débarrasser de tout ce qui ne servait pas à la fabrication des automobiles.

Le seul ordre de paiement immédiat que nous passâmes fut celui d'une part bénéficiaire de sept millions de dollars pour nos ouvriers. Ce paiement était purement volontaire, mais nous tenions à ce qu'il fût exécuté le premier janvier. Nous prîmes l'argent nécessaire sur nos fonds disponibles.

Dans tous les États-Unis, nous possédons trente-cinq succursales. Toutes font l'assemblage, mais vingt-deux d'entre elles fabriquent aussi des pièces. Cette dernière fabrication avait été arrêtée, mais l'assemblage continuait. Au moment où nous fermâmes, nous n'avions presque pas de voitures à Détroit ; nous avions embarqué aussi toutes nos pièces et, au cours de janvier, les commerçants étaient obligés d'aller jusqu'à Chicago et à Columbus chercher des voitures pour les besoins locaux. Les succursales expédiaient à chaque marchand d'après la quote-part annuelle fixée pour chacun un nombre de voitures suffisant pour les ventes d'un mois. Les commerçants faisaient de gros efforts pour vendre. Au cours de la seconde partie de janvier, nous réunîmes une organisation squelette comprenant environ dix mille hommes, surtout des contremaîtres, des chefs de postes, des maîtres ouvriers, et nous mîmes le travail en marche à Highland-Parc. Nous fîmes rentrer nos créances sur l'étranger et vendîmes nos sous-produits.

Dès lors, nous fûmes prêts pour la production intense et, par degrés, nous y rentrâmes dans des conditions profitables. La remise en ordre fit disparaître le gaspillage qui avait fait monter les prix et absorbé les bénéfices. Nous liquidâmes nos matériaux inutiles. D'autre part, au lieu de quinze hommes par jour et par voiture, nous n'en employons plus que neuf. Ces six hommes sur quinze ne perdirent pas leur gagne-pain ; ils cessèrent seulement d'être improductifs. Nous arrivâmes à ces résultats en appliquant la règle que tout homme et toute chose doivent concourir à la production, ou disparaître.

Nous réduisîmes de moitié le personnel des bureaux en offrant aux employés de meilleures situations dans les ateliers. La plupart acceptèrent. Nous supprimâmes tous les bons, toutes les fiches de référence dont l'usage ne répondait pas aux besoins directs de la fabrication. Nous avions réuni des tonnes de statistiques, parce qu'elles étaient intéressantes, mais comme ce ne sont pas les statistiques qui font les automobiles, nous les détruisîmes.

Nous fîmes enlever 60 % de nos nouvelles installations téléphoniques. Dans toute affaire, un nombre assez restreint d'agents a besoin du téléphone. Nous avions autrefois un contremaître pour cinq ouvriers : maintenant, nous en avons un pour vingt ouvriers. Les autres travaillent sur les machines.

Nous ramenâmes ainsi les frais généraux de 146 dollars par voiture à 93, et cela sur plus de quatre mille voitures par jour. On comprend dès lors pourquoi, sans même faire d'économies positives, sans réduire les salaires, mais par la simple élimination du gaspillage, il est possible d'obtenir un prix de revient invraisemblable.

Amélioration plus sensible encore : nous trouvâmes le moyen d'engager moins de capital dans nos affaires en accélérant le mouvement des fonds. Et de cette accélération un des facteurs les plus importants fut la voie ferrée de Detroit-Toledo et Ironton que nous achetâmes, voie ferrée qui prit une grande place dans notre plan d'économie. Je lui consacrerai un chapitre.

Nous nous aperçûmes, après quelques expériences que le service des transports pouvait être amélioré suffisamment pour réduire le cycle de fabrication de vingt-deux jours à quatorze. C'est-à-dire que les matières premières pouvaient être achetées, fabriquées, et l'article fini livré aux mains du commerçant local, dans un délai de 33 % moindre que le précédent. Il nous fallait environ soixante millions de dollars de matières premières en magasin pour assurer une production ininterrompue. En diminuant le temps d'un tiers, nous réduisions cet emmagasinage de vingt millions de dollars, dont l'intérêt s'élève à un million deux cent mille dollars par an. En joignant à cela les voitures terminées en magasin, nous économisâmes environ huit millions de dollars de plus. En un mot, nous pûmes libérer un capital de vingt-huit, millions de dollars et épargner l'intérêt de cette somme.

Le 1er janvier, nous disposions de vingt millions de dollars, le 1er avril, de quatre-vingt-sept millions trois cent mille, soit vingt-sept millions trois cents milles de plus qu'il ne nous fallait pour nous débarrasser de notre dette. Tel est le résultat où nous arrivâmes, uniquement en portant nos investigations au cœur de notre affaire ! Voici le décompte de cette somme totale :

Fonds en caisse en janvier :	20 000 000 dollars
Marchandises converties en argent du 1er janvier au 1er avril :	24 700 000 dollars
Accélération du transit : capital libéré :	28 000 000 dollars
Recueilli des agents à l'étranger :	3 000 000 dollars
Vente de sous-produits :	3 700 000 dollars
Vente de Bons de la Liberté :	7 900 000 dollars
Total	87 300 000 dollars

Conception industrielle, conception financière

En rapportant ces opérations, mon dessein n'est pas de m'en vanter comme d'un exploit, mais de montrer comment une affaire peut trouver des ressources en elle-même, au lieu de recourir à l'emprunt, et aussi d'attirer les réflexions des lecteurs.

Notre système financier ne donne-t-il pas une prime à l'emprunt, et n'attribue-t-il pas aux banquiers une trop large place ? Supposons que nous eussions emprunté quarante millions de dollars, que fût-il arrivé ? Aurions-nous été mieux équipés pour nos affaires ? Ou plus mal ? Après cet emprunt, nous n'aurions pas été dans la nécessité de trouver des méthodes pour diminuer le coût de fabrication. Et si même nous avions été capables d'obtenir de l'argent à 6 % net (et, par les commissions ; et le reste, nous aurions eu à payer plus cher que cela) les intérêts seuls se seraient montés à quatre dollars par voiture sur une production annuelle de cinq cent mille voitures. Et aujourd'hui, nous nous trouverions privés des avantages d'une fabrication mieux conduite, et chargés d'une lourde dette. Nos voitures coûteraient probablement environ cent dollars de plus qu'elles ne coûtent. Nous aurions une production moindre, car nos acheteurs seraient nécessairement moins nombreux ; nous emploierions moins d'ouvriers, et, en un mot, nous n'aurions pas notre maximum d'utilité.

Les financiers nous proposaient de nous prêter de l'argent, et non d'améliorer nos méthodes. Ils ne nous offraient pas un ingénieur, ils voulaient nous donner un trésorier.

L'erreur apparaît ici d'introduire des financiers dans une industrie. Toutes leurs pensées se ramènent à l'argent. Pour eux, une usine sert à faire de l'argent, et non des produits. C'est sur l'argent qu'ils tiennent à veiller, et non sur l'efficacité de la fabrication. Ils ne comprendront pas qu'une affaire industrielle ne reste jamais immobile ; il faut qu'elle progresse ou qu'elle recule. Ils voient dans la réduction des prix de vente l'abandon d'un bénéfice, au lieu de la consolidation d'une affaire.

La banque joue un rôle beaucoup trop grand dans la conduite de l'industrie. La plupart des industriels le reconnaissent, dans le privé. Mais il est rare qu'ils le déclarent publiquement, parce qu'ils ont peur de leurs banquiers. Il n'est pas besoin d'autant d'habileté pour faire fortune dans le commerce de l'argent que dans les entreprises industrielles. La plupart des banquiers prospères ont bien moins d'intelligence et de ressources d'esprit que les industriels qui réussissent. Et cependant, le financier maître du crédit, domine en quelque sorte l'industriel.

L'influence bancaire s'est beaucoup développée au cours des quinze ou vingt dernières années, et particulièrement depuis la guerre, et le système de la Réserve Fédérale mit pendant un temps entre les mains des financiers un crédit presque illimité. Les banquiers, je l'ai déjà remarqué, sont par éducation et par position totalement inaptes à diriger l'industrie. Si donc les dominateurs du crédit ont récemment acquis une grande puissance, il faut y voir l'indice fâcheux que l'on confère la préséance à l'argent, et non à l'utilité générale, dans l'industrie. Ce n'est pas la compétence industrielle des banquiers qui les a mis à la tête de l'industrie : tout le monde le reconnaîtra. Ils y sont portés, qu'ils le veuillent ou non, par le système lui-même. C'est pourquoi je voudrais bien savoir si notre système financier ne laisse rien à désirer.

Qu'il me soit permis de déclarer de suite que les reproches que je fais à la banque ne touchent en rien aux personnalités. Je ne suis pas l'adversaire d'un homme parce qu'il est banquier, et nous avons besoin d'hommes réfléchis et habiles en finance ; les affaires ne sauraient se passer des services de l'organisation bancaire. Il leur faut de l'argent, il leur faut du crédit, sans quoi les produits ne pourraient s'échanger ; il leur faut des capitaux. Sans capitaux, il n'y aurait même pas de production. Mais prétendre que nous avons établi notre système bancaire et notre crédit, sur leur vraie base est une question toute différente.

Il n'entre pas dans, ma pensée de combattre notre organisation financière ; je ne suis pas une victime qui poursuit une vengeance. Les actes des banquiers ne m'intéressent pas de façon personnelle, puisque je me passe d'eux. Mais je voudrais savoir si notre organisation financière rend les meilleurs services possibles au plus grand nombre des citoyens.

Un système financier n'est pas bon lorsqu'il favorise une classe de producteurs aux dépens d'une autre. Je voudrais m'assurer s'il ne serait pas possible d'enlever à ceux qui le détiennent un pouvoir qui ne repose pas sur la production.

Je n'ai pas envie de formuler des dogmes sur l'argent ni sur le crédit. Nul n'en sait assez long sur ces sujets pour le faire. C'est une question qu'il faudra bien régler comme doivent se régler toutes les questions réellement importantes, c'est-à-dire par des expériences conduites avec précaution et sagacité. Je ne suis pas disposé à quitter la voie des expériences prudentes ; il faut avancer pas à pas et avec beaucoup de circonspection. Le problème n'est pas politique, il est économique, et je suis convaincu qu'il est de toute utilité d'habituer le public à y réfléchir.

Si l'on veut que le pays agisse à bon escient et évite les désastres, il faut faire un sincère effort pour l'éclairer. La question d'argent occupe la première place dans une foule d'esprits et de toute catégorie et de toute valeur. Mais il suffit de jeter un coup d'œil sur la plupart des panacées proposées pour apercevoir toutes les contradictions qu'elles renferment. La plupart d'entre elles commencent par supposer la droiture de la nature humaine, et ceci, bien entendu, est un grave défaut de ces théories. Notre système actuel lui-même fonctionnerait magnifiquement, si tous les hommes étaient honnêtes. En réalité, les problèmes de l'argent ont pour origine presque unique les imperfections humaines. Il faut donc qu'un système, pour réussir, tienne la nature humaine en respect, au lieu de s'y confier.

Le public se préoccupe des problèmes de l'argent ; et si les maîtres de l'argent croient avoir quelque enseignement utile à donner au public pour l'empêcher de s'égarer, le moment est venu de parler. Le temps sera bientôt passé où l'on pourra agir sur l'opinion par la menace du resserrement du crédit ou autres formules. C'est justement ainsi que l'on met le problème de l'argent au premier plan des préoccupations du public. Le public est naturellement conservateur, plus conservateur que les financiers, et ceux qui s'imaginent qu'on l'amènerait facilement à tolérer que le papier-monnaie fût émis à la manière des bons de lait ne le connaissent pas. C'est l'esprit de conservation inné du public qui a préservé la valeur de notre monnaie, en dépit des fantaisies acrobatiques auxquelles se livrent nos financiers, en les déguisant sous des expressions techniques imposantes.

Le public est du côté de la monnaie saine. Il se tient si fermement du côté de la monnaie saine qu'on se demande très sérieusement ce qu'il penserait du système sous lequel nous vivons, s'il se rendait compte du parti que les initiés en peuvent tirer.

Le système monétaire présent ne va pas être transformé par des discours, ni par l'appel aux passions politiques, ni par des expériences économiques. Il va se transformer sous l'action de certaines circonstances : circonstances et actions qui échappent à notre pouvoir. Ces circonstances se réalisent, cette action s'exerce en ce moment même.

Il faut aider le public à se faire de la monnaie une idée naturelle, la lui définir, lui dire ce qui en constitue l'essence et par quelles habiletés, sous le système monétaire actuel, le petit nombre tient sous sa dépendance les collectivités et les nations entières.

La monnaie, somme toute, est quelque chose de très simple. C'est une partie de notre système de transports. C'est une méthode simple et directe, pour transférer de main en main les marchandises. En soi, c'est une chose tout à fait admirable, essentielle, qui n'a rien d'intrinsèquement mauvais. C'est dans la vie sociale un instrument de la plus grande utilité. Quand la monnaie joue le rôle qui lui appartient, elle constitue toujours une aide précieuse, et jamais une gêne.

Mais il faut que la monnaie soit toujours de la monnaie. Un

pied fait toujours douze pouces, mais quand un dollar fait-il un dollar ? Si les poids qui servent à peser le charbon changeaient sur le carreau de la mine, si les mesures de capacité changeaient chez l'épicier, si par le jeu d'une influence occulte appelé « change », le yard avait tantôt 42 pouces et tantôt 33, le public ne tarderait pas à porter remède à ces fluctuations ! Et quand un dollar n'est pas toujours un dollar, quand le dollar de cent cents devient un dollar de soixante-cinq cents ; puis tombe à cinquante, puis encore quarante-sept, à l'exemple des variations de nos bons vieux dollars américains d'or et d'argent, à quoi bon crier à la dépréciation, à l'avilissement de la monnaie ? Un dollar valant toujours cent cents est aussi nécessaire qu'une livre pesant toujours seize onces et qu'un yard mesurant toujours trente-six pouces.

Les banquiers qui exercent correctement leur commerce devraient se considérer comme désignés par excellence pour approfondir notre système financier et monétaire, et le pénétrer, au lieu de se cantonner dans les connaissances bancaires qui suffisent à leur commerce local ; et s'ils étaient décidés à refuser aux spéculateurs de la banque le nom de banquiers, leur arracher une fois pour toutes l'influence qu'ils empruntent à ce titre, ce serait la rénovation de la banque, qui deviendrait le service public qu'elle doit être ; tandis que l'opinion serait délivrée de l'anxiété suscitée en elle par notre système monétaire et les pratiques présentes de notre finance.

Bien entendu, il y a un si. Mais la difficulté n'est pas insurmontable. Dans l'état des choses, les affaires vont à un point mort, et si les personnes qui sont en possession des facilités techniques nécessaires ne se mettent pas en devoir de porter remède à cette situation, d'autres s'en chargeront.

Rien n'est plus absurde, de la part d'une classe quelconque,

que de considérer le progrès comme une menace dirigée contre elle. Le progrès n'est qu'une sollicitation adressée à cette classe de mettre son expérience au service de l'utilité commune. Seuls des gens malavisés tentent de se mettre en travers du progrès, et s'exposent ainsi à en devenir les victimes. Nous sommes ici tout au même point. Il faut que nous avancions tous du même pas. Il y a grande sottise pour un individu ou une catégorie d'individus à prendre ombrage du progrès. Si les financiers ne veulent voir dans le progrès que l'agitation des esprits futiles et dans toutes les suggestions de réformes qu'un outrage dirigé contre eux personnellement, cette attitude est la meilleure preuve qu'ils ne sont pas dignes de l'influence prépondérante qui est présentement dans leurs mains.

Si le système défectueux d'aujourd'hui est plus profitable aux financiers que ne le serait un système plus parfait, et s'ils sont plus sensibles aux avantages personnels qu'ils en peuvent recueillir pendant quelques années encore, qu'à l'honneur d'assurer, pour leur part, la vie sociale en favorisant l'institution d'un meilleur système, dans ce cas, rien ne peut empêcher un conflit d'intérêts. Mais que les intérêts financiers égoïstes le sachent bien : s'ils ne livrent bataille en faveur d'un système que parce que ce système les favorise, ils sont vaincus d'avance.

Quelle est donc la crainte de la finance ? Le monde ne va pas disparaître. On continuera bien à faire des affaires. Il y aura bien toujours de l'argent et on aura bien toujours besoin de gens qui connaissent le maniement de l'argent. Il n'est pas question de rien supprimer, sauf la confusion et les obstacles. Il y aura, bien entendu, quelques réajustements. La banque ne sera plus la maîtresse de l'industrie, mais sa servante. La production gouvernera l'argent, au lieu que l'argent gouverne la production. Notre ruineux système de prêt à l'intérêt sera grandement modifié.

L'exploitation de la banque ne sera plus un risque, mais un service. Les banques seront alors beaucoup plus utiles au public qu'aujourd'hui, et au lieu d'être de toutes les entreprises les plus coûteuses à administrer, et celles qui donnent les plus gros dividendes, elles auront moins de frais et les bénéfices de leurs opérations s'en iront à la communauté dans l'intérêt de laquelle elles doivent être établies.

Il y a dans le vieil ordre de choses deux faits fondamentaux. 1. Dans l'intérieur de la nation elle-même, la direction financière tend à s'orienter vers les plus grandes institutions bancaires centralisées : banque d'État ou groupement privé étroitement unis. Dans tout pays, on voit une influence considérable exercée sur le crédit par des intérêts privés ou semi-officiels. 2. Dans le domaine international, la même tendance centralisatrice se manifeste. Tout crédit américain est sous l'influence de New York, comme, avant la guerre, le crédit du monde entier était sous l'influence de Londres, la livre sterling étant l'étalon des transactions universelles.

Deux méthodes de réformes s'offrent à nous : l'une commence par en bas et l'autre par en haut ; celle-ci est la plus paisible. L'autre est en ce moment à l'œuvre en Russie. Si nous voulons prendre la méthode qui commence par en haut, cela nous demandera une vision sociale pénétrante, ainsi qu'un altruisme d'une vigueur et d'une sincérité n'admettant aucun mélange d'astuce égoïste.

La richesse du monde ne consiste pas dans l'argent que renferme le monde, et n'est pas exactement représentée par lui. L'or par lui-même n'est pas une denrée utile. L'or n'est pas plus une richesse qu'un jeton de vestiaire n'est un vêtement. Mais il peut être manipulé, comme signe de richesse, de manière à donner à ceux qui le possèdent ou qui le dominent la haute main sur le crédit qui est nécessaire aux producteurs des richesses réelles, et le commerce de l'argent, instrument d'échange, est une affaire très lucrative. Quand l'argent lui-même devient ainsi une denrée qu'il faut commencer par acquérir avant que la richesse réelle puisse se déplacer ou s'échanger, c'est un état de choses qui procure aux usuriers et aux spéculateurs le moyen de frapper d'une taxe la production. L'emprise que les maîtres de l'argent sont en situation d'exercer sur les forces de production apparaît d'autant plus puissante lorsque l'on songe, tandis que l'argent est censé représenter la richesse réelle du monde, qu'il y a toujours beaucoup plus de richesse qu'il n'y a d'argent, et que la première est souvent obligée de se mettre aux ordres de l'autre, d'où résulte cette situation paradoxale qu'un monde qui regorge de richesses puisse souffrir du besoin !

Ce ne sont pas là des faits purement financiers, qu'il suffise de traduire en chiffres et de laisser pour ce qu'ils sont. Ils participent de la vie et de la sensibilité des humains dont ils expriment le destin. Il est rare que la misère, dans le monde, soit causée par le manque de biens : elle résulte du resserrement de l'argent. La concurrence commerciale entre nations, qui les conduit à la rivalité et à la haine, dont s'ensuivent à leur tour les guerres, voilà quelques-unes des traductions humaines de ces faits. C'est ainsi que la disette et la guerre, ces deux grandes calamités évitables, sortent comme deux rameaux d'une souche unique.

Voyons si l'on ne pourrait pas s'acheminer vers de meilleures méthodes.

CHAPITRE XIII
POURQUOI Y A-T-IL DE LA MISÈRE ?

La misère provient d'une foule de causes, dont les plus importantes peuvent être dominées. Il en est de même des privilèges. Je crois entièrement possible de supprimer à la fois la pauvreté et les privilèges, et l'on ne peut mettre en doute que leur suppression soit désirable. Le privilège et la pauvreté sont également contraires à la nature, mais c'est au travail, non à la loi, qu'il faut demander une action efficace.

Par pauvreté, j'entends le manque pour un individu ou une famille d'une suffisance de nourriture, de logement ou de vêtements. La satisfaction de ces besoins sera nécessairement soumise à des différences de degrés. Les hommes ne sont égaux ni intellectuellement ni physiquement. Tout système qui part du principe que tous les hommes sont ou doivent être égaux, est contraire à la nature et, par conséquent, irréalisable. Aucun mode de nivellement par en bas ne saurait être possible, ni désirable. La misère seule y gagnerait ; au lieu d'être l'exception, elle deviendrait la règle. En réduisant la faculté de production d'un bon travailleur, on n'augmente pas la faculté de production d'un travailleur médiocre. La misère ne peut être abolie que par l'abondance et nous avons aujourd'hui fait assez de progrès dans la science de la production pour entrevoir le jour où la production et la répartition seront organisées de façon tellement méthodique que chacun pourra obtenir ce qui revient à son intelligence et à son travail.

Les socialistes extrémistes se sont trompés en affirmant que l'industrie écraserait inévitablement le travailleur. L'industrie moderne apporte au contraire aux travailleurs et à la société un soulagement de plus en plus efficace. La seule chose qui nous manque, c'est une suffisante connaissance de l'organisation méthodique. On peut et on doit attendre les meilleurs résultats de l'organisation individuelle et de l'intelligence d'une direction personnelle éclairée. Le gouvernement étant par essence quelque chose de négatif ne peut favoriser directement un programme véritablement organique, mais il peut le favoriser indirectement en écartant les obstacles de la voie du progrès, et en cessant d'être un poids mort pour la communauté.

Le gaspillage

Telle que je la conçois, la raison profonde de la misère réside essentiellement, pour l'industrie comme pour l'agriculture, dans un mauvais ajustement entre la production et la répartition, entre l'organe générateur de la force et son point d'application. Le gaspillage dû à ce défaut d'ajustement est inconcevable : une direction intelligente et dévouée à l'intérêt général doit le faire disparaître. Mais tant que les directeurs d'une entreprise industrielle se préoccuperont davantage de l'argent que de l'intérêt public, le gaspillage continuera. Pour en triompher, il faut des hommes aux vues larges, et non des hommes aux vues courtes.

Ces derniers pensent surtout à l'argent : c'est pourquoi ils ne s'aperçoivent pas du gaspillage. Ils envisagent le souci de l'intérêt général comme une préoccupation altruiste, alors que rien au monde n'est plus pratique. Ils sont incapables de prendre assez de champ pour embrasser de larges perspectives, pour voir notamment que la production mise au service des intérêts particuliers est, au point de vue même purement pécuniaire, la moins profitable.

D'autre part, bien que l'intérêt général soit parfois l'objet d'un dévouement altruiste, ce n'est généralement pas dans ce cas qu'il est le mieux servi. Le sentiment fait alors trébucher l'intérêt, et ils tombent tous les deux dans le fossé.

Ce n'est pas que les entreprises industrielles soient incapables de répartir avec équité une portion de la richesse qu'elles créent. C'est simplement que le gaspillage y est tel qu'il ne reste rien à répartir entre les collaborateurs secondaires de la production, nonobstant le prix élevé auquel sont vendus les produits, qui fait obstacle à leur diffusion.

Prenons quelques cas de gaspillage : par exemple celui de l'énergie. La vallée du Mississippi manque de charbon, mais elle est traversée par un courant d'énergie potentielle, le fleuve Mississippi, qui peut s'évaluer à des millions de chevaux. Cependant, les habitants de ses rives, lorsqu'ils ont besoin d'énergie ou de chaleur, achètent du charbon apporté à grands frais d'une distance de plusieurs centaines de milles et qui, par conséquent, revient à un prix dépassant de beaucoup sa valeur d'énergie ou de chauffage. Ou s'ils ne peuvent payer ce charbon coûteux, ils s'en vont abattre des arbres, se privant ainsi eux-mêmes d'un des plus grands facteurs de conservation de la force hydraulique.

Très récemment encore, ils ne songeaient pas à cette énergie toute proche qui, à un coût dépassant à peine les frais du premier établissement, fournirait le chauffage, l'éclairage et la force motrice à l'immense population que la vallée du Mississippi est destinée à nourrir.

L'économie

Le remède à la pauvreté n'est pas dans l'économie individuelle, mais dans l'amélioration de la production. Les idées d'épargne et d'économie ont été surfaites. Elles n'expriment qu'une crainte. La gravité et le danger de la dissipation frappent un esprit, généralement à propos d'un incident tout à fait matériel et y déchaînent une violente réaction contre l'extravagance. L'idée d'économie s'empare donc de cet esprit, mais ce n'est que passer d'un mal grave à un moindre mal ; ce n'est pas franchir l'étape qui conduit de l'erreur à la vérité.

L'économie est la règle des intelligences engourdies. Il n'est pas douteux qu'elle ne soit préférable à la prodigalité, mais il n'est pas douteux non plus qu'elle ne vaille moins que l'usage modéré de la richesse. Les personnes qui tirent vanité de leur économie s'emparent comme d'une vertu. Mais est-il spectacle plus pitoyable que celui d'une intelligence mesquine et rétrécie qui consume la riche substance des jours dans la poursuite de quelques parcelles de métal ? Que voit-on de si beau à rogner jusqu'au vif la nécessaire satisfaction des besoins de la vie ? Tout le monde connaît des gens économes qui ont l'air de regretter jusqu'à l'air qu'ils respirent, et jusqu'aux marques d'approbation qu'ils se laissent arracher à l'occasion. Ils sont recroquevillés de corps et d'âme, l'économie n'est autre chose qu'une dissipation, dissipation des sucs les plus savoureux de la vie. Car il y a deux façons de dissiper : tandis que le prodigue jette sa richesse aux distractions d'une vie de débauche, l'indolent la laissera se perdre faute d'usage. Or, la trop stricte économie risque de se faire taxer d'indolence. Mais par l'usage modéré des richesses, en même temps qu'on s'assure les avantages de l'économie, on donne libre jeu aux saines tendances dont la prodigalité n'est qu'une déformation morbide.

Tout a été donné à l'homme pour son usage, mais la plupart de nos maux n'ont d'autre origine que l'abus : dans la vie courante, c'est l'abus qui nous fait tomber dans les fautes les plus graves. Abus est le terme le plus compréhensif : on parle parfois de dissipation, mais la dissipation n'est qu'un aspect de l'abus.

On apprend aux enfants à mettre de l'argent de côté. Il est très bien, en effet, de combattre une prodigalité étourdie et égoïste. Mais ce n'est pas exercer une influence positive sur un enfant ; ce n'est pas l'orienter de façon utile et sûre vers l'emploi raisonné et personnel de son argent. Il vaut mieux apprendre à un enfant à savoir disposer de son épargne, que de lui apprendre seulement à épargner. La plupart des personnes qui s'évertuent à mettre de côté quelques dollars feraient bien mieux de les placer, d'abord sur elles-mêmes, en second lieu dans quelque travail utile : par la suite, elles en auraient davantage à économiser. Oui, les jeunes gens devraient placer plutôt qu'épargner : placer sur eux-mêmes, c'est-à-dire augmenter leur faculté de créative : après avoir atteint l'apogée de leur capacité, il leur sera encore temps de mettre de côté, par principe, une portion substantielle de leurs gains. Ce n'est pas économiser que de se priver du moyen d'accroître sa faculté créatrice : c'est diminuer, à tout prendre, son capital, c'est avilir le placement fait par la nature sur une tête humaine. Usage modéré, voilà la véritable règle. L'usage est un principe positif, actif, vivifiant : c'est le mouvement et le progrès.

Quelques hommes peuvent échapper au besoin sans que, pour cela, la condition générale des affaires soit modifiée. La hausse des salaires, la hausse des prix, la hausse des bénéfices, toutes les hausses qui ont pour objet de faire affluer plus d'argent dans telle direction ou dans telle autre, ne sont autre chose que des tentatives faîte par telle ou telle catégorie sociale pour s'enrichir sans se préoccuper du sort des autres. Partout règne cette conviction absurde que, pourvu que l'on mette la main sur l'argent, on est hors de tout péril. Le travail cherche son salut dans l'amélioration des salaires : le capital, de son côté, le cherche dans l'accroissement des dividendes. Il y a là une foi vraiment touchante dans le pouvoir de l'argent. L'argent est très utile en temps normal, mais n'a d'autre valeur que celle qui lui est conférée par la production et se ressent des abus dont elle souffre. Le culte dont il est parfois l'objet comme équivalent de la richesse réelle en détruit complètement la valeur.

Industrie et agriculture

On veut qu'il y ait une rivalité essentielle entre l'industrie et l'agriculture. Cette rivalité n'existe pas. C'est une sottise de dire, parce que les villes sont surpeuplées, que tout le monde doit revenir à la terre. Si on faisait cela, l'agriculture ne tarderait pas à décliner comme occupation satisfaisante. Et il ne serait pas plus raisonnable que tout le monde affluât vers les centres manufacturiers : si l'on désertait l'agriculture, à quoi serviraient les usines ?

Il peut exister un échange de rapports entre l'agriculture et l'industrie. L'industriel pourra donner à l'agriculteur ce dont celui-ci a besoin pour être un bon agriculteur ; l'agriculteur et les autres producteurs de matières premières pourront donner à l'industriel ce qu'il lui faut pour être un bon industriel. Puis, avec les transports comme messagers, nous aurons un système sain et stable, fondé sur l'utilité générale. Si, de plus, nous habitions des centres plus réduits, où la vie fut moins tendue, et où l'on put se procurer les produits des champs et des jardins sans l'intermédiaire d'un si grand nombre de profiteurs, il y aurait peu de misère ou d'agitation.

Jetons un coup d'œil sur toute cette question du travail saisonnier. Prenons la construction comme type de ce genre de travail. Quel gaspillage de force il y a à laisser les ouvriers du bâtiment chômer tout l'hiver, en attendant que revienne la saison de bâtir !

Et quel gaspillage d'habileté il y a également à contraindre des artisans expérimentés qui sont entrés dans des usines pour ne pas perdre leur saison d'hiver, à conserver leur occupation usinière pendant la saison du bâtiment, parce qu'ils craignent de ne pas la retrouver un hiver, s'ils la quittaient momentanément ! Que de pertes a causées ce système d'occupation constante ! Si l'agriculteur pouvait quitter l'atelier pour travailler à la ferme pendant la saison du labourage, de la culture, de la moisson (ce n'est, après tout, qu'une petite partie de l'année), et si l'ouvrier du bâtiment pouvait quitter l'atelier pour faire son métier utile en sa saison, comme cela vaudrait mieux, et comme le cours de la vie aurait plus de moelleux !

Si, dès le printemps, tout le nombre gagnait la campagne, si on vivait trois ou quatre mois de la saine existence du plein air, quel coup de fouet ce programme donnerait à la production ! Le chômage n'existerait plus.

La ferme a sa morte-saison. C'est le moment pour

l'agriculteur de se rendre à l'usine et de se mettre à la fabrication des instruments dont il a besoin pour la ferme. L'usine a aussi sa morte-saison : c'est le moment pour l'ouvrier d'aller à la terre, pour participer à la production de la nourriture. De la sorte, on mettrait fin au chômage et on rétablirait l'équilibre entre la vie artificielle de la ville et la vie naturelle des champs.

Un autre service, et non certes le moindre que nous devrions à ce système, serait de nous donner de la pondération dans notre façon d'envisager la vie. La mixité des arts n'a pas seulement des avantages matériels, elle est favorable à la largeur d'esprit et à la rectitude du jugement. Une grande partie de nos agitations présentes provient de notre façon de juger, étroite et partielle. Si nos occupations étaient plus variées, si nous regardions la vie par plus de côtés, si nous nous rendions compte des services réciproques que se rendent les divers facteurs de la production, nous serions plus équilibrés. Il y aurait bénéfice pour tout homme à consacrer une partie de son temps aux occupations rurales.

Ce n'est pas du tout impraticable. Ce qui est bon et souhaitable n'est jamais impossible : cela demanderait seulement un peu de solidarité, un peu moins de cupidité, un peu plus de souci pour les intérêts de la vie sociale.

Les gens riches se plaisent à bercer trois ou quatre mois par an leur oisiveté indolente dans des résidences d'agrément d'été ou d'hiver. Quand bien même ils le pourraient, la plupart de nos compatriotes se refuseraient à perdre leur temps de cette façon. Mais ils pourraient fournir les équipes nécessaires aux travaux saisonniers de la campagne.

Nul doute qu'une grande part de l'agitation que nous observons autour de nous ne soit la conséquence de nos façons de vivre antinaturelles. Quand, d'un bout de l'année à l'autre, on fait sans cesse la même besogne, privé de la salubre lumière du soleil et de la belle liberté des horizons, on est vraiment un peu excusable d'envisager la vie sous un jour faux ; et ceci n'est pas moins vrai pour le capitaliste que pour l'ouvrier.

Quelle est donc, dans la vie, cette nécessité qui s'oppose à des façons de vivre saines et normales ? Que voit-on dans l'industrie qui empêche tous les modes de l'activité humaine d'employer successivement les services de tous ceux qui sont propres à y participer ? On m'objectera peut-être que si les effectifs de l'industrie vidaient les ateliers chaque été, la production en serait entravée. Mais il faut considérer le problème d'un point de vue tout à fait général ; il faut faire entrer en compte l'accroissement d'énergie ouvrière résultant de trois ou quatre mois de travail au grand air ; faire entrer en compte également la conséquence, à l'égard du coût de la vie, de ce retour annuel de tous aux travaux des champs.

Ainsi que je l'ai indiqué dans un précédent chapitre, nous nous sommes efforcés de réaliser cette combinaison de ferme et d'usine, et les résultats que nous avons obtenus sont pleinement satisfaisants. À Northville, non loin de Détroit, nous avons une usine de valves, petite, mais qui produit beaucoup. La direction et l'outillage en sont relativement peu compliqués, parce qu'on n'y fait que cette seule pièce. Ce travail ne demande pas grande habileté aux ouvriers : toute l'habileté est dans la machine. Les campagnards peuvent donc consacrer une partie de leur temps à l'atelier et une partie à la ferme, car l'agriculture pratiquée à la machine n'est pas pénible. L'usine emploie l'énergie hydraulique.

Une autre usine un peu plus vaste est en construction à

Roche-Plate, à quinze mille environ de Détroit. Nous avons fait établir un barrage sur la rivière, barrage qui sert de pont pour le chemin de fer de Detroit-Teledo-Ironton (à qui il en fallait justement un à cet endroit) et qui sert également aux piétons, le tout ne formant qu'un seul travail d'art. C'est là que nous fabriquerons notre verre. Grâce au barrage, nous avons assez d'eau pour que les matières premières puissent nous arriver par voie fluviale. Le barrage nous fournit aussi de l'énergie au moyen d'une installation hydro-électrique. Et l'usine étant en pleine campagne, on n'a pas à y craindre l'encombrement ni aucun des maux qui résultent de la concentration excessive de la population. Les hommes, en même temps que leur occupation à l'usine, auront des parcelles de terre, ou des fermes, qui pourront être dispersées à quinze ou vingt milles à la ronde ; car, aujourd'hui, bien entendu, l'ouvrier peut se rendre à l'atelier en automobile. Nous réaliserons là la combinaison de l'agriculture et de l'industrie et nous éviterons tous les inconvénients de la concentration.

L'idée qu'il est nécessaire, pour un pays industriel, de concentrer ses industries n'est pas, à mon avis, fondée : cette nécessité ne correspond qu'à un stade du développement de l'industrie. Au fur et à mesure que nous ferons des progrès dans la fabrication, notamment dans celle des pièces interchangeables, les pièces pourront être fabriquées dans les conditions les meilleures. Et les conditions les meilleures pour les travailleurs sont aussi les meilleures à l'égard de la fabrication. On ne pourrait établir une grosse usine sur un petit cours d'eau, mais on peut y établir une petite usine et une combinaison de petites usines ; chacune ne fabriquant qu'une pièce fera un article entier à meilleur compte qu'un gros établissement industriel. Il y a des exceptions, par exemple pour la fonte ; dans ce cas, comme à Rivière-Rouge, il faut réunir la fabrication et le coulage et employer aussi toute l'énergie en surplus. Cette combinaison exige de gros capitaux et la réunion d'un nombre considérable de travailleurs dans le même établissement. Mais ce cas exceptionnel ne se rencontre pas assez fréquemment pour faire échec aux réformes dirigées contre l'excessive concentration de l'industrie.

La ville future

L'industrie se décentralisera. Il n'y a pas de ville qui, si elle venait à être démolie, voulût être reconstruite telle qu'elle était. Il y a dans ce fait l'aveu des sentiments que nous inspire la façon dont nos villes sont construites. La ville a eu un rôle à remplir, une œuvre à faire. Certainement les villages n'auraient pas réalisé leur habitabilité présente, s'ils n'avaient formé les villes. En se réunissant en grand nombre, les hommes ont appris quelques secrets qu'ils n'auraient jamais appris tout seul dans la compagne. L'hygiène, l'éclairage, l'organisation sociale : tout cela est le résultat de l'expérience citadine. Mais aussi tous les maux dont souffre la société contemporaine ont pris leur origine et se sont concentrés dans les grandes villes. On voit la vie des petites communautés s'écouler d'accord avec les saisons, à l'écart des extrêmes de la misère et de l'excessive opulence, sans aucune des violentes crises d'agitation et des conflits qui affligent les grosses populations. Des villes d'un million d'habitants ont quelque chose de farouche et de menaçant, tandis qu'à quelques lieux de celles-ci vivent heureux et satisfaits des villageois qui ne connaissent que par les journaux les délirantes perturbations de leurs grandes voisines ! La grande ville est une masse inerte. Tout ce dont elle a besoin doit lui être apporté. Les transports s'arrêtant, la vie s'y interrompt. Elle se met à subsister sur ses réserves en magasin. Mais les magasins ne produisent rien. La ville est impuissante à se nourrir, à se vêtir, à se procurer le chauffage et le logement. Les conditions de la vie et du travail sont artificielles au point de révolter parfois les instincts naturels de l'homme.

Et, enfin, les frais généraux de la vie et des affaires dans les grandes villes deviennent écrasants. Ils constituent une charge qui ne laisse rien pour vivre. Les politiciens ont trouvé commode d'emprunter et ont emprunté jusqu'aux extrêmes limites du crédit. Au cours des dix dernières années, les frais de gestion de chaque ville des États-Unis ont effroyablement augmenté. Une grosse portion de ces frais résulte du service des intérêts ; l'argent a été dépensé de façon improductive en briques et moellons, ou pour l'équipement des services urbains de l'eau, et des égouts, le tout très au-dessus du prix raisonnable.

Les frais d'entretien de ces travaux, ceux qu'entraînent la police et la circulation dans les grandes agglomérations, dépassent les avantages que présente la vie d'une grande communauté. La cité moderne a été prodigue ; elle est aujourd'hui en faillite, et demain elle aura disparu.

L'aménagement graduel, organisé au fur et à mesure des besoins, d'une énergie électrique abondante et à bon marché contribuera plus que n'importe quelle autre cause à l'établissement d'une façon de vivre bien équilibrée et à l'élimination du gaspillage qui engendre la disette. Il n'y a pas qu'une source d'énergie : pour telle agglomération le mode de production d'énergie le plus économique pourra être constitué par une usine à vapeur installée à côté du puits même de la mine : pour telle autre l'énergie hydraulique sera plus avantageuse. Mais, de toute façon, chaque agglomération devrait posséder sa station centrale fournissant de la force à bon marché. On devrait considérer cet organisme comme aussi essentiel que les voies ferrées ou que les châteaux d'eau. Or si les frais exigés par la constitution du capital nécessaire ne s'y opposaient, toutes les grandes sources d'énergie pourraient être équipées et contribuer à l'avantage commun. Je crois même qu'il nous faudra réviser un peu nos idées actuelles sur le capital.

Le maître du capital

Le capital qu'une entreprise industrielle crée elle-même, qui est consacré à élargir l'horizon du travailleur, à accroître son aisance, à donner du travail à des bras sans cesse plus nombreux, tout en réduisant pour le public le coût des avantages qu'on lui procure, ce capital, même placé sous la domination d'un seul homme, n'est pas une menace pour la société. C'est une épargne productive que cet homme tient en dépôt et administre au jour le jour dans un intérêt général. Il n'a pas le droit de la considérer comme sa rémunération personnelle, car il n'a pas été seul à la créer. C'est le produit collectif de toute l'organisation qu'il dirige. La pensée du chef de l'industrie peut bien avoir dégagé et dirigé cette force collective, mais elle ne l'a ni fournie tout entière, ni dirigée seule. Chaque travailleur est associé à cette création. Il ne faut pas d'ailleurs se contenter d'envisager, dans une entreprise industrielle, les intérêts immédiats et les individualités qui y sont actuellement engagés. Il faut que cette entreprise ait le moyen de poursuivre sa marche. Sans doute, les salaires doivent être les plus élevés possibles ; une vie décente doit être assurée à chacun de ceux qui participent à la production, quelque humble que soit la part qu'il y prend. Mais, pour que l'entreprise soit en mesure de soutenir ceux qui la font marcher, il faut qu'un surplus du bénéfice soit confié à certaines mains. Un industriel véritablement honnête considère ce surplus comme un dépôt. Finalement, il importe peu que ce surplus soit à tel endroit ou à tel autre, entre telles mains ou telles autres. Ce qui importe, c'est l'usage qui en est fait.

Le capital qui ne crée pas constamment plus de travail, qui

n'améliore pas constamment les conditions et la rémunération du travail, est plus stérile que le sable, et se dérobe à sa fonction la plus haute. Car l'emploi le plus digne du capital ne consiste pas à gagner sans cesse plus d'argent, mais à rendre l'argent plus utile à l'amélioration de la vie. Si dans nos industries nous ne concourons pas à résoudre le problème social, nous ne remplissons pas notre tâche principale, nous ne sommes pas pleinement utiles.

CHAPITRE XIV
À QUOI SERT LA CHARITÉ ?

Pourquoi faut-il, dans une société civilisée, que la bienfaisance soit nécessaire ? Je ne condamne certes pas les sentiments charitables : Dieu me garde de rester impassible devant la détresse de mon prochain. L'humanité est un trop beau sentiment pour n'être pas préférée à la froideur et au calcul, et l'on aurait peine à signaler un grand progrès qui n'ait derrière lui l'amour de l'humanité. Le souci de porter aide à ses semblables est l'inspiration de toute activité honorable.

Mais notre faute est d'avoir employé cette grande et belle force d'impulsion à des fins trop restreintes. Si l'humanité nous porte à nourrir les affamés, pourquoi ne nous inspirerait-elle pas une ambition plus vaste, celle de rendre la faim impossible au milieu de nous ? Si nous aimons assez nos semblables pour les tirer de la misère, ne devrions-nous pas les aimer assez pour les empêcher d'y tomber ?

Il est aisé de faire la charité. Il est plus difficile de rendre la charité inutile. Afin d'y parvenir, il faut chercher derrière l'individu la cause de sa misère, sans attendre assurément, pour lui rendre service d'avoir découvert cette cause. Mais il ne faut pas se borner à cette bienfaisance occasionnelle.

Or c'est dans cette recherche des raisons de la misère qu'est la difficulté, et l'on a moins de peine à trouver des gens disposés à secourir, par exemple, un malheureux chargé de famille, que des gens résolus à consacrer leurs pensées à la complète élimination de la misère.

Je ne puis souffrir la charité exercée comme une profession, ni aucune sorte d'humanitarisme d'apparence commerciale. Dès l'instant où la bienfaisance prend ce caractère systématique, organique et professionnel, toute chaleur de cœur s'y éteint. Elle devient quelque chose de froid et de répulsif.

La véritable bienfaisance n'a pas de répertoires d'adresses, ni de publicité. Il y a plus d'orphelins élevés par des particuliers qui les aiment qu'il n'y en a dans tous les orphelinats, et plus de vieillards recueillis par des personnes amies que l'on n'en compterait dans les asiles de vieillards. Les prêts d'argent par lesquels les familles s'entraident dépassent les sommes avancées par toutes les sociétés de prêts. En un mot, la société humaine, constituée sur une base humaine, veille à ses propres besoins et c'est un grave sujet de réflexion que de savoir jusqu'à quel point il y a lieu de se prêter à la commercialisation de l'instinct naturel de charité.

Non seulement la charité organisée est froide, mais elle fait plus de mal que de bien. Elle dégrade ceux qu'elle sert et engourdit leur respect humain. À cette charité s'apparente une sorte d'idéalisme sentimental qui se traduit par une activité sociale bien intentionnée, mais peu efficace. L'idée régnait, il y a peu d'années, que tout homme était en droit de compter sur une aide. Une foule innombrable d'individus devinrent les bénéficiaires d'œuvres sociales bien intentionnées. On vit des catégories entières de nos concitoyens que leurs boniments poussèrent à attendre tout des autres, comme des enfants incapables de s'aider eux-mêmes. Cela devint une véritable profession de faire des choses pour les gens, où les personnes désireuses de se rendre utiles trouvèrent l'occasion de se satisfaire. Mais leurs efforts ne contribuèrent pas à répandre dans le peuple l'habitude de compter sur soi, d'apprendre l'autonomie, ni de rechercher à supprimer les causes à l'origine du besoin de charité, besoin qui ne cesse alors d'augmenter.

Ce qui fut pire encore que d'encourager cet esprit d'insouciance enfantine, au lieu d'habituer les gens à compter sur eux-mêmes, ce fut la naissance de ce sentiment d'envie qui ne manque presque jamais de naître chez ceux qui profitent de la bienfaisance. Nous accusons souvent l'ingratitude de nos obligés : rien n'est pourtant plus naturel. Tout d'abord combien il est rare que la charité dont on se targue soit de la charité véritable, faite d'un cœur compatissant ! En outre, personne n'est content de se voir dans la nécessité de recevoir des bienfaits.

Ce genre d'action sociale crée des rapports délicats. Ceux qui en bénéficient ont le sentiment d'être amoindris par les services qu'ils reçoivent et je me demande si ce sentiment ne devrait pas être éprouvé aussi par les bienfaiteurs. La bienfaisance n'aboutit jamais à régler une situation de façon définitive : or, une organisation charitable, si elle ne se propose pas pour but de devenir inutile, ne fait rien de bon : elle se crée de l'occupation, c'est tout. Ce n'est qu'un article ajouté à la liste des activités improductives.

La charité devient de moins en moins nécessaire à mesure

que les personnes, précédemment réputées incapables de gagner leur vie, sont retirées de la catégorie non productive et ajoutées à celle des producteurs. Dans un chapitre précédent, j'ai démontré par l'exemple de ce qui a été fait dans nos ateliers que l'extrême division du travail permettait à l'industrie de procurer des emplois à la convenance des mutilés, des infirmes, des aveugles. L'industrie scientifiquement organisée n'est pas nécessairement un monstre qui dévore tout ce qui l'approche. Quand elle se présente sous cet aspect, c'est qu'elle ne remplit pas son véritable rôle.

Un travail à portée de tous

Dans l'industrie, comme en dehors d'elle, il y a forcément des occupations qui exigent toute la force d'un homme vigoureux ; il en est d'autres, fort nombreuses, qui réclament une habileté aussi grande que celle des artisans du Moyen-Age. La subdivision minutieuse du travail industriel permet à un homme fort, ou à un homme habile, d'employer sa force ou son habileté. Dans la vieille industrie manuelle, l'ouvrier qualifié passait une bonne partie de son temps à faire un travail de manœuvre : c'était du gaspillage. Mais comme, à cette époque, la tâche de chaque ouvrier comprenait à la fois du travail d'artisan et du travail de manœuvre, il n'y avait pas de place à l'atelier pour l'homme incapable d'acquérir l'habileté de l'artisan, ni pour celui qui n'avait pas le moyen de faire un apprentissage.

L'ouvrier qui ne travaille que de ses mains ne peut gagner que sa subsistance, rien au-delà. On admet comme principe que cet homme, arrivé à la vieillesse, devra être secouru par ses enfants ou, s'il n'en a pas, tombera à la charge de la communauté. Cela ne s'impose pas du tout. La grande division du travail industriel crée des occupations qui sont à la portée, pour ainsi dire, de n'importe qui. Il y a notamment plus d'emplois convenant à des aveugles qu'il n'y a d'aveugles à y mettre ; plus de places pour les infirmes que d'infirmes à placer. Et, dans chacune de ces places, un homme que l'on aurait pu par erreur considérer comme voué à recevoir la charité, pourra gagner sa vie tout aussi bien que le plus vif et le plus vigoureux de ses camarades. C'est du gaspillage que de mettre un homme vigoureux à un travail qui pourrait aussi bien être exécuté par un infirme ; gaspillage d'employer des aveugles à tresser des paniers en osier ; gaspillage encore d'employer des forçats à casser des pierres, ou à effiler des cordes, ou à telle autre tâche inférieure et peu utile.

Non seulement une prison bien administrée devrait pouvoir s'entretenir par ses propres ressources, mais un prisonnier devrait être à même de soutenir sa famille, ou s'il n'en a pas, d'amasser une somme suffisante pour se tirer d'affaire, une fois rendu à la liberté. Ce n'est pas que je préconise le louage à des entrepreneurs de la main-d'œuvre pénale, ce qui revient à une sorte d'esclavage : ce système détestable ne mérite pas d'être discuté. Mais le régime pénitentiaire pourrait s'ajuster au système général de la production d'une façon assez exacte pour que chaque prison fût un organisme productif travaillant au profit de la communauté et des prisonniers eux-mêmes. Je sais bien qu'il existe des lois, lois absurdes votées à l'étourdie, ayant pour objet de restreindre l'activité industrielle des prisons. Elles furent édictées sous l'influence de ce que l'on appelle le parti du Travail, mais elles ne sont pas à l'avantage des travailleurs : l'accroissement des charges d'une communauté ne profite à aucun membre de cette communauté, et si la pensée de l'intérêt public n'est pas perdue de vue, il y a dans toute communauté plus de travail à faire qu'il n'y a de personnes pour le faire.

L'industrie organisée en vue de l'intérêt général fait

disparaître la nécessité de la philanthropie. Ce sentiment, quelle qu'en soit la noblesse, ne contribue pas à développer l'habitude de compter sur soi-même. Or il nous faut des gens qui comptent sur eux-mêmes. Une communauté n'a rien à perdre à avoir l'esprit de mécontentement qui ne se satisfait pas aisément de ce qui existe. Je ne parle pas bien entendu d'une disposition mesquine, variable, taquine, frondeuse, mais de ce mécontentement qui part de la conviction que toutes les méthodes peuvent s'améliorer, et doivent s'améliorer quelque jour. L'industrie organisée en vue de l'intérêt public (que l'ouvrier, non moins que le patron, a pour devoir de servir) peut payer des salaires suffisants pour permettre à chaque famille de vivre et de se suffire. Les philanthropes qui consacrent leur temps et leur argent à procurer à la société le moyen de mieux subvenir à ses besoins font meilleure besogne que ceux qui se contentent de donner, et, par-là, encouragent la paresse. Il faut que la philanthropie, comme tout le reste, soit productive, et je crois qu'elle peut l'être. J'ai cherché moi-même à me rendre compte si une école pratique et un hôpital, établissements que l'on regarde communément comme de pure bienfaisance, ne pouvaient être organisés de manière à se suffire ; et j'ai constaté que c'était possible.

L'école

Je n'aime pas l'organisation présente des écoles de métiers ; les enfants n'y acquièrent que des connaissances superficielles, et n'y apprennent pas à mettre en œuvre ces connaissances. Il ne faudrait pas que l'école pratique fût un compromis entre l'école technique et une école ordinaire mais qu'elle servit à montrer aux enfants comment devenir des producteurs. Si on les emploie à des tâches inutiles, comme de fabriquer des objets quelconques qu'on jette au rebut une fois achevés, il leur sera impossible de s'intéresser à leur travail ou d'acquérir les connaissances auxquelles ils aspirent normalement. De plus, pendant leur temps d'école, ces enfants ne produisent rien, et, si la bienfaisance n'y pourvoit, les écoles ne peuvent assurer l'entretien des écoliers. Or, la plupart de ceux-ci ont besoin de gagner leur vie : il faut donc qu'ils prennent le premier travail qui se présente ; ils n'ont pas le moyen de choisir. Il faut qu'ils laissent là l'instruction pour le travail qui les fera vivre et ils ne retrouveront jamais le moyen d'apprendre un bon métier. Ils débuteront donc dans la vie avec un désavantage.

Quand ces jeunes gens débutent ainsi sans instruction professionnelle, cela ne fait qu'aggraver le manque, déjà grand, de main-d'œuvre compétente. L'industrie moderne exige un degré d'habileté que l'on n'acquiert ni en quittant trop tôt l'école, ni en y restant trop longtemps. Sans doute, pour fixer l'intérêt des enfants et les exercer dans la pratique des métiers, des sections de travaux manuels ont été introduites dans les organisations scolaires les plus avancées, mais on ne se dissimule pas qu'il n'y a là qu'un compromis, car cette innovation flatte sans le satisfaire l'instinct créateur de l'enfant normal.

Afin de répondre à cette double condition : donner à l'enfant toute l'instruction générale possible et en même temps orienter, dès le début, son apprentissage industriel dans le sens d'un développement pratique, fut instituée en 1916 l'École Pratique Henry Ford.

Il y avait, bien entendu, à l'origine de cette fondation, une pensée philanthropique, le désir de rendre service à l'adolescent que le besoin oblige à quitter l'école de bonne heure. Ce désir s'accordait avec la nécessité de procurer à nos ateliers des ouvriers exercés pour la fabrication des machines-outils. Dès le début, nous nous sommes attachés à trois principes cardinaux : d'abord, l'enfant doit rester enfant et ne pas être prématurément transformé en ouvrier ;

secondement, l'instruction théorique doit marcher de pair avec l'instruction technique ; enfin, il faut pour que l'enfant éprouve de la fierté dans son travail et le prenne au sérieux qu'il soit exercé sur des articles utilisables. On lui donne donc des travaux dont l'utilité industrielle est reconnue. L'école est instituée comme école privée et est ouverte aux enfants de douze à dix-huit ans. Elle repose sur le principe des bourses. Chaque élève reçoit annuellement une somme d'argent à titre de bourse. Elle est, au début, de 400 dollars, et peut être portée graduellement jusqu'à un maximum de 600 dollars, si les notes des élèves sont satisfaisantes.

On tient un journal des travaux de la classe et de l'atelier et on y prend note de l'application que chaque écolier y déploie ; et par la suite le montant de sa bourse peut être modifié, suivant les notes d'application qu'il a méritées. Outre sa bourse, chaque enfant reçoit tous les mois une petite somme qui doit être déposée en banque à son compte à titre d'épargne et y rester tant que lui-même reste à l'école, à moins qu'il ne reçoive des autorités de l'école, dans un cas exceptionnel, la permission d'en disposer autrement.

Peu à peu, les problèmes que pose la direction d'une telle école se résolvent et l'on découvre de meilleurs moyens de réaliser les fins qu'elle se propose. Au début, on consacrait le tiers de la journée aux études scolaires et les deux tiers aux travaux d'atelier. Mais on s'aperçut que cette répartition n'était pas favorable aux progrès des élèves, et, maintenant, le temps accordé aux deux parties de l'instruction se répartit par semaines : une semaine pour la classe, et deux pour l'atelier ; mais les classes ne s'interrompent pas, car les divers groupes d'élèves prennent successivement leur semaine.

Nous fournissons à l'école les meilleurs instructeurs qui se puissent trouver, et l'usine Ford sert de leçon de choses.

Elle offre plus de ressources pour une éducation pratique que la plupart des universités. Les leçons d'arithmétique s'y présentent sous la forme concrète de problèmes relatifs aux travaux des ateliers. L'élève n'a pas à se creuser la cervelle à propos du nommé A qui rame plus ou moins vite que le nommé B. Ce qu'on lui montre, ce sont des opérations réelles, s'accomplissant dans des conditions réelles : on lui apprend à observer. Les villes ne sont plus pour lui des points noirs sur une carte, ni les continents des pages d'atlas. Il voit embarquer les marchandises que l'usine expédie par exemple à Singapour ; il voit arriver les chargements de caoutchouc qui nous viennent d'Afrique ou d'Amérique du Sud. Le monde prend à ses yeux son aspect de planète habitée au lieu de lui apparaître sous la forme du globe colorié posé sur le bureau du maître d'école. Pour la physique et la chimie, l'usine constitue un laboratoire où la théorie passe immédiatement dans la pratique, où la leçon s'achève par des applications réelles.

Supposons l'enseignement du fonctionnement de la pompe. Le maître détaillera d'abord les pièces qui la composent et leur jeu, et répondra aux demandes d'éclaircissements qui lui seront faites ; après quoi toute la classe se dirigera vers l'atelier des machines pour examiner une grande pompe. L'école possède un véritable atelier d'usine, équipé d'une façon parfaite et les élèves travaillent successivement sur toutes les machines. Ils ne font que des pièces ou des articles utilisés par notre Société, mais la liste en est tellement vaste qu'elle comprend presque tout. Le travail, une fois réceptionné, est acheté par la Société des Automobiles Ford. Mais, bien entendu, ce qui est rejeté tombe à la charge de l'école.

Les élèves les plus avancés font du travail de précision au micromètre, apportant dans chaque opération une intelligence claire de son objet et des principes qu'elle met en jeu. Ils réparent leurs propres machines ; ils s'habituent à prendre les précautions nécessitées par leur usage ; ils étudient la confection des modèles de moulage et, tout en travaillant ainsi avec leurs instructeurs dans des locaux propres et bien éclairés, ils jettent les fondations d'un avenir prospère. On veille d'une façon discrète sur les conditions sociales et morales de la vie des élèves. Cette vigilance n'a rien de tyrannique et ne procède que d'un intérêt amical. L'entourage familial de chaque enfant est assez bien connu et l'on observe ses dispositions. Mais on ne les gâte pas. On n'essaie pas d'en faire des hommes mous et geignards. Un jour que deux élèves étaient sur le point d'en venir aux mains, au lieu de les sermonner sur la perversité d'un tel acte, on se contenta d'abord de leur conseiller de régler leur différend de façon plus raisonnable. Mais comme, en leur qualité d'enfants, ils persistaient à préférer le mode de règlement le plus primitif, on leur donna des gants de boxe et on les envoya se battre dans un coin de l'atelier, en leur intimant seulement d'en finir là et de ne pas se faire pincer en train de se battre au dehors. Tout cela se termina par une courte lutte... et une bonne amitié.

Les élèves sont traités en enfants. On encourage en eux les meilleurs instincts de la jeunesse. Quand on les aperçoit dans leurs classes ou leurs ateliers, on ne peut manquer d'être frappé de l'expression de leurs regards où se peint la conscience de leur maîtrise commençante. Ils ont le sentiment d'être quelqu'un ; ils savent qu'ils font vraiment œuvre utile. Ils travaillent avec zèle, parce que les choses qu'on leur enseigne sont de celles qui intéressent tous les jeunes garçons intelligents, qui font l'objet de leur curiosité constante, curiosité qui ne trouva pas à se satisfaire dans l'entourage familial.

Après avoir commencé avec six élèves, l'école en a maintenant deux cents et le système d'après lequel elle est organisée est tellement pratique que ce nombre pourra être porté à sept cents. Au début, elle coûtait de l'argent, mais comme c'est un de mes principes fondamentaux que toute œuvre utile puisse être rendue capable de subsister sur ses propres ressources, l'école a si bien perfectionné son fonctionnement qu'elle couvre actuellement ses frais.

Nous avons su laisser à ces enfants leur caractère d'enfants, et nos élèves apprennent à devenir des ouvriers, sans perdre, pour cela, la manière d'être qui convient à leur adolescence, ce qui est très important. Ils gagnent de 19 à 35 cents à l'heure, c'est-à-dire plus qu'ils ne pourraient gagner à leur âge dans un métier. Il leur est plus facile d'aider leurs familles en restant à l'école qu'en travaillant au-dehors. Quand ils en sortent, ils ont une bonne instruction générale, le commencement d'une instruction technique, et leur habileté comme ouvrier leur permet de gagner un salaire grâce auquel ils peuvent pousser plus loin leur instruction, s'ils le désirent. S'ils n'y tiennent plus, ils ont du moins acquis une connaissance de leur métier qui leur permet de gagner n'importe où de gros salaires. Rien ne les oblige à entrer dans nos usines. La plupart d'entre eux y entrent cependant, parce qu'ils savent bien que nulle part ils ne trouveraient de position plus avantageuse, puisque nous tenons à ce que chez nous tout le monde soit bien rétribué ; mais le choix de nos écoliers est tout à fait libre. Ils ont gagné leur subsistance par leur travail et n'ont d'obligation envers personne. On ne leur a pas fait la charité : l'école s'est entretenue elle-même.

L'hôpital

L'Hôpital Ford est administré selon des principes à peu près similaires, mais, par suite de l'interruption causée par la guerre, lorsque l'hôpital fut pris en charge par le gouvernement et dut abriter environ quinze cents malades, nous ne sommes pas encore arrivés à des résultats tout à fait définitifs.

L'initiative de cette fondation ne m'appartient pas. En 1914, on décida de faire appel à une souscription populaire l'érection d'un Hôpital Général à Détroit. Je souscrivis avec les autres et les travaux commencèrent. Les premiers corps de bâtiments étaient encore loin d'être terminés que déjà les fonds étaient épuisés et qu'on me demandait de verser une seconde souscription. Je refusai, pensant que les administrateurs auraient dû savoir à combien la construction devait leur revenir avant de l'entreprendre, et aussi parce que ce début n'était pas fait pour donner confiance dans la façon dont l'hôpital eût été administré, une fois achevé. Cependant, je proposai de me charger entièrement de l'hôpital, en remboursant toutes les souscriptions, offre qui fut acceptée. L'œuvre étant en voie de développement lorsque, le 1er août 1918, nous cédâmes la place au gouvernement. En octobre 1919, l'hôpital nous fut rendu et le 10 novembre de la même année, le premier malade civil y fut admis.

L'hôpital est situé sur un terrain de vingt arpents en bordure du Grand Boulevard de l'Ouest à Détroit. Cette superficie lui permettra, par la suite, de se développer amplement. Notre intention est d'étendre graduellement ses moyens d'action, au fur et à mesure que le bon emploi s'en justifiera. Le but originel de cette institution a été complètement abandonné et nous nous sommes efforcés de réaliser une œuvre tout à fait nouvelle par le but et par l'organisation. Il y a assez d'hôpitaux pour riches ; il y a assez d'hôpitaux pour pauvres. Mais il en manque pour les personnes à qui il répugne de recevoir la charité et qui, cependant, ne peuvent payer qu'un prix modéré. On a admis comme évident qu'un établissement hospitalier ne pouvait à la fois être au service du grand public et subsister par ses propres moyens ; en d'autres termes, qu'il devait être entretenu par la bienfaisance privée ou classé dans la catégorie des maisons de santé exploitées commercialement. Notre hôpital est destiné à subsister par ses propres moyens, à rendre un maximum de services avec un minimum de frais, le tout sans rappeler en rien une institution de bienfaisance.

Dans l'ancienne construction, celle qui avait été commencée suivant le plan originel, il était prévu des salles communes. Dans les nouveaux bâtiments que nous avons fait élever, il y a uniquement des chambres particulières, chacune pourvue d'une salle de bain. Ces chambres, qui sont distribuées par groupes de vingt-quatre, sont toutes identiques par leur aménagement et leur mobilier. Aucune n'est meilleure qu'une autre. Notre principe a été d'exclure toute espèce de distinction : chaque malade est sur un pied de parfaite égalité avec n'importe quel autre.

Les médecins

Je me demande, quand je vois comment certains hôpitaux sont dirigés, s'ils sont faits pour les malades ou pour les médecins. Je ne perds pas de vue, certes, le temps considérable que des médecins ou des chirurgiens de valeur consacrent à la charité, mais d'autre part, je ne suis pas convaincu que les honoraires des chirurgiens doivent être fixés d'après la situation de fortune du malade, et je crois très fermement que ce que l'on nomme cote professionnelle est un fléau pour l'humanité et un obstacle aux progrès de la médecine. L'art du diagnostic jusqu'à présent ne s'est guère perfectionné, et pour moi je ne serais pas fâché d'avoir une part de propriété dans un hôpital où l'on fît en sorte de traiter les véritables maladies des patients, au lieu de celles qu'il plaît aux médecins de leur attribuer. L'étiquette professionnelle rend très difficile la correction d'un diagnostic erroné. Le médecin consultant, à moins d'être doué d'un grand savoir-faire, ne changera rien à un diagnostic ou à un traitement sans l'entier assentiment du confrère qui l'aura appelé ; et si ce changement se fait, ce sera d'ordinaire à l'insu du malade. On semble avoir pour principe que le patient, surtout à l'hôpital, devient la propriété du médecin. Un praticien consciencieux n'exploite pas son malade, mais tous les praticiens ne sont pas consciencieux. Et tous les médecins ont l'air de considérer le triomphe de leur diagnostic comme un résultat aussi important que le rétablissement du malade.

On cherche, chez nous, à rompre avec ces pratiques, et on fait passer avant tout l'intérêt du patient. Nous sommes donc ce quoi l'on appelle un hôpital fermé. Tous nos médecins et nos infirmières sont payés à l'année et ne peuvent faire de clientèle à l'extérieur. Le personnel médical, en y comprenant les internes, se compose de vingt-et-un médecins ou chirurgiens, choisis avec grand soin, et recevant des traitements qui équivalent au moins à ce que pourrait leur rapporter la clientèle privée. Aucun médecin ne peut, à aucun titre, rien recevoir d'un malade, et les malades n'ont pas le droit de faire appeler un médecin étranger à l'établissement.

La façon dont il est procédé à l'admission d'un malade mérite d'être rapportée. Il est examiné d'abord par le médecin-chef, et passe ensuite devant trois ou quatre autres docteurs, davantage même s'il y a lieu, qui l'examinent à leur tour. On procède de la sorte, quelle que soit la raison de l'entrée du patient, parce que, ainsi que nous nous en rendons compte peu à peu, c'est son état général qui importe surtout, plutôt que telle ou telle maladie particulière. Chacun des médecins se livre à un examen complet, en consigne par écrit le résultat, et adresse ce rapport au médecin-chef, sans avoir communiqué à cette occasion avec ses confrères. De la sorte trois, quatre, quelquefois six ou sept diagnostics absolument complets et absolument indépendants passent aux mains du médecin-chef de l'hôpital. Ils constituent une étude complète du cas examiné. Ces précautions sont prises pour assurer, dans la mesure où le permettent nos connaissances présentes, la correction du diagnostic.

Au jour présent, nous avons environ six cents lits disponibles. Chaque malade paye selon un tarif fixe qui comprend la chambre, la nourriture, les soins des médecins et chirurgiens, et ceux de la garde. Il n'y a pas de suppléments, il n'y a pas d'infirmières privées. Si un cas exige des soins trop assidus pour que les infirmières assignées au groupe y puissent suffire, on leur adjoint une infirmière supplémentaire, sans augmentation de prix pour le malade. Mais cela se produit rarement, parce que les malades sont groupés d'après la fréquence des soins exigés par leur cas. Il peut y avoir une infirmière pour deux malades, ou pour cinq ou pour sept : ce dernier nombre n'est jamais dépassé. Or, par suite de la bonne organisation de l'hôpital, il est toujours possible à une infirmière de veiller sur sept malades dont l'état n'est pas extrêmement grave. Dans les hôpitaux ordinaires, les infirmières ont à faire bien des pas inutiles. Elles passent plus de temps à aller et venir qu'à soigner les malades. Notre hôpital est conçu de façon à éviter les allées et venues inutiles. Chaque étage forme un tout complet et, comme dans nos usines, nous nous sommes efforcés d'éliminer à l'hôpital les occasions de déplacements inutiles.

Les malades payent pour leur chambre, les soins médicaux et les autres, quatre dollars et demi par jour, prix qui sera abaissé au fur et à mesure des agrandissements de l'hôpital. Le prix d'une grosse opération est de cent vingt-cinq dollars. Les opérations de moindre importance se payent aussi selon une échelle fixe. Des fonds sont prévus pour accorder un crédit, si c'est nécessaire, à certaines conditions. Notre pensée, en effet, n'est pas de refuser les soins aux personnes qui ne peuvent les payer, mais nous voulons que notre fondation trouve en elle ses propres ressources, au lieu de reposer sur un principe de bienfaisance. Tous les prix sont modifiables : l'hôpital étudie ses prix de revient, tout comme une usine, et les tarifs seront réglés de façon à faire joindre les deux bouts, sans plus. Les règles de l'usine s'appliquent au personnel de l'hôpital. Le minimum d'appointements est de six dollars pour une journée de huit heures. Médecins, gardes, tout le monde se conforme au principe des huit heures.

Je ne vois aucune bonne raison pour qu'une tentative de ce genre ne puisse réussir : c'est pure affaire de calcul et d'organisation. L'organisation qui permet à une usine de rendre les meilleurs services doit permettre également à un hôpital de rendre les meilleurs services, et cela à un prix qui soit à la portée de tous. La seule différence qui distingue la comptabilité de l'hôpital de celle de l'usine, c'est que je ne demande pas à l'hôpital de me rapporter de l'argent, mais simplement d'amortir son entretien. Le capital qu'il a absorbé jusqu'à ce jour s'élève à neuf millions de dollars environ.

Si nous pouvions nous affranchir des charges de la bienfaisance, les fonds qui sont actuellement consacrés à y satisfaire pourraient être appliqués à l'accroissement de la production, à la fabrication de produits plus abondants et moins coûteux : de la sorte, non seulement nous soulagerions la communauté d'un fardeau pécuniaire, non seulement nous affranchirions des êtres humains, mais nous nous trouverions en mesure d'élever le niveau de la prospérité générale. Nous nous reposons sur l'initiative privée de l'accomplissement d'un trop grand nombre de tâches qui nous concernent collectivement. Il nous faudrait mettre plus de pensée constructive au service de l'intérêt public. Il nous faudrait instituer une sorte d'éducation générale à l'égard des réalités économiques. Les prétentions arrogantes de la spéculation capitaliste, comme les exigences déraisonnables de la main-d'œuvre, ont pour cause l'ignorance des principes fondamentaux de l'économie politique.

Nul ne tirera jamais de la réalité plus qu'elle ne contient : c'est pourtant l'illusion de tout le monde. La spéculation capitaliste voudrait en tirer davantage, davantage la main-d'œuvre, davantage les détenteurs de matières premières. Les familles savent qu'elles ne peuvent dépenser plus que leur revenu ; les enfants eux-mêmes s'en rendent compte. Mais le public n'a jamais paru comprendre qu'il ne pouvait excéder ses ressources, posséder plus qu'il ne produit.

La confiance en soi

Pour éliminer la nécessité de la bienfaisance, il faut non seulement avoir présentes à l'esprit les réalités économiques, mais se rappeler aussi que l'ignorance de ces réalités enfante la peur. Bannissons la peur et nous aurons confiance en nous-mêmes. Là où règne cette confiance, la charité n'a rien à faire.

La peur procède d'une confiance placée sur quelque chose d'extérieur comme, par exemple, le bon vouloir d'un contremaître, la prospérité d'une usine, la fermeté d'un marché : ceci revient à dire que la peur est le lot de l'Homme qui reconnaît que sa destinée dépend des contingences terrestres. La peur résulte de l'ascendant pris sur l'âme par le corps ; elle est le fruit d'une intelligence qui se reconnaît en sevrage. Beaucoup d'Hommes n'osent jamais rien entreprendre, et si on recherche les raisons de leur crainte, on les trouve toujours dans le souvenir d'échecs précédents. Les Hommes sont comme les jeunes chevaux, si on les laisse broncher trop souvent, cela devient chez eux une habitude. Mais les chevaux bronchent, parce qu'ils sont surchargés ; et les Hommes branchant, parce qu'ils ne proportionnent pas leur effort à l'obstacle, méconnaissant le précepte napoléonien.

L'habitude de l'échec est d'origine purement mentale et donne naissance à la peur d'entreprendre. Tout homme est sujet à échouer dans ses efforts, et ce n'est qu'à force d'échecs que l'on finit par réussir et par devenir habile. Mais si vous laissez un échec de détail, l'insuccès d'une tentative, implanter dans votre esprit la terreur d'échouer, c'est un malheur. Cette manière d'être ne s'impose qu'aux esprits qui manquent d'horizon. Vous vous mettez en devoir de parcourir un chemin qui va de A à Z : mais, au point A, vous bronchez ; au point B, vous butez ; au point C, vous vous trouvez devant un obstacle qui vous paraît infranchissable. Du coup, vous vous déclarez vaincu et laissez tout en plan : mais vous ne vous êtes pas donné encore une occasion légitime d'échouer ; vous n'avez pas donné à votre conception l'occasion de prouver sa justesse, ou de vérifier son inanité. Vous vous êtes seulement laissé vaincre par les difficultés naturelles inhérentes à toute tentative.

Ceux qui renoncent sont donc plus nombreux que ceux qui échouent. Ce qui leur manque, ce n'est ni l'intelligence, ni l'argent, ni l'imagination, ni l'ardeur, mais seulement le nerf et la résistance. Dans cette vie d'effort et de lutte, la victoire est le lot de cette force brute, simple, primitive, l'obstination.

On se trompe en général grossièrement dans l'appréciation de certaines choses : c'est ainsi que les succès que l'on voit remporter aux autres paraissent toujours faciles ; mais il en est tout autrement : ce qui est facile, c'est d'échouer. Réussir coûte toujours des efforts, exige que l'homme mette en jeu toutes ses ressources, toute sa valeur. C'est pourquoi la prospérité est si détestable quand le domaine où elle se manifeste n'est pas celui des œuvres utiles et belles.

Si un homme doit être perpétuellement inquiet de la situation de l'industrie, il vaudrait bien mieux pour lui adopter un autre genre de vie, où il n'eût rien à démêler avec l'industrie : la terre est toujours là, plus délaissée que jamais. De même, au lieu de vivre dans la crainte de perdre la faveur d'un chef, il vaut mieux s'affranchir de toute dépendance. Un homme peut toujours devenir son propre patron : il sera plus pauvre sans doute que le patron qu'il aura quitté, et gagnera moins d'argent une fois libre, mais il se sera du moins délivré de son cauchemar perpétuel et cela vaut bien un sacrifice d'argent et de situation. Mais il est plus beau de se vaincre, de se surpasser soi-même, et, sans quitter le poste où l'on a été placé par le sort, de triompher de ses peurs. Devenez un homme libre à l'endroit où vous avez d'abord cédé votre liberté. Gagnez votre bataille où vous l'avez perdu. Et vous verrez que, bien qu'il y ait eu beaucoup en dehors de vous qui n'étaient pas justes, il y avait plus à l'intérieur de vous qui n'était pas juste. Ainsi, vous apprendrez que le mal à l'intérieur de vous gâche même ce qui est juste est en dehors de vous.

L'Homme est pourtant le dominateur du monde. Quoi qu'il arrive, il est encore un Homme. Demain, les affaires peuvent subir une crise ; mais l'Homme est toujours l'Homme. Il résiste aux variations des circonstances comme à celles de la température. Qu'il se ressaisisse seulement de cette pensée : elle lui découvrira en lui-même une abondance de richesses jusqu'alors inaperçues. L'homme n'a de sûreté qu'en soi-même, de richesse qu'en soi-même. Il n'y a pas de sécurité en dehors de soi-même. Il n'y a pas de richesse en dehors de soi-même. Et dès l'instant où il se délivrera de ses craintes, il acquerra prospérité et sûreté.

Je voudrais voir mes compatriotes repousser les soins officieux de la philanthropie. Ils devraient y voir une offense, et aussi un stupéfiant. Donc, debout et du courage ! Que les incapables seuls acceptent la charité.

CHAPITRE XV

LES TRACTEURS ET LE MACHINISME AGRICOLE

On ignore généralement que notre tracteur, que nous appelons le Fordson, fut mis en fabrication un an environ avant la date que nous nous étions proposée, à cause de la crise de ravitaillement qui, en conséquence de la guerre, sévissait sur la Grande-Bretagne. Toute notre première fabrication, sauf bien entendu nos machines d'essais et d'expériences, fut envoyée en Angleterre. Nous envoyâmes en tout cinq mille tracteurs à travers l'Atlantique au cours de cette période critique de 1917 à 1918, où les sous-marins allemands déployaient leur plus vive activité. Ils arrivèrent à bon port jusqu'au dernier et des fonctionnaires du gouvernement britannique ont bien voulu déclarer que, sans leur secours, l'Angleterre aurait été bien embarrassée de surmonter la crise alimentaire.

Ce furent ces tracteurs, conduits en général par des femmes, qui ont servi à labourer les parcs et les terrains de golf des vieilles résidences britanniques et permis de cultiver tout le territoire de l'Angleterre sans entamer les effectifs des combattants ni paralyser le travail des usines.

Voici comment les choses se sont passées. L'administration anglaise du ravitaillement, vers le moment où nous entrâmes dans la guerre, en 1917, voyant les Allemands torpiller presque chaque jour un cargo, comprit que l'effectif déjà faible de la flotte marchande ne suffirait plus du tout au transport des troupes américaines, au transport des munitions indispensables à ces troupes et aux alliés, au ravitaillement des forces combattantes et en même temps au ravitaillement de la population civile de l'Angleterre. Ce fut alors que l'on commença à faire sortir du pays les femmes et les enfants des habitants des colonies et à faire des plans pour la mise en culture du sol métropolitain. La situation était grave. Il n'y avait pas dans toute l'Angleterre assez d'animaux de trait propres au labourage et à la culture pour assurer une production qui permît de diminuer de façon un peu sensible les importations de vivres. Le machinisme agricole était à peine connu. Les exploitations rurales n'étaient pas en Angleterre assez étendues pour justifier l'achat d'une puissante et coûteuse machinerie ; la main-d'œuvre était, d'ailleurs, peu coûteuse et abondante. Diverses maisons fabriquaient pourtant des tracteurs, mais c'étaient de lourds instruments dont la plupart étaient mus par la vapeur. Il n'y en avait pas assez pour tous les besoins, et il n'était pas commode d'en faire davantage, car toutes les usines travaillaient aux munitions. Du reste, par leur poids et leurs dimensions, ils ne convenaient pas dans la plupart des exploitations. Enfin, ils ne pouvaient être conduits que par des mécaniciens.

Nous avions monté quelques tracteurs à notre usine de Manchester à fin de démonstration. Ils avaient été fabriqués aux États-Unis ; seul l'assemblage était fait en Angleterre. Le Ministère de l'Agriculture charge la Société Royale d'Agriculture de faire effectuer un essai de ces tracteurs et de rédiger un rapport. En voici la teneur :

« Selon instructions de la Société Royale d'Agriculture, nous avons fait l'essai de deux tracteurs Ford de 25 chevaux pour un travail de labour.

En premier lieu, nous avons choisi une terre forte et en mauvais état et ensuite une terre plus légère qui avait été envahie par le chiendent et fournissait l'occasion d'essayer le tracteur en plaine et à flanc de coteau abrupt.

Dans le premier essai fut employée une charrue Olivier à double sillon, creusant en moyenne à 5 pouces de profondeur, avec une largeur de sillon de 16 pouces environ ; une charrue Gockshutt à 3 sillons fut aussi employée pour un labour de même profondeur, la largeur du sillon réglée à 10 pouces.

Dans la seconde épreuve, la charrue à 3 sillons fut employée, creusant en moyenne à 6 pouces de profondeur. Dans les deux cas, le tracteur fit son travail avec facilité et, sur un arpent mesuré, le temps employé fut d'une heure et demie, avec une consommation de 25 gallons 1/3 de carburant à l'arpent.

Ces résultats furent considérés comme très satisfaisants.

Les charrues ne convenaient pas très bien à la terre et les tracteurs en conséquence travaillaient dans des conditions un peu défavorables.

Le tracteur est léger pour sa force, et, en conséquence pèse peu sur le sol, est d'un maniement facile, tourne court, et peut passer dans un espace très étroit. Le moteur peut être très facilement mis en route froid, avec un peu de supplément d'essence.

Après ces essais, nous nous rendîmes à l'usine de M. Ford à Trafford Park, Manchester, où l'un des moteurs avait été envoyé pour être démonté et examiné en détail.

Le type nous paraît très robuste, et la fabrication de première qualité. Il nous semble que les roues sont un peu légères, mais on nous informe qu'on les fera à l'avenir d'un modèle plus solide.

Le tracteur n'est destiné qu'au travail de la terre et les roues qui sont garnies de couteaux auraient besoin d'une protection leur permettant de rouler sur route, lorsque l'appareil se déplace de ferme en ferme.

Sous le bénéfice de ces observations, nous recommandons, vu les circonstances, que des dispositions soient prises pour la construction immédiate du plus grand nombre possible de ces tracteurs. »

Suivaient les signatures.

Presque immédiatement après le dépôt de ce rapport, nous reçûmes le câblogramme suivant :

« N'ai reçu aucune précision à l'égard de l'expédition de l'acier et de l'outillage nécessaires pour l'usine de Cork. Du reste dans les circonstances les plus favorables, l'usine de Cork ne pourrait rien nous livrer avant le printemps prochain. Le besoin de production alimentaire en Angleterre est impérieux et de grandes quantités de tracteurs seraient nécessaires à la date la plus prochaine possible, pour le défrichement de terrains actuellement en prairies, et pour le labourage en vue du blé d'hiver. Je suis chargé par l'administration de faire appel au concours de

M. Ford. Consentirait-il à envoyer M. Sorensen et autres avec les plans nécessaires et à confier ces plans au gouvernement britannique, afin que les pièces puissent être fabriquées ici même et montées dans des usines du gouvernement, sous la direction de M. Sorensen ? Je puis lui garantir que cette demande est faite dans l'intérêt national, et que s'il y est donné suite, l'exécution des travaux sera assurée par le gouvernement dans l'intérêt public sans nulle intervention industrielle ni capitaliste, et sans bénéfice pour aucun intérêt privé quelconque. La question est très urgente. Il est impossible d'expédier d'Amérique, en quantité suffisante, les milliers de tracteurs nécessaires. Le tracteur Ford est considéré comme le meilleur type et le plus convenable. Mes occupations m'empêchent d'aller en Amérique pour présenter personnellement cette demande. Je sollicite instamment examen bienveillant et prompte décision, l'urgence étant extrême. M. Ford peut compter que toutes facilités de fabrication lui seront assurées ici sous le contrôle le plus sévère et impartial du gouvernement. On serait heureux de la venue de M. Sorensen, ainsi que de toute autre aide ou direction qui serait envoyée d'Amérique. Câblez réponse : Perry aux bons soins de Harding Prodome, Londres. »

M. Sorensen se mit à l'œuvre avec les fonctionnaires britanniques, dans l'intention de faire fabriquer et assembler les tracteurs en Angleterre, mais une grande partie de notre matériel était spécial et ne se trouvait pas dans ce pays. Toutes les usines équipées pour la fonderie et les constructions mécaniques étaient absorbées par l'exécution de commandes de munitions. Le ministère éprouva donc une extrême difficulté à obtenir des industriels des offres quelconques. Là-dessus, au mois de juin, se produisit contre Londres une série d'incursions aériennes qui firent beaucoup de mal. La situation était critique : il fallait faire quelque chose, et finalement, après s'être adressés à la moitié des usines d'Angleterre, nos gens réussirent à faire présenter des offres au Ministère.

Lord Milner les montra à M. Sorensen. Les plus favorables mettaient le prix du tracteur aux environs de 1 500 dollars, sans aucun engagement quant à la date de livraison.

« Ce prix est exorbitant, remarque M. Sorensen. Le tracteur ne devrait pas dépasser 700 dollars.
- Pourriez-vous en faire cinq mille à ce prix ? demanda lord Milner.
- Certainement.
- Dans quel délai pourriez-vous livrer ?
- Nous commencerons à embarquer dans deux mois. »

Ils signèrent un contrat sur le champ, qui, entre autres choses, stipulait un paiement à l'avance de 25 % de la somme totale. M. Sorensen nous câble ce qu'il avait fait et reprit le premier bateau pour l'Amérique. Ce versement de 25 %, du reste, ne fut encaissé par nous qu'après l'exécution complète du contrat. Nous en constituâmes une sorte de fonds de garantie.

L'usine des tracteurs n'était pas prête à fabriquer. Celle de Highland-Park aurait pu être adaptée, mais toutes ses machines étaient prises jour et nuit par des commandes essentielles pour l'armée. Il ne restait qu'à construire en hâte une annexe à notre usine de Dearborn ; nous l'équipâmes d'une machinerie commandée télégraphiquement et transportée en grande vitesse, et, moins de soixante jours après, les premiers tracteurs étaient à quai à New York, à la disposition des autorités britanniques. Elles mirent longtemps à trouver du fret, mais le 6 décembre 1917, nous reçûmes le câblogramme suivant :

Londres, 5 décembre 1917.

Fordson, P. R. Dearborn.

Premiers tracteurs arrivés. Quand partiront Smith et les autres ? Câblez.

Perry

Les cinq mille tracteurs franchirent l'Océan dans l'espace de trois mois et c'est ainsi qu'ils furent en usage en Angleterre alors qu'on en avait encore à peine entendu parler aux États-Unis.

Le plan du tracteur

Le plan du tracteur était antérieur, par le fait, à celui de l'automobile. Dans mon exploitation agricole, mes premières expériences furent faites sur des tracteurs, et on se rappellera que je travaillai quelque temps chez un fabricant de tracteurs à vapeur, qui fabriquait la grosse machine de route ou la machine à battre. Mais je ne vis aucun avenir pour ces grosses machines. Elles étaient trop coûteuses pour les petites exploitations, trop difficiles à conduire et trop pesantes par rapport à leur puissance. Et du reste, le public s'intéressait moins aux tracteurs qu'aux automobiles : la voiture sans chevaux frappait davantage l'imagination. Ce fut ainsi que je cessai presque complètement de m'occuper de tracteurs jusqu'à ce que l'automobile fût en pleine fabrication, mais l'automobile étant à la ferme, le tracteur devenait une nécessité, car les agriculteurs commençaient à connaître le moteur.

L'agriculture a moins besoin de nouveaux instruments de travail que d'énergie pour actionner les instruments qu'elle a déjà. J'ai péniblement conduit la charrue un grand nombre de milles, et je sais quelle corvée c'est. Quelle perte de temps pour un être humain que de passer des journées entières à suivre l'allure lente d'un étalage de chevaux, tandis qu'un tracteur ferait le même ouvrage six fois plus vite ! Il n'est pas surprenant que, faisant tout à la main et avec cette lenteur, l'agriculture n'arrive en général qu'à vivre chichement, tandis que les produits du sol restent chers et peu abondants.

Comme pour les automobiles, nous voulions pour nos tracteurs de la puissance, et non du poids. Le préjugé du poids était fermement enraciné dans l'esprit de la plupart des fabricants de tracteurs. Ils pensaient qu'à la lourdeur correspond une force de traction proportionnelle et que la machine ne pouvait bien adhérer au sol, si elle n'était pesante. Ils ne remarquaient pas qu'un chat, sans peser énormément, possède encore une assez jolie force pour tirer. J'ai déjà exposé mes idées en matière de poids. La seule espèce de tracteur dont il valût la peine de s'occuper devait, à mon sens, être légère, robuste, assez simple pour que n'importe qui pût s'en servir et assez bon marché pour que tout le monde pût l'acheter.

Avec ces fins en vue, nous consacrâmes près de quinze ans à établir notre type et dépensâmes quelques millions de dollars en essais. Nous suivîmes exactement les mêmes principes que pour l'automobile. Chaque pièce devait être aussi robuste qu'il était possible de la faire ; les pièces devaient être peu nombreuses et le tout devait être conçu de façon à permettre la fabrication en quantité.

Nous pensâmes un moment que la machinerie de l'automobile pourrait servir et nous fîmes quelques essais avec celle-ci. Mais nous nous rendîmes bientôt compte que le tracteur que nous voulions et l'automobile n'avaient pour ainsi dire rien de commun. Dès le commencement, notre intention fut de faire du tracteur une affaire distincte de l'automobile, et de le fabriquer dans une usine distincte. Il n'y a pas d'établissement industriel assez grand pour fabriquer ces deux articles.

L'automobile est conçue pour transporter ; le tracteur est fait pour tirer, et cette différence d'emploi entraîne une différence de construction radicale.

Le problème le plus difficile fut d'obtenir des coussinets robustes. Nous finîmes par réussir ces coussinets et réaliser un mode de construction qui nous parût donner, en toutes circonstances, les meilleurs résultats possibles. Nous nous décidâmes pour une machine à quatre cylindres, qui est mise en marche par la gazoline, mais est actionnée ensuite par la kérosine. Le poids le plus léger que nous pûmes atteindre sans compromettre la solidité fut de 2 425 livres. Le point d'appui est constitué par les dentelures des roues de traction – les griffes du chat.

Outre son rôle propre de traction, il fallait que le tracteur, pour être de la plus grande utilité possible, fût conçu de manière à pouvoir faire fonction de locomobile, de sorte que lorsqu'il ne serait pas employé aux champs, on pût, en y adaptant une courroie, s'en servir pour actionner des machines. En somme, il fallait en faire un appareil générateur d'énergie à la fois robuste et souple ; c'est ce qui fut réalisé. Notre tracteur ne sert pas seulement à labourer, herser, ameublir, récolter : il s'emploie aussi comme machine à battre, actionne des scieries, des moulins à grains et divers autres ; déracine des souches, déblaie la neige, se prête à presque tous les services qu'on peut attendre d'un générateur d'énergie de force modérée, depuis la tonte des moutons jusqu'à l'impression des journaux. On l'a muni de lourdes ferrures pour la traction sur route, de patins pour circuler dans les bois ou sur la glace, de roues évidées pour marcher sur rails. On nous a signalé quatre-vingt-quinze manières différentes de l'employer, et il y en a probablement beaucoup d'autres encore.

Le mécanisme du tracteur est encore plus simple que celui de l'automobile et il est fabriqué exactement de la même façon. Jusqu'à cette année-ci, le manque d'une usine convenable en a restreint la fabrication. Les premiers tracteurs ont été construits à notre établissement de Dearborn qui sert aujourd'hui d'atelier d'essais, mais qui n'était pas assez vaste pour se prêter aux économies résultant de la fabrication en grand. On ne pouvait du reste l'agrandir, parce qu'il entrait dans notre plan de construire des tracteurs à Rivière-Rouge, établissement qui avant la présente année n'était pas achevé.

L'usine de Rivière-Rouge est aujourd'hui complètement équipée pour la construction des tracteurs. Ce travail suit exactement le même cours que celui des automobiles. Chaque pièce fait l'affaire d'un atelier spécial, et chaque pièce, aussitôt achevée, se rend à l'appareil de transport qui la conduit au point initial de l'assemblage et, d'étape en étape, jusqu'à la fin. Tout se déplace automatiquement, et il n'est pas fait emploi de travail spécialisé. L'usine est faite pour produire un million de tracteurs par an. C'est le nombre que nous espérons atteindre, car le monde a besoin aujourd'hui plus que jamais de générateurs d'énergie peu coûteux et propres à tous les usages, et maintenant que le public est familiarisé avec le machinisme, il est désireux d'en tirer parti.

Nos premiers tracteurs, comme je l'ai dit, allèrent en Angleterre. Aux États-Unis, ils ne furent mis en vente qu'en 1918, au prix de 750 dollars. L'année suivante, en conséquence de l'augmentation du coût de revient, le prix dut en être porté à 885 dollars, mais, au milieu de l'année, nous pûmes, de nouveau, redescendre au prix de début. En 1920, nous en demandâmes 790 dollars ; l'année suivante nous étions assez au courant de la fabrication pour commencer à abaisser le prix, qui descendit d'abord à 625 dollars, et, en 1922, lorsque nos établissements de Rivière-Rouge furent en marche, tomba à 395 dollars. Tout cela montre l'effet de la production méthodique sur les prix : de même qu'il m'est impossible de prévoir à quel chiffre descendra celui de notre automobile, je suis tout aussi incapable de dire jusqu'à quel point sera un jour ou l'autre réduit celui du tracteur.

Il est nécessaire que ce prix soit bas, sans quoi toutes les fermes n'auraient pas d'énergie à leur service, et il faut qu'elles en aient. Dans quelques années, une exploitation rurale n'employant que de la main-d'œuvre et des chevaux sera une curiosité aussi rare qu'une usine mue par la roue d'un moulin. Il faut que l'agriculteur s'équipe d'énergie ou renonce à la culture : les prix de revient l'exigent. Au cours de la guerre, le Gouvernement fit l'essai d'un tracteur Fordson pour se rendre compte de ce que coûtait son emploi, par comparaison avec celui des chevaux. La somme portée pour le tracteur représente son prix le plus élevé, augmenté du fret. Les rubriques dépréciation et réparations ne se montent pas aussi haut en réalité que les chiffres consignés au rapport, et même si c'était le cas, le prix de vente étant désormais abaissé de moitié, il faut diminuer ces prix dans le même rapport. Voici les chiffres :

Tracteur Fordson : prix 880 dollars.
Durée de vie : 4 800 heures à 4/5 d'arpent par heure.
Surface cultivée : 3 840 arpents.

3 840 arpents à 880 dollars ; dépréciation par arpent : 0,221
Réparations pour 3 840 arpents : 100 dollars ; par arpent : 0,026
Combustible : kerosine à 19 cents ; 2 gallons par arpent : 0,038
3/4 gallon huile pour huit arpents ; par arpent : 0,075

Conducteurs, 2 dollars par jour, 8 arpents ; par arpent : 0,025

Coût du labour, au tracteur Fordson, par arpent : 0,925 $

---

8 chevaux ; coût : 1 200 dollars.
Durée de vie (travail) : 5 000 heures à 4/5 d'arpent par heure.
Surface : 4 000 arpents.

4 000 arpents à 1 200 dollars ; dépréciation des chevaux ; par arpent : 0,30
Nourriture par cheval : 40 cents (100 jours de travail) ; par arpent : 0, 40
Nourriture : 10 cents par jour (256 jours de chômage) ; par arpent : 0,265
Deux conducteurs, deux charrues à 2 dollars par jour ; par arpent : 0,50

Coût du labourage à chevaux ; par arpent : 1,46 $.

L'agriculture à la vieille mode ne sera bientôt plus qu'un souvenir pittoresque. Cela ne veut pas dire que le travail soit sur le point de disparaître de la ferme ; le travail ne saurait disparaître d'aucun théâtre de production ; mais le machinisme aura pour effet d'enlever au travail rural son caractère de corvée.

L'emploi de la force motrice en agriculture ne fait rien d'autre que de soulager les épaules du travailleur d'un lourd fardeau, et de le faire supporter par la machine. Nous ne sommes qu'au début de l'adaptation de la force motrice à l'agriculture.

L'automobile a accompli une révolution dans la vie agricole, non pas comme véhicule, mais comme appareil de force motrice. Il faut que l'agriculture soit quelque chose de plus qu'une occupation rurale : il faut qu'elle devienne l'industrie qui produit les aliments ; et quand elle sera réellement devenue cela, le travail effectif réclamé par une exploitation agricole moyenne se bornera à vingt-quatre jours par an. Le reste du temps pourra être consacré à d'autres travaux. L'agriculture est une occupation trop saisonnière pour employer son homme tout le temps.

En tant qu'industrie alimentaire, l'agriculture ne justifiera sa complète utilité que si elle produit des aliments en telle quantité et les met sur le marché à tel prix que toute famille en puisse obtenir sa part suffisante et légitime. Les denrées alimentaires ne seraient jamais soumises à l'accaparement, si l'énormité de leur production était de nature à interdire les manœuvres des spéculateurs. Quand un agriculteur limite son aire de culture, il fait le jeu de la spéculation.

Et puis, peut-être, assisterons-nous bientôt à la renaissance de la meunerie ; car ce fut un jour funeste celui où disparut le moulin du village. La coopération agricole se développera assez pour que des associations de fermiers possèdent leurs propres fabriques de conserves, où leurs porcs se transformeront en lard et en jambon, et leurs propres moulins où les céréales subiront les traitements préliminaires à leur mise en vente.

Pourquoi faut-il qu'un bœuf élevé au Texas soit transporté à Chicago d'abord et, ensuite, consommé à Boston ? C'est une question qui demeurera insoluble tant que tous les bœufs nécessaires à la consommation de Boston ne pourront être élevés dans le voisinage de cette ville. La centralisation des industries de conserves alimentaires, avec les énormes frais de transport et d'organisation qu'elle entraîne, constitue un gaspillage qui ne saurait se perpétuer dans une société bien ordonnée.

Il se produira d'ici vingt ans un progrès agricole égal au progrès industriel des vingt dernières années.

CHAPITRE XVI

LES CHEMINS DE FER

S'il est dans ce pays une industrie détournée de sa destination d'utilité publique, c'est assurément celle des chemins de fer. Nous avons à résoudre un problème des transports auquel on a, en vain, consacré beaucoup de réflexions et de savants débats. Tout le monde est mécontent des chemins de fer. Le public s'en plaint à cause de l'élévation des tarifs de voyageurs et de marchandises. Les employés se plaignent de l'insuffisance des salaires et de la longueur de la journée de travail. Les actionnaires se plaignent à leur tour, et déplorent d'avoir fait un si mauvais placement de leurs capitaux.

Cependant, quand une entreprise industrielle est bien conduite, tout ce qui y touche devrait être satisfait. Si les chemins de fer donnent tant de sujets de plainte au public, aux employés et aux actionnaires, il faut vraiment que la façon dont ils sont administrés soit singulièrement défectueuse.

Je ne prétends pas du tout me donner pour une autorité en matière de chemins de fer. Du reste, s'il y a des compétences en matière de transports, il ne leur sert pas à grand-chose de connaître une question, s'ils ne font pas usage de ce qu'ils savent. Et si le fonctionnement actuel de nos réseaux est le fruit d'une longue accumulation de connaissances, il m'est impossible de rendre hommage à l'utilité de tout ce savoir. Je ne doute pas le moins du monde cependant que les dirigeants actifs des chemins de fer, ceux qui réellement font l'ouvrage, ne soient tout à fait capables de mener cette entreprise à la satisfaction générale, mais je ne suis pas moins certain que, par un singulier enchaînement de circonstances, ces dirigeants actifs ont presque entièrement cessé de diriger. Là, on met le doigt sur la plaie : on ne laisse pas les gens qui connaissent les chemins de fer diriger les chemins de fer. On peut poser en axiome que quiconque trouvera trop facilement à emprunter pour pallier sa mauvaise administration aimera toujours mieux emprunter que corriger les défauts de son administration. Nos directeurs de chemins de fer ont pour ainsi dire été forcés de recourir aux emprunts, parce que jamais, depuis le début des chemins de fer, ils n'ont joui de leur indépendance. Celui qui avait la haute main dans les réseaux, ce n'était pas le technicien, c'était le banquier.

Quand on avait confiance dans les valeurs de chemin de fer, il y avait plus d'argent à gagner par l'émission de ces titres et la spéculation sur leurs cours qu'en exploitant la voie ferrée pour l'avantage du public. Une très faible portion des dividendes était consacrée aux remises en état. Quand l'état des recettes du réseau permettait la distribution d'un gros dividende, les spéculateurs qui étaient à la tête de l'affaire et dont la conduite financière dépendait, profitaient de ce dividende pour pousser à la hausse et jetaient un gros paquet de titres sur le marché ; après quoi, à la faveur de la confiance donnée au public par le dividende, ils lançaient une émission d'obligations. Quand au contraire les bénéfices diminuaient, ou qu'on les avait réduits artificiellement, les spéculateurs rachetaient les titres à la baisse, et ainsi de suite. On aurait peine à trouver, aux États-Unis, un réseau ferré qui n'ait passé par une ou plusieurs liquidations, conséquence des émissions successives d'obligations par lesquelles les financiers avaient chargé et surchargé l'affaire, jusqu'à ce qu'elle s'écroulât. Après quoi, ils s'emparaient de la liquidation, et continuaient à s'enrichir aux dépens des obligataires dupés.

Le juriste

L'allié naturel du financier, c'est l'homme de loi. Les manœuvres auxquelles on s'est livré sur les chemins de fer n'ont pu se passer des conseils experts des juristes. Les gens de loi, comme les banquiers, ne savent rien de l'industrie, ignorent encore plus comment on sert l'intérêt général. Ils croient qu'une affaire est bien conduite quand elle se conforme aux termes de la loi ou bien quand celle-ci peut être faussée en faveur du but que l'on se propose. Ils ne vivent que de légalité. Les banquiers ont donc enlevé la direction financière des réseaux aux administrateurs pour la remettre à des juristes, en chargeant ces derniers de s'assurer que la loi ne soit violée que légalement, et c'est ainsi que se sont développés d'énormes services juridiques dans les chemins de fer. Au lieu de suivre les règles du bon sens et de s'inspirer des circonstances, chaque réseau dut se diriger d'après les avis des juristes. La réglementation pullula dans tous les détails du système. Vint ensuite l'avalanche des règlements d'État et des règlements fédéraux qui étouffèrent nos chemins de fer sous leur masse. Ainsi, avec les juristes et les financiers au dedans, la Commission interfédérale du Commerce, le Bureau du Travail, et les diverses Commissions d'État au dehors, un directeur de réseau se trouvait absolument réduit à l'impuissance. Voilà bien la source du malaise : une industrie ne peut être dirigée par des lois.

La ligne de Toledo

Nous avons eu l'occasion de nous prouver à nous-mêmes, dans notre administration du chemin de fer de Detroit-Toledo-lronton, l'intérêt qu'il y a à être dégagé de cette obstruction juridique et financière. Nous n'achetâmes ce réseau que parce que son droit de passage s'opposait aux améliorations que nous voulions apporter à notre établissement de Rivière-Rouge. Nous ne le prîmes pas à titre de placement, ni comme annexe à nos industries, car sa situation particulièrement favorable ne se manifesta à tous les yeux que, précisément, lorsque nous l'eûmes acquis. Mais ceci est en dehors de la question.

Nous achetâmes donc le réseau, parce qu'il nous gênait, et quand il fut à nous, il fallut bien en tirer parti, c'est-à-dire tenter de l'exploiter productivement, selon les principes que nous appliquons à chaque branche de nos industries. Nous n'y avons pas pris une peine exceptionnelle et n'avons pas prétendu le poser en modèle pour tous les autres chemins de fer. Mais, par l'application de notre règle du maximum de services pour le prix le plus bas, les recettes de cette voie ferrée ont excédé ses dépenses, ce qui ne lui était pas arrivé bien souvent. On a représenté les changements que nous avons effectués (changements introduits, il faut le noter, au jour le jour, au cours de l'exploitation) comme d'une nature particulièrement révolutionnaire et d'application générale impossible dans les réseaux. Il ne me semble pourtant pas, à moi, que notre petite ligne diffère tellement des grandes. Dans notre spécialité, nous avons toujours éprouvé, lorsque nos principes étaient justes, qu'il n'y avait pas de désavantage à les appliquer en grand. Ceux que nous observons dans notre grande usine de Highland-Park nous paraissent donner des résultats aussi satisfaisants partout où nous établissons des usines. Nous n'avons jamais éprouvé de mécompte à multiplier les applications de nos méthodes par cinq, ou par cinq cents.

Le chemin de fer de Detroit-Toledo-Ironton fut organisé, il y a vingt et quelques années et a subi depuis lors bon nombre de réorganisations, dont la plus récente remonte à 1914. La guerre et la prise en charge des réseaux par le gouvernement fédéral interrompirent les opérations de cette réorganisation.

Le réseau possède 343 milles de voies ferrées, 52 milles d'embranchements, et 45 milles de droit de circulation sur d'autres réseaux. Il s'étend presque exactement en direction Nord-Sud de Détroit à Ironton sur l'Ohio, desservant ainsi les gisements charbonniers de la Virginie occidentale. Il croise la plupart des grandes voies ferrées principales : c'est donc un réseau qui, dans les conditions ordinaires de l'industrie des transports, doit rapporter. Il a rapporté, du reste, mais seulement aux financiers. En 1913, le capital net supporté par chaque mille de voie ferrée était de 105 000 dollars. Lors de la liquidation qui suivit, ce capital fut réduit à 47 000 dollars par mille. Je ne sais pas à quel chiffre total s'éleva le montant des emprunts contractés pour cette ligne. Je ne sais pas non plus si, en 1914, lors de la réorganisation, les obligataires ne furent pas taxés et forcés de verser au fonds de roulement près de cinq millions de dollars, somme qui égale celle que je versai moi-même en paiement de la propriété complète de la ligne. Je rachetai au taux de soixante cents par dollar les obligations hypothécaires qui restaient dehors, bien que le cours, immédiatement avant que je ne reprisse la ligne, fût situé entre trente et quarante cents par dollar. Je rachetai les parts ordinaires au taux de un dollar, et les parts privilégiées à celui de cinq dollars, ce qui ne me paraissait pas trop mal payé, vu que jamais un cent d'intérêt n'avait été servi aux obligations et qu'on n'envisageait la distribution d'un dividende aux parts que comme une éventualité très incertaine. Le matériel roulant se composait de 70 locomotives, de 27 wagons de voyageurs, et d'environ 2 800 wagons de marchandises ; le tout dans le plus mauvais état, et en grande partie inutilisable. Tous les bâtiments étaient sales, sans peinture et dans un état général de dégradation. La voie n'était pas encore tout à fait une traînée de rouille, mais ce n'était plus une voie ferrée. Les ateliers de réparations avaient trop de personnel et trop peu de machines. Tout ce qui touchait à l'exploitation atteignait le maximum de gaspillage. Par contre, on y voyait un service de direction et d'administration extrêmement développé et, bien entendu, un service juridique. Le service juridique, à lui seul, coûta, dans un mois, près de 18 000 dollars.

Nous prîmes donc la ligne et j'en devins le président en mars 1921. Sur le champ, nous y mîmes en application les méthodes industrielles. Il y avait un bureau d'administration à Détroit. Nous le fermâmes et chargeâmes de toute l'administration un homme seul à qui fut assignée la moitié de la table de travail qui est au bureau des marchandises. Le service juridique disparut avec l'administration : car tout cet appareil procédurier ne me paraît pas indispensable dans l'exploitation d'un réseau de chemins de fer. Notre service liquida rapidement une masse de questions en litige dont quelques-unes étaient en suspens depuis plusieurs années. Au fur et à mesure que des réclamations se produisent, elles sont réglées immédiatement, et sur les faits : de la sorte les frais de contentieux dépassent rarement 200 dollars par mois. Nous avons rompu avec toute la comptabilité et toutes les formalités inutiles, et le personnel du réseau a été réduit de 2 700 à 1 650 individus.

Conformément à notre habitude, tous les titres et tous les

services, autres que ceux exigés par la loi, furent supprimés.

L'organisation de la voie ferrée est rigoureuse. Il faut par exemple que tout message soit transmis par le service qui a autorité pour cela, et nul n'est censé devoir rien faire sans ordre explicite de son supérieur. Un matin, je me rendis de très bonne heure sur la voie et y trouva un train de secours sous pression portant une équipe de sauvetage, et prêt à partir. Mais il attendait des ordres depuis une demi-heure. Nous partîmes et nous avions réparé le dégât avant que les ordres ne fussent arrivés. À ce moment-là, l'idée de responsabilité personnelle n'avait pas encore imprégné les esprits. Il fut un peu difficile, au début, de briser cette habitude d'attendre des ordres, les employés craignant de prendre des responsabilités. Mais, avec le temps, notre système a paru leur plaire de plus en plus, et, aujourd'hui, nul ne limite ses obligations. Nos employés sont payés pour une journée de huit heures, et nous exigeons qu'ils la fassent. Quand un mécanicien termine son parcours en quatre heures, il finit sa journée comme nettoyeur de wagon ou comme serre-frein, ou dans telle occupation qui peut lui être assignée. Si un homme travaille plus de huit heures, on ne lui paye pas le temps en surplus, mais on le déduit du jour suivant, ou on le porte à son actif, ce qui permet à l'employé d'avoir des jours de repos payés. Notre journée de huit heures est donc réellement de huit heures effectives et non pas uniquement une base de calcul pour le salaire.

Le salaire minimum est de six dollars par jour. Il n'y a pas de personnel occasionnel. Nous avons fait des réductions dans les bureaux, aux ateliers et sur la voie. Dans un des ateliers, vingt hommes font aujourd'hui plus d'ouvrage que cinquante-neuf n'en faisaient autrefois. Il n'y a pas longtemps une de nos équipes d'entretien des voies, composée d'un contremaître et de quinze hommes travaillait à côté d'une voie parallèle, appartenant à un autre réseau, où une équipe de quarante hommes faisait exactement le même travail de réparation et de ballastage. En cinq jours, nos hommes avaient monté deux poteaux télégraphiques de plus que l'équipe concurrente.

Autrefois, on comptait six agents au service des achats. Aujourd'hui, un seul suffit ; au siège de l'administration à Détroit, il y avait autrefois cent vingt-trois employés, puis soixante autres à Springfield et cent trente-trois encore à Jackson. Aujourd'hui, tous ces services sont assurés par soixante-quatre agents.

On s'est mis à réparer la voie ; elle a été reballastée presque entièrement et une grande partie des rails a été renouvelée, les locomotives et le matériel roulant sont réparés dans nos ateliers et à très peu de frais. Nous avions constaté que les fournitures achetées précédemment étaient de médiocre qualité et impropres à leur usage : nous économisons, maintenant, en achetant des fournitures meilleures et en prenant bien soin que rien ne soit gaspillé. Nos agents, croyons-nous, mettent beaucoup de bonne volonté à coopérer aux économies. Ils se gardent de jeter au rebut ce qui peut encore servir, et quand nous demandons à un mécanicien quel est le rendement de sa machine, il nous répond par un état d'économies réalisées. Enfin, le réseau ne nous coûte pas de gros sacrifices, nous n'y mettons pas un cent. Les améliorations se font sur les recettes. C'est notre manière.

Nous voulons que nos trains roulent et qu'ils suivent l'horaire : ils le font. Le temps réclamé par les transports de marchandises a été abaissé de près des deux tiers. Quand nous voyons un wagon sur une voie de garage, ce n'est pas, pour nous, seulement un wagon. C'est l'avis très manifeste d'une question qui se pose. Il faut que quelqu'un sache nous dire pourquoi ce wagon se trouve là. Il fallait huit ou neuf jours autrefois pour transporter un chargement à Philadelphie ou à New York ; aujourd'hui, nous mettons trois jours et demi. Et cette organisation donne des résultats.

Quels résultats ? Les voici : les dix premiers mois de notre exploitation se sont traduits par un bénéfice net de 887 596 dollars, contre un déficit de 1 097 265 dollars pour la période correspondante de 1920, année où nous n'avions pas encore pris le réseau. Il faut noter que les affaires avaient mieux marché, à ce que l'on suppose, en 1920 qu'en 1921. Par conséquent, les chiffres parlent d'eux-mêmes.

On a invoqué toutes sortes de raisons pour expliquer comment nous avions eu si peu de peine à transformer un déficit en bénéfice. J'entends dire que ce résultat est dû au fait d'avoir acheminé par le réseau tous les produits des usines Ford.

Mais est-ce l'emploi du réseau pour nos transports qui explique l'abaissement considérable des frais d'exploitation sous notre administration ? À vrai dire, nous acheminons la plus grande partie possible de nos produits par le réseau, mais c'est seulement parce que c'est là que nous obtenons un meilleur service. Depuis des années, nous avions essayé d'utiliser cette ligne qui nous eût été commode. Mais l'irrégularité des livraisons nous en avait toujours empêchés. Nous ne pouvions jamais espérer recevoir un chargement en moins de cinq ou six semaines, d'où une immobilisation excessive de capitaux et du désordre dans notre programme de production. Il n'y avait pas de raison pour que le réseau lui-même n'eût pas de programme fixe pour ses transports, mais le fait est qu'il n'en avait pas. Les retards y constituaient une affaire litigieuse et judiciaire. Tout cela n'a rien d'industriel. Pour nous, un retard décèle une erreur dans le travail et doit donner lieu à une enquête immédiate.

Voilà le point de vue industriel. Comment peut-on avoir assez peu de clairvoyance pour considérer une réclamation légitime comme une question à soumettre à une cour de justice ?

Les réseaux, en général, ont fait de mauvaises affaires, et si la ligne de Détroit à Ironton fournit un critère fidèle de la façon dont ils sont administrés, on ne voit pas comment ils auraient pu en faire de bonnes. Trop de chemins de fer sont aux mains, non d'hommes du métier, mais de financiers qui les dirigent de leurs bureaux, avec leurs procédés et leurs points de vue financiers ; ils pensent à l'argent, au lieu de se préoccuper des transports. Les crises sont presque toujours nées de ce que l'on a envisagé les chemins de fer comme un élément de spéculation sur le marché des valeurs, et non comme un organisme au service du public. On s'est attardé à des conceptions périmées, le progrès a été entravé, et l'on a empêché les intelligences et les capacités de se produite.

Porterait-on remède à ce mal avec un milliard de dollars ? Non pas. On aggraverait le mal d'un milliard de dollars, et c'est tout. Ce milliard ne pourrait être bon qu'à continuer les méthodes présentes, et ce sont précisément ces méthodes qui sont cause de la crise des chemins de fer.

Les compagnies

Nous supportons aujourd'hui les conséquences d'erreurs et de sottises commises depuis nombre d'années. Au début de l'organisation des voies ferrées aux États-Unis, il fallut familiariser le public avec leur usage, comme plus tard avec le téléphone. De plus, les lignes nouvellement établies avaient besoin de faire des affaires pour soutenir leur solvabilité, et comme l'administration financière des réseaux débutait à l'une des époques les plus pourries de notre histoire économique, les précédents qui s'établirent alors n'ont cessé d'exercer une influence néfaste sur le fonctionnement de l'industrie des transports. Le premier acte des réseaux fut de juguler tous les autres moyens de transport. Notre pays possédait les amorces d'un magnifique système de canaux, et le mouvement en faveur de leur développement était en pleine force. Mais les compagnies de chemins de fer rachetèrent les canaux pour les laisser s'engorger et se combler d'herbes aquatiques ou de détritus. Partout, dans l'Est des États-Unis, et en différentes régions des États du Centre occidental, apparaissent les restes de ce réseau de navigation intérieure. On le rétablit aujourd'hui avec toute la rapidité possible, en reliant les canaux les uns aux autres. Diverses commissions, officielles ou privées, se sont accordées à envisager la création d'un système complet de voies navigables intérieures, desservant toute l'étendue du pays, et grâce à leurs efforts, à leur foi, à leur persévérance, chaque jour amène des progrès. Voilà donc la première folie qui fut imposée à notre pays, à l'événement des chemins fer.

Ce ne fut pas la seule. On connut le système qui consistait à prolonger le plus possible les trajets de marchandises. Quiconque est un courant des scandales qui eurent pour conséquence la création de la Commission Interfédérale du Commerce nous comprendra. Il fut un temps où le rail n'était pas considéré comme le serviteur du public qui voyage, qui produit et qui trafique ; il jouait le rôle d'un Moloch à qui tous les intérêts devaient être sacrifiés ! On traitait les affaires comme si elles n'avaient existé que pour les chemins de fer ! À cette époque de folie, il n'était pas considéré comme une saine pratique de transporter la marchandise de son point de départ à sa destination par la voie la plus directe ; il fallait la faire voyager le plus que l'on pouvait, lui faire suivre les parcours les plus détournés, emprunter, s'il y avait moyen, les réseaux voisins pour leur faire gagner quelque chose, et faire supporter au public les frais de tout ce gaspillage de temps et d'argent ! Voilà ce qui passait alors pour bien administrer un réseau. Ces errements ne sont pas encore tout à fait abandonnés.

Parmi les grandes modifications de notre vie économique dues en partie aux chemins de fer, se trouve la concentration de certaines fonctions industrielles, concentration opérée non en vertu d'une nécessité, ou de l'intérêt public, mais simplement parce qu'elle donnait plus de travail aux voies ferrées. Prenons par exemple deux produits essentiels : la viande et les céréales. Si vous jetez un coup d'œil sur les cartes affichées par les fabriques de conserves et remarquez d'où elles font venir le bétail, si vous réfléchissez ensuite que le bétail, une fois converti en nourriture, devra regagner par les mêmes chemins de fer l'endroit même d'où il était parti vivant, vous en tirerez quelque lumière sur la crise des transports et sur le prix de la viande en conserves ; de même pour le blé. Quiconque parcourt les annonces des journaux sait où sont situés les grands établissements de minoterie et constate facilement qu'il n'y a pas de connexion entre la répartition de ces établissements industriels sur le territoire des États-Unis, et celle des régions où se récolte tout notre blé. Une quantité énorme de ces denrées, emplissant des milliers de trains, est ainsi transportée sans utilité à de grandes distances, pour être ramenée à son point de départ sous forme de farine, surcroît de frais qui ne profite ni aux pays de culture ni à personne au monde, à l'exception des minoteries à monopole et des compagnies de chemins de fer ; ce qui leur permet de faire de grosses affaires sans servir les intérêts généraux du pays. Sur la viande et sur le blé, peut-être aussi sur le coton, la charge des transports pourrait être allégée de plus de moitié, si ces produits étaient transformés avant leur expédition. Envoyer dans le Michigan ou le Wisconsin du charbon de Pensylvanie pour le faire trier et le renvoyer ensuite en Pensylvanie ne serait pas beaucoup plus absurde qu'expédier le bœuf vivant du Texas à Chicago pour être tué et réexpédié au Texas. C'est sans doute une bonne affaire pour les chemins de fer, mais c'en est une mauvaise pour les affaires. Peu de personnes portent attention à cet inutile déplacement de denrées.

Quand il s'agit de matières comme le charbon, tout le monde sait qu'elles doivent être transportées directement du point d'extraction au lieu de consommation. Il en est de même des matières premières de l'industrie. Il faut qu'elles soient transportées directement du point où la nature les tient en réserve aux endroits où elles sont mises en œuvre. N'étant pas souvent réunies dans la même région, leur transport au point central où elles sont employées est une tâche considérable. Le charbon se trouve à un endroit, le cuivre à un autre, le fer à un troisième, le bois à un quatrième. Il faut conjuguer tout cela.

Mais partout où on le peut, on devrait adopter une politique de décentralisation. Une multitude de petits moulins répartis dans toutes les régions où le blé se cultive vaudraient mieux que de colossales minoteries. La région qui fournit la matière première devrait également fournir, lorsqu'il est possible, le produit transformé. Un pays producteur de porcs ne devrait exporter ses porcs que sous forme de lard, de jambons, de pâtés et de saucisses. Les filatures de coton devraient se trouver à côté des cultures cotonnières.

Cette idée n'est pas révolutionnaire. Dans un certain sens, elle serait plutôt réactionnaire, et rappelle même un état de choses très ancien. C'est celui qui prévalait dans ce pays avant que nous eussions pris l'habitude de charrier nos produits à travers quelques milliers de milles de pays, et d'ajouter les frais de charroi à la facture du consommateur. Nos agglomérations devraient mieux se suffire et ne pas avoir besoin de compter sur des transports inutiles. Sur ce qu'elles produisent, elles devraient pourvoir à ces besoins et exporter le surplus. Et comment le feront-elles, si elles n'ont pas le moyen de transformer leurs matières premières ? Si l'initiative privée ne leur fournit pas ce moyen, la coopération des agriculteurs pourra le réaliser. Le gros inconvénient dont souffre l'agriculteur est que, tout en étant le plus grand producteur, il n'est pas en même temps le plus gros vendeur, étant obligé de vendre à ceux qui mettent ses produits sous forme marchande. S'il pouvait faire cette transformation, non seulement il tirerait de sa production un bénéfice plus large, mais il rendrait les groupements voisins plus indépendants des exigences de la voie ferrée et, par suite, améliorerait les transports en cessant de les encombrer de ses produits bruts. Cette réforme n'est pas seulement raisonnable et pratique, mais presque nécessaire. Sans doute, elle est réalisée ici et là. Mais elle ne marquera tout son effet sur le coût de la vie que lorsqu'elle sera appliquée plus largement et à une plus grande quantité de produits.

Par le jeu d'une loi compensatrice, la nature refuse la prospérité à toute affaire inutile.

Nous avions constaté qu'il nous était possible de réduire les tarifs de notre chemin de fer Detroit-Ironton conformément au principe que nous appliquons partout, et d'augmenter par là notre chiffre d'affaires. Nous fîmes donc quelques réductions. Mais la Commission Interfédérale du Commerce refusa de les sanctionner.

Dans de telles conditions, comment envisager les chemins de fer : comme une industrie, ou comme un service public ?

CHAPITRE XVII
LES CHOSES DE MANIÈRE GÉNÉRALE

Nul ne dépasse Thomas A. Edison en largeur de vue, ni en compréhension. Je fis sa connaissance il y a bien des années, quand j'étais à la Société Edison de Détroit, probablement en 1887. Les spécialistes de l'Électricité s'étaient réunis à Atlantic City en un Congrès où Edison, en sa qualité de représentant le plus éminent de cette science, prononça un discours. Je travaillais alors à mon appareil à gazoline et la plupart de mes connaissances, y compris tous mes collègues de la Société Electrique avaient bien voulu prendre la peine de me dire que travailler à un moteur de ce genre étant perdre son temps, vu que l'électricité serait la seule force de l'avenir. Ces critiques ne m'avaient pas ébranlé, et poursuivais ma tâche avec acharnement ; mais, me trouvant en présence d'Edison, il me vint à l'esprit qu'il valait la peine de savoir si le maître de l'électricité pensait que cette force dût être un jour la seule force utilisée. Aussi, lorsqu'Edison eut terminé son discours, je m'arrangeai pour avoir avec lui quelques minutes d'entretien particulier, et lui expliquai ce que j'étais en train de faire.

Il s'y intéressa aussitôt, comme il s'intéresse à toutes les recherches scientifiques. Je lui demandai donc, s'il pensait qu'il y eût de l'avenir pour l'appareil à combustion interne. Il me répondit à peu près ce qui suit :

« Oui, il y a un grand avenir pour tout appareil léger, autonome et de grande puissance. Ce n'est pas un type unique de force motrice qui ne suffira jamais à tous nos besoins. On ne sait pas encore tout ce que l'électricité pourra donner, mais je tiens pour assurer qu'elle ne peut pas tout faire à elle seule. N'abandonnez pas votre moteur. Si vous réussissez dans ce que vous avez entrepris, vous irez loin. »

Voilà qui caractérise bien Edison. Cet homme occupait une position éminente dans le monde de l'industrie électrique, groupe qui possédait alors l'enthousiasme de la jeunesse. Mais tandis que la grande masse des électriciens ne voyait d'avenir que dans l'électricité, Edison, de son clair regard, discernait que nulle force isolée ne pouvait suffire aux besoins de notre pays. C'est sans doute en vertu de cette sagacité qu'il était le premier parmi les électriciens.

Telle fut ma première entrevue avec Edison. Je ne le revis qu'après bien des années, à l'époque où mon automobile, perfectionnée, se fabriquait en grand. À cette seconde rencontre, il se rappela parfaitement notre premier entretien, et depuis lors nous nous sommes revus souvent. Nous sommes de forts bons amis et nous avons échangé mutuellement bien des idées.

Son savoir est presque universel. Il n'est pas de question qui le laisse indifférent ; il ne reconnaît aucune limite aux développements de la science. Il croit que tout est possible. Mais, en même temps, il assure prudemment sa marche et n'avance que pas à pas. L'impossible est pour lui un mot qui désigne seulement les réalisations qui nous sont provisoirement interdites par la faiblesse de nos connaissances. Il sait que, au fur et à mesure que grandit notre savoir, grandit aussi notre force pour lutter contre l'impossible. Telle est la façon rationnelle de réaliser les impossibilités, tandis que la façon irrationnelle consiste à s'y essayer sans avoir, au préalable, pris la peine d'accumuler les connaissances indispensables. Edison fera encore beaucoup parler de lui. Il a à peine atteint le point culminant de sa valeur. C'est lui qui nous montrera bientôt ce que la chimie peut réaliser, car c'est un véritable savant, pour qui le savoir est un instrument de progrès. Il n'appartient pas à cette sorte de curieux qui se contentent d'entasser des connaissances et transforment leur cerveau en musée. Edison est de beaucoup le plus grand savant du monde. Il en est aussi, je le crains, le plus mauvais homme d'affaires. En affaires, son ignorance est presque totale.

John Burroughs

John Burroughs fut aussi de ceux qui m'honoraient de leur amitié. J'aime les oiseaux, j'aime le grand air, j'aime à me promener dans la campagne et à sauter par-dessus les haies. Dans notre ferme, nous avons six cents volières, que nous appelons des hôtels. L'un d'eux, l'hôtel Pontchartrain, fréquenté par les martinets, possède soixante-seize chambres. Tout l'hiver, nous garnissons de nourriture de petits paniers en fil de fer que nous suspendons aux arbres, et nous avons aussi un grand bassin dont l'eau, chauffée par un appareil électrique, ne gèle jamais. Été comme hiver, nourriture, boisson et abri sont à la portée des oiseaux, et un assortiment de pièges à passereaux les protègent contre l'indiscrétion de ces derniers. Nous avons aussi parfois fait éclore à la couveuse des œufs de faisane et de caille, et élevé les petits dans des appareils chauffés électriquement. Nous avons des volières et des nids de toute espèce. Les passereaux, qui abusent énormément de l'hospitalité, veulent absolument que leurs nids soient immobiles, que le vent ne les fasse pas bouger ; les roitelets, au contraire, aiment que leurs nids se balancent. Nous montâmes donc un grand nombre de cabanes à roitelets sur des ressorts d'acier qui leur permettaient de remuer au vent. Cet arrangement ne fut pas du goût des passereaux, qui depuis lors respectèrent les nids des roitelets. L'été, nous laissons les cerises sur les arbres et les fraises ne sont pas protégées non plus contre les oiseaux. Je crois qu'il y a chez nous plus d'oiseaux chanteurs et d'un plus grand nombre d'espèces que dans aucun lieu des États du Nord. C'était aussi l'avis de John Burroughs, si bien qu'un jour qu'il était chez nous, il aperçut un oiseau qu'il n'avait jamais vu jusqu'alors.

Il y a une dizaine d'années, nous fîmes venir de l'étranger un grand nombre d'oiseaux : loriots dorés, pinsons, verdiers, bouvreuils, geais, linottes, alouettes : environ cinq cents oiseaux. Ils demeurèrent quelque temps dans notre voisinage, mais ils sont partis. Que sont-ils devenus ? Je l'ignore. Je n'en importerai jamais plus ; les oiseaux ont bien le droit de vivre où cela leur plaît.

Les oiseaux sont les meilleurs des compagnons. Ils nous réjouissent par leur beauté et leur compagnie, et nous rendent service aussi par ce motif strictement économique qu'ils détruisent les insectes nuisibles. La seule fois que je mis en œuvre l'influence de la Société Ford dans une question de législation, ce fut en faveur des oiseaux, et je crois que la fin justifiait les moyens. Le projet de loi Weeks-Mc Lean sur les oiseaux, dont le but était de ménager des réserves pour nos oiseaux migrateurs, traînait depuis longtemps au Congrès et paraissait voué à mourir de vieillesse. Ses défenseurs n'arrivaient pas à intéresser leurs collègues à la question ; les oiseaux ne votent pas. Nous mîmes l'épaule à ce projet de loi, et priâmes chacun de nos six mille agents de vente d'envoyer un télégramme en sa faveur à son représentant au Congrès. On commença à s'apercevoir que les oiseaux pouvaient disposer de votes. Le projet fut adopté.

Mais revenons à John Burroughs. Bien entendu, je savais qui il était et j'avais lu presque tout ce qu'il avait écrit, mais je n'avais jamais songé à entrer en rapports personnels avec lui avant qu'il ne se fût avisé, il y a quelques années, de prendre en grippe le progrès moderne. Il détestait l'argent et s'indignait particulièrement de la faculté donnée par l'argent à des individus vulgaires de gâter l'aspect de la campagne. Il se mit à haïr l'industrie qui produit l'argent, à haïr le fracas des manufactures et des chemins de fer. Il s'éleva contre le progrès industriel. Il proclamait que l'automobilisme allait tuer le goût des beautés naturelles. Mon avis sur ce point était radicalement opposé et il me semblait que John Burroughs se laissait égarer par la vivacité de ses impressions. Je lui envoyai donc une automobile, en l'invitant à s'assurer si, grâce à elle, la nature ne lui était pas rendue plus facile. La possession de cette voiture, bien qu'il eût mis quelque temps à apprendre à conduire lui-même, changea complètement son point de vue. Il constata qu'elle lui permettait de voir plus de choses. À partir du moment où il la posséda, il fit presque toutes ses expéditions de chasseur d'oiseaux au volant de sa voiture, et, au lieu de se contenter de rayonner à quelques milles autour de Slabsides, il put jouir à son aise de l'immensité des champs.

Ce cadeau fut donc entre nous l'occasion d'une amitié pleine de charmes. Il était impossible d'être l'ami de John Burroughs sans devenir meilleur. John Burroughs ne faisait pas de la science un métier, pas plus qu'il ne remplaçait le labeur assidu par une rhétorique sentimentale. Il est facile de devenir sentimental en présence de la nature, mais ce qui ne l'est pas, c'est de se livrer à l'observation exacte des mœurs d'un oiseau, comme on étudierait une science exacte. C'est ce que faisait John Burroughs et ses observations étaient très généralement exactes. S'il était le moins du monde enclin à l'impatience, c'était à l'égard des gens qui manquaient d'exactitude dans leur façon d'observer la vie naturelle. S'il vaut la peine d'écrire sur un sujet, pensait-il, ce sujet mérite assurément d'être étudié pour lui-même. Avant tout, John Burroughs aimait la nature pour elle-même. Elle n'était pas seulement pour lui la matière première de sa production d'écrivain ; il avait commencé par l'aimer avant de se mettre à le décrire.

Dans sa vieillesse, il devient philosophe. Sa philosophie était moins une doctrine sur la nature qu'une philosophie naturelle, la pensée lentement formée et sereine d'un homme dans la vie s'était écoulée au milieu du calme des forêts. Il n'était pas païen, il n'était pas panthéiste ; mais il ne faisait pas grande différence entre la nature et l'homme. Il vécut une vie salubre et eut le bonheur de conserver pour demeure la ferme où il était né. Il y passa de longues années dans une atmosphère apaisante pour l'esprit. Il adorait la forêt et en communiquait l'amour aux citadins dont l'intelligence est encrassée par la poussière des villes : il les aidait à voir ce qu'il voyait lui-même. Il ne gagnait pas beaucoup plus que le nécessaire. Peut-être aurait-il pu mieux faire, mais il ne s'en préoccupait pas. On a dit d'un naturaliste américain qu'il était l'inspecteur des nids d'oiseaux et des sentiers de montagnes. Cette définition eût convenu également à John Burroughs. Mais c'est une occupation qui ne rapporta pas beaucoup d'argent.

Après avoir dépassé sa soixante-dixième année, il changea de manière de voir sur l'industrie. Peut-être y fus-je pour quelque chose. Il finit par reconnaître que tout le monde ne pouvait pas gagner sa vie à chercher des nids. Mais il fut un temps où il détestait tout le progrès moderne, spécialement dans ses rapports avec la fumée de charbon et les bruits de la rue. S'il fut jamais capable d'affectation littéraire, je me demande si ce ne fut pas un peu le cas à ce moment. Wordsworth, lui aussi, détestait les chemins de fer, et Thoreau disait qu'on voyait mieux la campagne en voyageant à pied. Ce sont peut-être des influences de ce genre qui avaient tourné Burroughs contre le progrès. Mais cela lui passa. Il comprit qu'il était heureux pour lui que d'autres eussent des goûts différents des siens, comme il était heureux pour le monde que les goûts de John Burroughs fussent ce qu'ils étaient. Les oiseaux n'ont pas fait de progrès dans la construction de leurs nids depuis le temps où l'on a commencé à observer et à décrire leurs procédés, mais ce n'est pas une raison pour que les hommes ne préfèrent pas des habitations modernes et salubres à leurs cavernes primitives.

Un des traits qui attestent la rectitude de jugement de John Burroughs, c'est qu'il ne craignait pas de changer d'opinion, son amour pour la nature n'allait pas jusqu'à l'aveuglement, et, au cours du temps, il en vint à reconnaître l'importance du progrès matériel, fait intéressant en soi, et plus intéressant encore, si l'on songe que ce changement se produisit en lui après sa soixante-dixième année. Mais John Burroughs ne fut jamais trop vieux pour se renouveler : il fut en progrès jusqu'à son dernier jour. Quand la pensée d'un homme est tellement arrêtée qu'elle ne peut plus subir de changement, cet homme est d'ores et déjà un cadavre. Il n'y a plus qu'à l'enterrer.

S'il fut une personnalité dont John Burroughs aimait à s'entretenir plus que d'une autre, c'était Emerson. Non seulement, il possédait ses écrits par cœur, mais il connaissait aussi par cœur son esprit. C'est lui qui m'apprit à comprendre Emerson. Il en était tellement imprégné que pendant quelque temps, il s'était mis à penser d'après lui, et avait adopté son style. Par la suite, il trouva son expression personnelle qui lui convenait mieux. Il n'y a aucun sujet de tristesse dans la mort de John Burroughs. Quand l'épi dans sa maturité dorée gît sous le soleil de la moisson, il n'y a point de tristesse pour l'épi, car il est mûr et sa destinée est remplie. Il en était de même de John Burroughs. Ayant atteint sa pleine maturité, il fut moissonné : ce n'est pas là mourir. Il travailla jusqu'au bout, et ses projets s'entendaient bien au-delà. On l'enterra au milieu des beautés naturelles qu'il aimait. Ce fut dans sa quatre-vingt-quatrième année qu'il naquit à la nouvelle vie. Le lieu où il repose sera conservé tel qu'il se plaisait à le voir.

John Burroughs, Edison et moi-même, ainsi que Harvey S. Firestone, fîmes ensemble quelques excursions vagabondes, voyageant en caravane avec nos automobiles, et dormant sous la tente. Une fois nous traversâmes ainsi les Adirondacks et, une autre fois, les Alleghanis, nous dirigeant vers le sud. Cela nous amusa fort, jusqu'au jour où ces voyages commencèrent à provoquer trop de curiosité.

L'ennemi de la guerre

Je suis aujourd'hui, plus que je ne l'ai jamais été, l'ennemi de la guerre, et j'espère que tout le monde sait à présent, même si les politiciens l'ignorent, que la guerre ne règle jamais rien. C'est la guerre qui a fait de notre monde, harmonieusement et sagement organisé, un amas de matériaux écroulés et disjoints. La guerre enrichit les uns et ruine les autres, mais les enrichis ne sont pas ceux qui se sont battus, ni ceux qui ont rendu de véritables services à l'arrière.

Un vrai patriote ne tire pas de la guerre un bénéfice ; il n'accepterait pas que le sacrifice de ses semblables lui rapportât de l'argent. Tant que ne s'enrichiront ni les soldats en combattant, ni les mères en envoyant leurs fils à la mort, nul citoyen n'aura le droit de s'enrichir en procurant à son pays le moyen de défendre son existence.

Si les guerres doivent continuer, il deviendra de plus en plus difficile à un industriel honnête d'y voir une occasion légitime de bénéfices considérables et rapides. Les fortunes de guerre sont méprisées. La cupidité elle-même reculera un jour devant l'accablante réprobation dont sera l'objet le profiteur de guerre. Il faut que l'industrie se mette du côté de la paix, car la paix est pour elle le meilleur gage de prospérité. Et, pour le dire en passant, le génie d'invention fût-il jamais aussi stérile qu'il l'a été au cours de la guerre récente ?

Une étude impartiale de cette guerre, de ce qui la précédé et de ce qui en est sorti, mettrait hors de doute qu'il existe de par le monde un groupe d'hommes en possession de gros moyens d'action, d'hommes qui restent délibérément dans l'ombre, ne recherchant ni le pouvoir ni les honneurs, n'appartenant à aucune nationalité, mais de relations cosmopolites ; groupe pour qui tous les gouvernements, toutes les grandes organisations industrielles, toutes les agences de publicité, toutes les dispositions psychologiques des peuples ne sont que des moyens dont ils usent pour déchaîner la panique sur le monde, afin d'établir plus fortement sur lui leur domination.

On se rappelle le procédé pratiqué autrefois par des joueurs sans scrupules qui, lorsqu'il y avait une forte somme sur le tapis vert, s'écriaient soudain : « gare à la police ! » et, profitant de la panique qu'ils venaient de provoquer, filaient avec les enjeux. C'est ainsi qu'il y a dans le monde des gens qui s'écrient : « voici la guerre ! » et au milieu de la confusion, tandis que les nations sacrifient, tout à la sûreté et à la paix, s'enfuient avec leurs dépouilles.

N'oublions pas que, si nous avons triomphé sur le champ de bataille, le monde n'a pas encore remporté une victoire définitive sur les promoteurs de guerre ; n'oublions pas que les guerres sont un mal artificiel, un produit fabriqué d'après une technique déterminée. Une campagne en faveur de la guerre se conduit par des moyens aussi parfaitement délibérés que toute autre propagande. On commence par travailler le public. On excite adroitement ses soupçons contre le pays à qui l'on veut faire la guerre. Dans ce pays, on joue le même jeu. Toutes ces manœuvres ne demandent que l'intervention d'un petit nombre d'agents doués de quelque habileté et de peu de conscience, et une presse dont les intérêts soient liés aux intérêts que la guerre favorisera. Dès lors, l'acte d'hostilité déclaré ne tardera pas à se produire. Il n'est pas bien malin de provoquer un acte d'hostilité quand on a porté au degré d'excitation nécessaire la haine de deux peuples.

Il y a eu, dans tous les pays, des gens qui ont été heureux de voir commencer la Grande Guerre, et contrariés de la voir finir. Des centaines de fortunes américaines datent de la guerre civile ; des dizaines de milliers de nouvelles fortunes datent de la Grande Guerre. La guerre est une bonne affaire pour ceux qui aiment cet argent-là. Elle est une orgie d'argent, tout autant qu'une orgie de sang.

Nous ne nous y laisserions pas si facilement conduire, si nous réfléchissons à ce qui fait la véritable grandeur d'une nation. Ce n'est pas l'importance de son commerce, ni l'établissement d'une autocratie, ni la multiplication des fortunes privées qui font la grandeur d'une nation ; pas davantage le seul fait de transformer un peuple agricole en peuple manufacturier. Un pays devient grand lorsque par le sage développement de ses ressources et par la capacité de ses nationaux, la richesse y est largement et équitablement répandue.

Le commerce d'exportation est plein de mécomptes. Il faut souhaiter à chaque nation une autonomie économique aussi large que possible. Au lieu de désirer tenir les autres pays dans la dépendance de nos industries, nous devrions souhaiter de les voir se perfectionner eux-mêmes dans les arts mécaniques, et contribuer à établir la civilisation sur de solides bases. Quand tous les pays auront appris à produire les objets qu'ils ont le moyen de produire, on pourra en venir au principe d'un mutuel échange de services, à l'égard des productions qui, par leur nature, échappent à la concurrence internationale. La zone boréale tempérée, par exemple, ne peut entrer en rivalité avec les tropiques pour les productions spécifiquement tropicales. Les États-Unis ne concurrenceront jamais l'Orient dans la culture du thé, ni le Brésil dans la culture du caoutchouc.

Une large part de notre exportation ne repose que sur l'état retardataire des pays étrangers qui sont nos clients. Si nous nous efforçons de les maintenir dans cette infériorité, c'est de notre part de l'égoïsme. L'humanité veut, au contraire, que nous aidions les autres pays à établir leur autonomie industrielle. Voyez le Mexique, par exemple. On entend beaucoup parler ici du développement de ce pays grâce à nos capitaux. On ferait mieux de dire son exploitation. Lorsque les ressources naturelles de cette riche contrée ne sont mises en valeur que dans l'intérêt privé de gros capitalistes qui y sont étrangers, ce n'est pas à leur développement que l'on assiste, mais à leur pillage. On ne développera pas le Mexique tant qu'on n'aura pas développé le Mexicain. Mais dans quelle mesure, jusqu'ici, les exploiteurs du Mexique ont-ils associé à leurs plans l'éducation du peuple mexicain ? Le pâtre n'a jamais été pour eux qu'un instrument, et le développement du commerce extérieur n'a jamais été pour ce malheureux qu'une cause de dégradation.

Ces idées effraient les esprits à courte vue. Ils répètent sans cesse : « Si tout cela est vrai, que va devenir notre exportation ? »

Le jour où les indigènes de l'Afrique commenceront à récolter leur coton, où les Russes fabriqueront leur propre outillage agricole, où les Chinois pourvoiront eux-mêmes à leurs besoins, sans doute il y aura du changement pour nous. Mais un homme doué de réflexion peut-il supposer que quelques pays continueront indéfiniment à servir de fournisseurs au monde entier ? Il faut que, par la pensée, nous embrassions les conditions de la vie générale telles qu'elles seront lorsque la civilisation aura pénétré partout, et que tous les peuples sauront se servir eux-mêmes.

Quand un pays est pris de la folie de l'exportation, il est généralement forcé de recourir aux autres pour les matières premières ; il transforme sa population en chair à usine, crée une classe de particuliers riches et laisse à l'abandon ses intérêts immédiats.

À nous, Américains, le développement de nos ressources nationales ouvre un champ d'activité suffisant pour que nous n'ayons pas à nous préoccuper de longtemps du commerce extérieur. Notre production agricole suffira à nous nourrir pendant que nous serons occupés à cette tâche, et nous possédons assez d'argent pour le mener à bien. Est-il au monde quelque chose de plus absurde que de voir les États-Unis inoccupés parce qu'ils n'auront pas reçu de commandes du Japon, de la France, ou d'un pays quelconque, alors qu'ils négligent leurs propres ressources dont la mise en œuvre les occuperait pendant cent ans !

Le commerce a commencé par un échange de services. Des hommes apportaient le superflu de leurs produits à leurs voisins qui en manquaient. La région productrice de blé en apportait à la région qui n'en produisait pas. La région boisée fournissait du bois à la plaine dépouillée. Le pays de vignobles envoyait ses raisins aux froides contrées du nord. Le pays de pâture envoyait de la viande à la région qui manquait de prairies. Autant de services échangés.

Quand tous les peuples du monde auront appris à se suffire, le commerce en reviendra à ce principe. Les affaires seront de nouveau des services rendus. Il n'y aura pas de concurrence, parce que les conditions d'où naît la concurrence n'existeront plus. Les diverses nations mettront en jeu des aptitudes qui constitueront des monopoles naturels et ne seront pas sujettes à la concurrence.

Lincoln a dit un jour de notre pays qu'il ne pouvait continuer à vivre à moitié libre et à moitié esclave. De même l'espèce humaine ne peut continuer à vivre à moitié exploitante et à moitié exploitée. Jusqu'au jour où tous les peuples seront également vendeurs et acheteurs, également producteurs et consommateurs, maintenant cet équilibre non en vue du profit, mais en vue de l'utilité commune, nous vivrons dans la confusion et le chaos.

La France peut mettre au service du monde des richesses dont nulle concurrence ne peut la priver ; de même l'Italie ; de même la Russie ; de même encore les pays de l'Amérique Australe, le Japon, la Grande-Bretagne, et les États-Unis. Moins nous aiderons à reprendre pour base des échanges cette spécificité des ressources des divers pays, à abandonner notre actuel système de foire d'empoigne, plus près nous serons d'une paix garantie par le respect mutuel des nations. En essayant de s'emparer de tout le commerce du monde, on ne peut que créer une situation favorable à la guerre, mais ce n'est pas le moyen de rendre les affaires prospères. Peut-être un jour les financiers internationaux eux-mêmes comprendront-ils cette vérité.

Je n'ai jamais pu, pour ma part, imaginer de la Grande Guerre une explication honorable. Elle me paraît avoir été le résultat de conditions très complexes, œuvre pour une grande part de personnes qui pensaient trouver dans la guerre une source de profits. En 1916, sur la foi de certains renseignements, je crus que quelques-unes des nations belligérantes aspiraient à la paix et qu'elles feraient bon accueil à une manifestation dirigée vers ce but. C'est dans cet espoir que je fis les frais de l'envoi à Stockholm d'une délégation, par un navire que l'on a depuis appelé le « Vaisseau de la Paix ». Je ne regrette pas cette tentative. Son échec, à mon sentiment, ne prouve absolument pas qu'il ne valait pas la peine de l'essayer. Nous apprenons davantage de nos échecs que de nos succès. Ce que j'appris au cours de ce voyage vaut bien le temps et l'argent perdus. Je ne saurais dire si les renseignements qui m'avaient été fournis étaient exacts ou non, mais (tout le monde je l'espère voudra bien le reconnaître) s'il avait été possible de mettre fin à la guerre en 1916, le monde ne s'en trouverait que mieux aujourd'hui.

Car les vainqueurs se sont épuisés par leur victoire, comme les vaincus par leur résistance. Nul n'a tiré de la guerre aucun avantage, ni honnête ni malhonnête. J'avais fini par espérer, lorsque les États-Unis y entrèrent, que ce serait peut-être la fin de toutes les guerres, mais j'ai compris depuis lors que la guerre ne saurait davantage mettre fin à toutes les guerres qu'un immense incendie ne supprime à jamais tout péril d'incendie.

Quand notre pays entra dans le conflit, il devint une obligation pour tout bon citoyen de l'aider de toutes ses forces à accomplir la fin qu'il s'était proposée. Mais je crois que tout ami de la paix doit s'opposer à l'entrée en guerre de son pays, jusqu'à ce que la déclaration de guerre soit un fait accompli.

Mon opposition à la guerre n'est pas fondée sur un principe de non-résistance. L'état présent de la civilisation est peut-être que certaines questions internationales ne puissent se régler par des conventions, et doivent nécessairement l'être par la force des armes. Seulement, ce n'est jamais la force des armes qui règle les questions, elle n'a pour effet que d'amener les belligérants à un état d'esprit qui leur permet de s'accorder enfin à régler par une convention les intérêts pour lesquels ils se battaient.

Du jour où nous fûmes en guerre, tous les moyens des industries Ford furent mis à la disposition du Gouvernement. Jusqu'à ce moment-là, nous avions absolument refusé les commandes des belligérants. Il est tout à fait contraire à nos principes industriels de bouleverser, sans nécessité vitale, la marche de notre production, et nos principes d'humanité nous défendent également d'assister tels ou tels belligérants, si l'intérêt de notre pays n'est pas en jeu. Les États-Unis ayant décidé de combattre, ces principes ne s'appliquaient plus. D'avril 1917 à novembre 1918, nos usines travaillèrent presque exclusivement pour le Gouvernement. Bien entendu, nous continuâmes à construire des voitures et des pièces et des chariots et des ambulances, qui rentraient dans le cadre ordinaire de nos fabrications ordinaires, mais nous fîmes aussi bien d'autres articles qui étaient plus ou moins des nouveautés pour nous. Nous construisîmes des chariots de deux tonnes et demie et de six tonnes. Nous construisîmes des moteurs Liberty en grand nombre, des fuselages d'avions, des caissons à munitions de 1m55 sur 4m70. Nous fîmes des appareils d'écoute, des casques d'acier (à Highland-Park et à Philadelphie), des Bateaux-Aigles. Nous nous livrâmes à de nombreux essais sur les plaques de blindage, les compensateurs pour boussole et les cuirasses pour soldats. Pour les Bateaux-Aigles, nous installâmes une usine spéciale sur nos terrains de Rivière-Rouge. Ces bateaux étaient aménagés pour la lutte contre les sous-marins. Leur longueur de 61 mètres ; leur matière, l'acier ; la condition préalable mise à leur construction fut de ne retarder pour eux aucune autre fabrication de guerre, et néanmoins de les livrer promptement. Le plan en fut établi par les bureaux de la marine. L'efficacité était le premier point à obtenir, et la fabrication rapide à bon marché le second. Ces bateaux étaient actionnés par une turbine à vapeur qui s'engrenait sur l'arbre de couche. Ils avaient pour combustible l'huile minérale brute. Ce fut le 22 décembre 1917 que j'offris à la Marine de les construire, et les pourparlers prirent fin le 15 janvier suivant par un marché qu'elle passa avec nous. Le premier bateau fut complété et lancé le 11 juillet 1918. Nous fabriquions coques et machines. Aucune pièce forgée ni laminée n'entrait dans aucune partie du bateau autre que la machine. Les coques étaient entièrement en plaques d'acier estampé. Elles furent construites à l'intérieur de nos ateliers. En quatre mois, nous avions élevé à Rivière-Rouge une construction d'un tiers de mille de longueur, de 350 pieds de large et de 100 pieds de haut, qui couvrait plus de 13 arpents. Les bateaux ne furent pas exécutés sous la direction d'ingénieurs de la Marine. Nous appliquâmes donc nos principes de fabrication à cet article nouveau.

Dès l'armistice, nous nous empressâmes de laisser de côté les fabrications de guerre et de reprendre nos travaux pacifiques.

Un homme de valeur

Un homme de valeur est celui qui est capable de réaliser. Sa capacité résulte des moyens qui sont en lui, et ces moyens dérivent à la fois de ses dons naturels et des efforts qu'il a faits pour les augmenter et les discipliner.

L'homme instruit n'est pas celui dont la mémoire s'est exercée à retenir un certain nombre de dates historiques ; mais celui qui est capable de faire lui-même certaines choses. Quand on n'est pas capable, par exemple, de penser par soi-même, on n'est jamais un homme instruit, quand bien même on aurait acquis toute espèce de diplômes. Le travail de la pensée est, de tous, le plus pénible : c'est pourquoi sans doute il existe si peu de penseurs. Il faut se garder de deux extrêmes : d'une part, d'un mépris systémique pour l'instruction ; d'autre part, de la pitoyable duperie consistant à croire qu'il suffit de suivre un cours d'études pour s'affranchir sûrement de l'ignorance et de la médiocrité.

Aucune école ne nous apprend ce que le monde deviendra l'année prochaine, mais on peut savoir en partie ce que les hommes ont tenté de réaliser dans le passé, où ils ont échoué, comment ils ont réussi. Si l'instruction consistait à mettre les jeunes gens en garde contre les théories fausses sur lesquelles les hommes ont essayé de construire, et à leur épargner ainsi tout le temps qu'ils perdront à en découvrir la vanité par d'amères expériences, le bienfait n'en serait pas contesté. Cette instruction, qui jalonnerait la route du passé et signalerait les échecs et les illusions de l'humanité, serait assurément très utile. L'instruction ne consiste pas seulement à posséder les théories d'un lot de professeurs. La spéculation intellectuelle est chose très intéressante sans doute et quelquefois utile, mais ce n'est pas de l'instruction. Être avancé dans la science aujourd'hui, c'est simplement être au courant de cent théories qui ne sont pas prouvées, et ignorer ces théories, c'est être inculte, ignorant, etc. Si le fait de connaître des conjectures est du savoir, rien n'empêche n'importe qui de se rendre savant en formant lui-même des conjectures, et de pouvoir à ce titre traiter d'ignorants tous les autres hommes pour la raison qu'ils ne les connaîtraient pas. Mais ce que l'instruction peut faire de plus utile pour un homme, c'est de le mettre en possession de ses facultés, de lui donner la maîtrise des instruments dont le sort l'a doué, de lui apprendre à penser.

Le collège lui est de la plus grande utilité comme école de gymnastique intellectuelle, où il développe la rectitude de son esprit et acquiert par l'étude la force de réaliser ce dont il est capable. Mais il n'est pas vrai que le collège soit le seul endroit où puisse s'apprendre la gymnastique de l'esprit ; tous les éducateurs le savent bien, la véritable éducation d'un homme ne commence qu'après sa sortie de l'école ; c'est par les enseignements de la vie qu'elle s'acquiert.

Il y a bien des gens de savoir. La considération qui s'attache à chacun de ces genres varie selon les groupes humains et selon la mode régnante. Car il y a une mode pour la science comme pour tout. À l'époque où certains d'entre nous étaient enfants, on était savant quand on connaissait la Bible. Il y avait dans notre voisinage des gens qui la savaient parfaitement. Ils étaient admirés et respectés. Ce savoir, si estimé alors, ne suffirait sans doute pas aujourd'hui à fonder une réputation de savant.

Le savoir, ce sont les notions qui ont reçu, de celui qui les a acquises, une forme par laquelle elles sont rendues accessibles à tout le monde. Quand un homme a apporté en naissant des facultés moyennes, et qu'il est doué de la capacité de se servir de cet instrument qu'on appelle l'alphabet, il n'est pas de connaissance humaine dont il ne puisse se rendre maître. La raison pour laquelle tout homme ne sait pas tout ce que l'esprit humain a acquis, c'est que personne jusqu'à présent n'a jugé qu'il valut la peine d'en savoir autant. Les hommes satisfont davantage leur intelligence en trouvant les choses eux-mêmes qu'en accumulant les connaissances créées par les autres. On peut passer toute sa vie à recueillir du savoir, sans jamais arriver seulement au niveau de son époque. On peut se bourrer la tête de tous les faits de tous les temps, et, quand on aura fini, on aura une tête qui ne sera qu'un capharnaüm de faits. Voici la règle : un grand amas de connaissances empilé dans une tête est toute autre chose que de la puissance intellectuelle. On peut être à la fois instruit et très incapable. Par contre on peut être très dépourvu d'instruction et fort capable, et avoir une intelligence très éveillée.

L'objet de l'instruction n'est pas de remplir des faits les cerveaux, mais d'enseigner à l'homme la manière de se servir de son cerveau. Or il arrive souvent qu'un homme n'est que plus capable de penser, s'il n'est pas empêtré de la connaissance du passé.

Il est très humain de croire que, ce que l'humanité ne connaît pas encore, nul ne peut le connaître. Et cependant, chacun doit tenir pour inadmissible que le savoir passé de l'humanité fasse obstacle dans l'avenir à l'acquisition des connaissances. On conviendra que l'humanité n'a pas encore parcouru beaucoup de chemin, si l'on compare l'avance qu'elle a réalisée à tout ce qu'elle a encore à acquérir, aux secrets qu'il lui reste à pénétrer.

Remplir la tête des gens de toute la science du passé est une manière efficace d'entraver le progrès, c'est leur laisser croire que, du moment que leur cerveau est bien garni, il ne leur reste plus rien à apprendre. Se contenter purement et simplement de recueillir les connaissances que d'autres hommes ont acquises pourrait bien être la plus vaine des tâches.

Quelle aide, quel remède apportez-vous au monde ? C'est par là que vous donnerez la mesure de votre savoir. Quand un homme n'est capable que de réaliser ses fins particulières, il ne compte que pour un ; mais s'il est capable d'aider dix ou cent ou mille de ses semblables à réaliser leurs fins, il compte pour beaucoup. Il sera peut-être très étranger à bien des idées qui peuplent le monde des livres, mais il pourra malgré tout être un savant. Quand un homme connaît bien son travail quel qu'il soit, il a gagné son diplôme : il est entré dans le royaume des sages.

CHAPITRE XVIII
DÉMOCRATIE ET INDUSTRIE

Il n'y a peut-être pas de mot dont on abuse davantage, aujourd'hui, que celui de démocratie. Je me méfie des gens qui parlent sans cesse de démocratie, et me demande toujours si leur dessein n'est pas d'établir quelque manière de despotisme ou s'ils veulent que quelqu'un fasse pour eux ce qu'ils doivent faire pour eux-mêmes.

La démocratie dont je suis partisan, c'est celle qui donne à tous les mêmes chances de réussite, selon la capacité de chacun. Je crois que si l'on s'attachait davantage à servir l'intérêt de ses semblables, on ferait moins de cas de vaines formes gouvernementales, et plus de cas de l'œuvre à accomplir.

Si nous pensons à servir cet intérêt, nous n'aurons pas à nous préoccuper des bons rapports entre patrons et ouvriers, entre masses et classes, ni des ateliers ouverts ou fermés, ni de toutes ces questions qui n'ont rien à voir avec les problèmes véritables de la vie. Nous pourrons aller droit à la réalité des faits : c'est de réalité que nous avons besoin.

Quand on s'aperçoit pour la première fois que toutes les relations humaines ne sont pas animées d'un esprit d'humanité, que des catégories entières d'individus n'éprouvent pas pour les autres catégories des sentiments humains, c'est un scandale pour l'intelligence. On a présenté cette attitude comme celle d'une certaine classe, mais c'est en réalité l'attitude commune de toutes les classes, dans la mesure où précisément elles subissent l'influence de cette trompeuse notion de classe. Auparavant, quand une propagande constante s'évertuait à faire croire au public que les riches seuls étaient dépourvus de sentiments humains, ce devint une opinion très répandue que les seuls pauvres avaient reçu en partage ces sentiments.

Mais riches et pauvres forment une minorité très petite et on ne saurait faire entrer l'humanité dans des catégories de ce genre. Il n'y a pour cela ni assez de riches, ni assez de pauvres. On a vu d'ailleurs des riches devenir pauvres sans que leurs sentiments changeassent. Parfois des pauvres également deviennent riches. Mais les conditions du problème n'en sont pas modifiées.

Entre les riches et les pauvres se trouve la grande masse des hommes qui ne sont ni pauvres ni riches. Nous l'appelons la classe moyenne. Une société qui ne se composerait que de millionnaires ne différerait pas de la société actuelle. Quelques-uns de ces millionnaires devraient faire pousser le blé, cuire le pain, construire des machines, etc. ; sans quoi, ils mourraient tous de faim ; car il faut bien que quelqu'un fasse le travail. En réalité, il n'y a pas de classes déterminées, mais seulement des gens qui veulent travailler et des gens qui s'y refusent. En général, les classes telles que les représentent nombre d'écrits sont une pure fiction. Prenez par exemple certains journaux capitalistes, vous serez confondus par telles assertions qu'on y trouve concernant la classe ouvrière. Moi qui ai appartenu et qui appartiens encore à cette classe, je sais bien que ces assertions sont fausses. Ouvrons d'autre part certains journaux travaillistes. Ils nous confondront également par ce qu'ils disent des capitalistes. Et pourtant, des deux côtés, il y a un grain de vérité. Le capitaliste qui n'est que capitaliste et rien de plus, qui spécule sur les fruits du travail des autres, mérite tous les reproches qu'on lui adresse. Il appartient exactement à la même classe que l'aigrefin de bas étage qui dépouille les ouvriers de leur salaire.

Les affirmations que nous trouvons dans la presse capitaliste, concernant la classe ouvrière, émanent rarement de grands chefs d'industrie, mais d'écrivains qui ne cherchent qu'à donner satisfaction à ceux qui les emploient. Lisez de même les journaux travaillistes : vous y trouverez d'autres écrivains qui, de leur côté, cherchent à chatouiller les préjugés qu'ils supposent aux travailleurs.

Chefs syndicalistes

Examinons par exemple en entier cette question des unions de travailleurs et du droit de grève.

Le seul groupement vigoureux qu'on voie dans nos unions est celui des gens qui sont salariés par celles-ci. Quelques-uns d'entre eux sont fort riches ; quelques-uns ont intérêt à agir sur la situation de nos grands établissements financiers ; beaucoup sont tellement extrêmes en leur prétendu socialisme, qu'ils touchent au bolchevisme et à l'anarchisme ; les appointements qu'ils reçoivent des unions les affranchissant de la nécessité de travailler, ils peuvent consacrer toute leur énergie à leur propagande subversive. Ils jouissent tous d'un prestige et d'une influence que, dans les conditions normales de la concurrence, ils n'auraient pas acquis en dehors des unions.

Si le personnel administratif des unions de travailleurs était aussi sain, honnête, sérieux, d'une aussi sage simplicité que la masse des membres de ces unions, tout le mouvement de ces dernières années aurait revêtu une couleur très différente. Mais ce personnel ne s'est pas donné pour règle de s'appuyer sur les qualités naturellement saines du travailleur, mais au contraire d'exploiter ses faiblesses, notamment les faiblesses de ses nouveaux-venus de notre population qui ne savent pas encore ce que c'est que l'esprit américain, et qui ne le sauront jamais, si on ne les arrache à la tutelle des dirigeants des unions.

On ne peut plus prétendre, aujourd'hui, que les aspirations et les efforts des individus ou des groupes vers la justice en matière de salaires ou de conditions de travail soient condamnables, ni même d'une légitimité contestable. Le temps est passé où ce point souffrait discussion. Le principe de ces revendications est universellement admis désormais. Mais plus on tend à s'y conformer, plus les dirigeants des unions voient leurs positions menacées. Les travailleurs, à l'exception du petit nombre qui a subi l'inoculation de la fallacieuse doctrine de la guerre des classes, et adopté pour doctrine que le progrès consiste à fomenter la discorde dans la vie industrielle, ceux qui disent par exemple : « Quand vous aurez vos douze dollars par jour, n'en restez pas là : réclamez-en quatorze ; une fois les huit heures acquises, ne faites pas la bêtise de vous en contenter : réclamez la journée de six heures ; mettez une agitation en train ; il faut toujours avoir une revendication sur le chantier » ; les travailleurs, dis-je, possèdent un sens commun qui les rend aptes à reconnaître que, une fois certains principes acceptés et observés, les conditions changent. Les dirigeants d'unions n'ont jamais vu cela. Ils veulent que les conditions restent telles qu'elles sont, qu'il y ait toujours de l'injustice, des provocations, des grèves, de l'animosité et du trouble dans la vie nationale.

L'union de travailleurs qui est en voie de prendre une position prépondérante dans notre pays, c'est l'union de tous ceux dont les intérêts sont solidaires et ne reposent absolument que sur l'utilité et l'efficacité de leurs services. Dans cette nouvelle union, il n'y a plus ni capital, ni travail. Le capital y devient un combustible, comme le charbon, et le travail, un élément du produit, comme la force motrice, ou comme ses caractéristiques, et ils s'unissent afin de réaliser les œuvres utiles qui leur permettent de vivre. Le principe de cette union, c'est le travail à exécuter par des efforts communs en vue de résultats communs.

Les patrons

Quand l'union des dirigeants d'unions disparaîtra, disparaîtra avec elle la coalition formée par un patronat sans clairvoyance. Si l'aveuglement des patrons a été le poison, l'égoïsme des dirigeants d'unions en a été l'antidote. De même, quand les dirigeants d'unions sont devenus un péril menaçant, c'est l'aveuglement des patrons qui à son tour, en a été le remède ; mais ces influences opposées n'ont plus de place dans une société bien organisée, et elles sont en voie de disparition l'une et l'autre.

L'exploitation du mécontentement est aujourd'hui une industrie régulière, dont l'objet n'est pas de rien régler, ni de faire quoi que ce soit, sinon perpétuer le mécontentement. Et les instruments que l'on emploie à cette fin consistent dans tout un assortiment de fausses théories et de promesses qui ne pourront jamais être réalisées, tant que ce monde restera ce qu'il est.

Je ne suis pas opposé à l'organisation des travailleurs, ni à aucune organisation tendant au progrès. Mais le seul danger, c'est l'organisation, soit des patrons, soit des ouvriers, en vue de limiter la production.

Contre les idées fausses

Il importe que le travailleur lui-même s'affranchisse de quelques idées dangereuses, dangereuses pour lui-même et pour le pays. On dit parfois que, moins un ouvrier travaille, plus il crée de travail pour les autres. Cette erreur suppose que l'oisiveté est créative. Mais l'oisiveté n'a jamais créé du travail qui prive d'occupation ses camarades de travail : c'est au contraire, l'ouvrier industrieux qui, associé à un chef d'entreprise également industrieux agrandit sans cesse une affaire et, par conséquent, crée des occupations de plus en plus nombreuses.

Croit-on que si un ouvrage, qui employait précédemment dix hommes, n'en demande désormais plus que neuf, le dixième restera sans occupation : il n'aura pas cette occupation-là, c'est tout. Et le public ne supportera plus la charge de son entretien en payant le produit fabriqué plus cher qu'il ne vaut : car après tout c'est le public qui paye !

Une affaire industrielle assez avisée pour se réorganiser en vue d'un meilleur rendement, et assez honnête vis-à-vis du public pour lui faire supporter les frais nécessaires, sans plus, est d'ordinaire assez entreprenante pour avoir des quantités d'occupations à offrir au dixième homme. Elle ne peut manquer de se développer et son développement entraîne naturellement pour conséquence la multiplication des emplois. Une affaire bien conduite cherche sans cesse à abaisser pour le public les frais de main-d'œuvre et il est certain qu'elle emploiera plus d'ouvriers qu'une entreprise paresseusement conduite qui fait supporter au public les frais de sa mauvaise administration.

Le dixième homme était une dépense inutile dont, en fin de compte, le consommateur faisait les frais. Mais du fait qu'il n'était pas utile dans telle ou telle occupation, ne concluez pas qu'il n'y ait pas de travail pour lui au monde, ni même dans son propre atelier.

C'est toujours sur le public que retombent les frais de la mauvaise administration industrielle. Plus de la moitié du mal dont nous souffrons provient du ralentissement artificiel de la production, de la dilution du travail, de la médiocrité d'exécution, du mauvais rendement, en échange de quoi le public donne son bon argent. Chaque fois que l'on paye deux hommes pour un travail qui devrait être fait par un seul, le public paye le double du prix légitime. Or il est de fait que, aux États-Unis, au jour présent nous ne produisons pas autant, homme pour homme, qu'avant la guerre.

Le bon travail et la grève

Le travail ne consiste pas seulement à se trouver à son poste à l'usine pendant le nombre d'heures réglementaire, mais à rendre des services équivalents au salaire que l'on reçoit. Quand, de part ou d'autre, il est porté atteinte à cette équivalence, quand l'ouvrier donne plus qu'il ne reçoit ou reçoit plus qu'il ne donne, il n'y en a pas pour longtemps avant que de sérieux désordres se manifestent. Étendez une pareille situation à tout le pays, et ce sera le bouleversement complet des affaires. Ce qu'expriment les difficultés industrielles n'est autre chose que la destruction des équivalences fondamentales à l'usine.

Les chefs d'industrie en doivent partager le blâme avec les ouvriers. Les chefs ont été eux aussi paresseux. Ils ont trouvé plus commode d'engager par exemple cinq cents hommes de plus que d'améliorer leurs méthodes de façon à libérer une centaine d'hommes de l'ancien effectif et à les mettre à un ouvrage nouveau. Le public payait, les affaires prospéraient, et les chefs d'industrie se moquaient du reste. Il n'en allait pas différemment dans leur bureau qu'à l'atelier. La loi des équivalences était non moins violée par le chef d'industrie que par les ouvriers.

Il ne suffit, pour ainsi dire, jamais de réclamer quelque chose d'important pour l'obtenir. C'est pourquoi les grèves échouent toujours, même quand elles ont l'air de réussir, car une grève qui n'a pour résultat qu'une augmentation de salaires ou une réduction du temps de travail et en fait retomber la charge sur la communauté est en réalité une défaite. Elle ne sert qu'à diminuer l'aptitude de l'industrie intéressée à rendre des services, et à réduire les travaux dont elle peut se charger.

Il peut cependant y avoir parfois justice à se mettre en grève, mais que par ce procédé on puisse obtenir justice, c'est une autre affaire. Ce qui est fâcheux, c'est que l'on soit forcé de recourir à la grève pour obtenir ce à quoi on a droit. Un américain ne devrait jamais être obligé de se mettre en grève pour faire valoir ses droits ; il devrait les obtenir tout simplement et naturellement. Ces grèves justifiées proviennent ordinairement de la faute du patron : il y a des patrons qui ne sont pas aptes à la situation qu'ils occupent. Ce n'est pas une petite affaire que d'employer des ouvriers, de diriger leurs efforts, de proportionner équitablement leur rémunération à leur production et à la prospérité de l'industrie qu'ils servent. Un chef d'industrie peut être incapable à son poste, comme un tourneur peut l'être à sa machine. Quand une grève est justifiée, cela prouve que le patron devrait se procurer un autre emploi. Les patrons incapables font plus de mal que les ouvriers incapables, car on peut mettre ces derniers à des occupations qui leur conviennent mieux, ce qui est beaucoup plus malaisé pour les patrons. En somme, une grève justifiée n'aurait jamais eu besoin d'être déclarée, si le patron avait fait son métier.

Manœuvres sournoises

Il est une autre espèce de grève : celle qui s'inspire d'un complot. Dans ce cas, les ouvriers ne sont que des instruments aux mains d'un agitateur qui poursuit, par leur moyen, ses fins particulières. Supposons, par exemple, qu'une grande entreprise industrielle, en satisfaisant à un besoin du public par l'abondance et la bonne qualité de ses produits, soit devenue prospère, et qu'elle soit renommée aussi pour son équité. Une telle affaire est bien tentante pour les spéculateurs. S'ils pouvaient s'en emparer, ils pourraient tirer grand profit de tous les efforts honnêtes accomplis par elle. Ils pourraient retrancher du salaire la participation au bénéfice, faire suer au client, au produit, à la main-d'œuvre jusqu'au dernier centime, réduire enfin l'entreprise en question à la situation de celles dont la gestion s'inspire de principes odieux. Une telle entreprise ne peut pas être atteinte directement, parce que les ouvriers qu'elle emploie n'ont aucune raison de faire grève. Aussi use-t-on d'un autre procédé. Elle utilise peut-être un grand nombre d'autres usines pour lui fournir du matériel : si ces usines indépendantes pouvaient être arrêtées dans leur marche, la grande affaire serait, par suite, paralysée.

On fomente donc la grève dans les usines indépendantes. On essaye par tous les moyens de tarir les sources où la grande affaire puise ses matières premières. Si les ouvriers des usines indépendantes savaient le fond des choses, ils refuseraient de se prêter à ce jeu ; mais ils l'ignorent. Ils servent, sans le savoir, d'instruments à un complot de capitalistes. Il est cependant un indice qui doit éveiller les soupçons d'ouvriers engagés dans une grève de ce genre : si elle n'arrive pas à s'arranger, quelles que soient les propositions des deux parties intéressées, il est presque certain qu'il y a des tiers intéressés à ce que la grève continue. Cette influence secrète ne veut d'un arrangement à aucun prix. Dans une telle grève, si les ouvriers triomphent, en quoi leur situation sera-t-elle améliorée ? Parce qu'ils auront fait tomber l'industrie qui les occupe entre les mains des spéculateurs, les ouvriers seront-ils mieux traités ou mieux payés ?

Cependant, il ne suffit pas d'éviter les grèves pour faire progresser l'industrie. Il se peut que nous disons aux travailleurs :
« Vous avez de justes revendications, c'est vrai, mais la grève n'arrange rien. Elle ne fait qu'aggraver les choses, qu'elle réussisse ou non. »
Là-dessus le travailleur, se laissant persuader, s'abstiendra peut-être de faire grève. La question sera-t-elle réglée par là ?
Non ! Si les ouvriers renoncent à la grève comme à un moyen d'amélioration indigne, le devoir s'impose aux chefs d'industrie de prendre eux-mêmes l'initiative de corriger les défauts de l'état de choses régnant.

Aux usines Ford

Les rapports de la Société Ford avec ses ouvriers, soit aux États-Unis, soit à l'étranger, ont toujours été excellents. Nous n'avons aucun mauvais vouloir contre les unions, mais nous ne contractons d'arrangements ni avec les organisations ouvrières, ni avec les organisations patronales. Nos salaires sont plus élevés et notre journée de travail plus courte qu'un syndicat quelconque ne pourrait raisonnablement l'exiger. Il ne peut servir de rien à notre personnel d'appartenir à une organisation syndicale. Une partie de nos ouvriers, peut-être, est affiliée à des unions, il est probable que ce n'est pas le cas de la majorité. Nous n'en savons rien et ne cherchons pas à le savoir, car c'est pour nous une question dépourvue d'intérêt. Nous respectons les syndicats, approuvons leurs bonnes tendances et dénonçons les mauvaises. Je crois qu'en retour ils ont pour nous de la considération, car jamais ils n'ont tenté, dans nos usines, de s'interposer entre les ouvriers et la direction. Comme il est naturel, des agitateurs extrémistes ont de temps en temps essayé de susciter du désordre chez nous, mais en général les ouvriers les ont pris pour de simples étrangetés humaines, des monstres de foire, et ne leur ont pas accordé d'autre attention. Ce n'est que par ouï-dire que nous avons connu ces tentatives.

En Angleterre, nous avons résolument tranché la question syndicale, dans notre établissement de Manchester. Les ouvriers de Manchester appartiennent en général aux unions et les restrictions usuelles imposées à la production par les syndicats anglais y sont en vigueur. Nous venions de prendre une fabrique de carrosserie où travaillait un certain nombre d'ouvriers syndiqués. Aussitôt les délégués de leur syndicat demandèrent à s'aboucher avec nos directeurs en vue d'une convention. Mais nous ne voulons avoir affaire qu'à notre personnel et jamais aux représentants d'organisations étrangères : nos gens refusèrent donc de recevoir les délégués du syndicat. Là-dessus ceux-ci invitèrent nos carrossiers à se mettre en grève. Ceux-ci refusèrent et furent rayés du syndicat auquel ils intentèrent un procès pour revendiquer leur part des fonds syndicaux. J'ignore quelle en fut l'issue, mais depuis lors les autorités syndicales n'ont plus jamais essayé d'intervenir dans la gestion de nos affaires en Angleterre.

Quand des ouvriers sont bien payés et qu'ils travaillent dans de bonnes conditions, ils n'obéissent pas à des mots d'ordre de grève venant du dehors. Quand fut décrétée la grève des chemins de fer en 1920, le réseau Detroit-Ironton fut expressément exempté de l'obligation d'y prendre part, bien qu'on ne nous eût jamais demandé le moins du monde d'entrer en rapport avec les unions syndicales des voies ferrées.

Nous ne faisons rien pour amadouer les gens qui travaillent chez nous. Nos rapports sont purement des rapports d'affaires : donnant, donnant. Pendant la période où nous procédions à l'augmentation des salaires, nous eûmes un effectif d'inspection considérable. Des enquêtes furent faites sur la vie de famille des ouvriers et sur l'emploi qu'ils faisaient de leur argent. Cette mesure était peut-être nécessaire alors, et nous procura des renseignements utiles. Mais une organisation permanente de ce genre ne serait pas bonne, et, comme je l'ai dit plus haut, nous y avons renoncé.

Nous ne croyons pas du tout à l'utilité des contacts personnels et des manifestations de cordialité à l'égard du personnel. Le temps est passé de ces attitudes. Les ouvriers demandant aujourd'hui autre chose que des bons sentiments. L'état social ne repose pas sur des mots : c'est le produit net des rapports quotidiens d'homme à homme. Le bon esprit social se manifeste par des mesures qui exigent des chefs d'industrie un sacrifice, et qui profitent à tout le monde. Il n'y a pas d'autre moyen de prouver aux travailleurs ses bonnes intentions et de gagner leur respect. La propagande, les bulletins, les conférences, tout cela n'est rien. Il n'y a qu'un acte de justice sincèrement accompli qui compte.

Les grandes entreprises industrielles ne se prêtent vraiment pas aux rapports personnels. Dans leur énormité, les individualités disparaissent ; le patron comme l'ouvrier est perdu dans la foule. Ensemble, ils ont créé une grande organisation de production qui fournit au monde des articles, et reçoit en échange de l'argent dont vivent tous ceux qui participent l'industrie. C'est l'industrie elle-même qui devient l'affaire importante.

Il y a quelque chose de sacré dans une grande entreprise qui donne à vivre à des centaines ou à des milliers de familles. Quand on voit autour de soi tous les enfants qui viennent au monde, les garçons et les filles qui suivent l'école, les jeunes gens qui, grâce à leur métier, se marient et s'établissent pour leur compte, les milliers de demeures acquises par les ouvriers sur leurs gains, le maintien de la prospérité de cette entreprise apparaît comme une tâche sacrée, comme quelque chose de plus grand et de plus important que les individus.

Le patron n'est qu'un homme comme ses ouvriers. Il est sujet à toutes les insuffisances de l'humanité, et n'est justifié à garder sa place que s'il est capable de la remplir. S'il sait bien mener son affaire, si ses ouvriers peuvent compter sur lui pour faire convenablement sa part du travail commun sans mettre en péril leur situation acquise, dans ce cas il tient bien son rôle. S'il en est autrement, il n'est pas plus fait pour sa position qu'un petit enfant. Le chef d'industrie, comme tout le monde, ne doit être jugé que sur sa capacité. Il ne sera peut-être pour ses ouvriers qu'un nom, un nom sur une enseigne ; mais l'usine est là, et c'est bien autre chose qu'un nom. Elle produit leurs moyens d'existence, ce qui est quelque chose d'assez tangible. L'usine est une réalité : elle travaille, elle marche, et le paiement continu des salaires fournit la preuve de sa nécessité.

Il ne saurait régner trop d'harmonie dans une entreprise industrielle, mais si l'on choisit ses ouvriers parce qu'ils s'entendent bien, il faut prendre garde d'aller trop loin dans cette voie. On risquerait d'avoir un personnel si unique que cet esprit de lutte, de concurrence d'où résulte l'effort et le progrès, ferait défaut. Pour une organisation, c'est une chose que de se diriger vers son but d'une marche bien réglée ; autre chose l'accord de toutes les unités individuelles qui la composent. Il en est qui dépensent tant d'énergie et de temps à maintenir en elles-mêmes un esprit d'harmonie qu'il ne leur en reste pas à consacrer à l'œuvre pour laquelle elles ont été créées. Cependant, il faut qu'une organisation soit subordonnée à son objet. La seule harmonie qui importe à une organisation, c'est celle qui règne quand tous les membres de cette organisation concourent vers sa fin essentielle qui n'est pas de réaliser l'accord parfait dans son sein, mais de réaliser l'objet pour lequel elle est faite. Un dessein commun, auquel on a foi et que l'on désire sincèrement réaliser, voilà le grand principe d'harmonie.

J'ai pitié d'un malheureux qui est tellement flasque et sans ressort qu'il ne puisse se passer d'une atmosphère de bienveillance pour pouvoir faire son travail. On voit des gens ainsi faits. Ils montrent dans leur production une sorte d'activité de serre chaude tant qu'on les flatte, mais dès que l'atmosphère se refroidit un peu et qu'on leur adresse quelques reproches, les voilà démontés. Et à la fin, à moins qu'ils n'obtiennent assez de durcissement mental et moral pour les soustraire à leur faible confiance en leurs sentiments, ils sont des échecs. Ils sont perdus, et non seulement perdus comme travailleurs mais aussi comme hommes. C'est comme si leurs os ne devaient jamais devenir d'une fermeté suffisante pour leur permettre de se tenir debout. On fait beaucoup trop de fond sur le sentiment dans notre organisation industrielle, et il y a des gens qui tiennent trop à ne travailler qu'avec des collaborateurs qui leur plaisent. Par là se gâchent beaucoup de qualités utiles.

Qu'on ne se méprenne pas sur mes intentions ; quand j'emploie le mot de sentiment, j'entends par là l'habitude d'établir sur ses sympathies ou ses antipathies son seul critère de jugement. Supposons qu'un homme vous déplaise : cela prouve-t-il quelque chose contre lui ? Cela ne prouve peut-être rien, que contre vous. Comment sont vos sympathies et vos antipathies confrontées aux seuls faits ? Tout homme de bon sens reconnaît que tels gens qui ne lui plaisent pas sont cependant plus capables que lui-même.

Pour transporter ces considérations du monde de l'industrie dans la vie générale, nous dirons : il n'est pas nécessaire que le riche ait de l'affection pour le pauvre, ni le pauvre pour le riche, que le patron ait de l'affection pour ses ouvriers, ni ceux-ci pour lui. Ce qu'il faut, c'est que chacun s'efforce de rendre justice aux autres, selon leurs mérites. Voilà ce qui fait la vraie démocratie, bien mieux que d'attribuer aux uns ou aux autres la possession des matières premières, des usines, ou des hauts-fourneaux. Et la démocratie n'a rien à voir avec cette question-ci : « Qui doit être le patron ? »

C'est comme si l'on demandait : « Qui fera le ténor dans tel morceau de chant ? » N'est-ce pas évidemment celui qui a une voix de ténor ? On n'aurait jamais pu détrôner un Caruso[10] : si, en vertu de quelque théorie de démocratie musicale, on l'avait éliminé de son emploi artistique en faveur du prolétariat, cette opération aurait-elle fait surgir un autre ténor pour le remplacer, ou bien son talent serait-il resté le même ?

[10] Enrico Caruso, est un ténor italien né à Naples le 25 février 1873 et mort le 2 août 1921.

CHAPITRE XIX
QUE POUVONS-NOUS ESPÉRER ?

Nous sommes, si j'interprète correctement les signes qui se manifestent, en plein mouvement de transformation. Il s'opère tout autour de nous avec lenteur, échappant presque à l'observation, mais avec sûreté, et peu à peu nous apprenons à lui assigner sa cause.

Ce que nous appelons désordre, bouleversement d'institutions qui paraissaient solidement établies, n'est réellement, en grande partie, qu'un mouvement de surface indiquant l'approche d'une régénération. Le point de vue du public se modifie, et nous n'avons réellement besoin que de changer quelque peu notre point de vue pour faire, du mauvais système du passé, un très bon système de l'avenir. À la place de cette vertu particulière qu'on exaltait sous le nom de fermeté, et qui n'était en réalité que de l'entêtement, nous mettons de l'intelligence, et nous nous débarrassons également d'un sentimentalisme inconsistant. L'entêtement confondait la dureté avec le progrès ; le sentimentalisme voyait le progrès dans la mollesse. Nous commençons à mieux voir les réalités, à nous apercevoir que le monde nous offre déjà tous les éléments nécessaires à une vie plus pleine, et que nous en pourrons faire meilleur usage quand nous saurons ce qu'ils sont et ce qu'ils valent.

Toutes les choses qui vont mal, (et chacun sait qu'il y en a beaucoup) peuvent être corrigées par une définition claire du défaut qu'elles contiennent. Il y a longtemps que nous nous scrutons mutuellement, cherchant ce que possède l'un et ce qui manque à l'autre ; assurément l'élément humain entre pour une grande part dans nos problèmes économiques. L'égoïsme existe et assurément noircit toutes les activités concurrentes. Si l'égoïsme était la marque distinctive d'une classe, on en aurait facilement raison ; mais il entre partout dans la composition de la fibre humaine. Et la cupidité existe, et l'envie et aussi la jalousie.

À mesure que diminue l'acharnement de la lutte pour la satisfaction des besoins les plus impérieux, lutte qui est moins dure aujourd'hui qu'autrefois, il nous est loisible de donner libre jeu à nos mobiles élevés. D'autre part, à mesure que l'on prend l'habitude de la civilisation, on se détache de ce qu'elle a de superflu et de frivole.

Le progrès, tel que le monde l'a connu jusqu'à présent, s'accompagne d'un grand développement matériel. Il y a plus d'équipement, plus de matière forgée dans la plupart de nos cours de fermes américaines que dans tout le domaine d'un roi africain. Un écolier américain est entouré d'un plus grand nombre d'objets utiles que n'en possède tout un village esquimau. Nos ustensiles de cuisine, notre vaisselle, notre mobilier forment une liste qui aurait stupéfié le plus luxueux potentat d'il y a cinq cents ans. Mais cet encombrement ne fait que marquer une étape. Nous faisons comme les Indiens qui, arrivant en ville avec leur allocation en poche, se mettent à acheter tout ce qui se présente à leurs yeux. Nous ne faisons que nous embarrasser d'objets inutiles. On ne se rend pas un compte exact de la quantité de travail et de matière qui ne servent qu'à fournir le public d'une foule d'articles uniquement faits pour être vendus, et qu'on n'achète que pour les garder chez soi, qui ne sont propres à aucun usage et finissent par être jetés au rebut sans avoir jamais rendu aucun service. L'humanité est en train de sortir de ce stade de production frivole et l'industrie cherche à s'adapter aux besoins véritables de la société. L'on peut donc ainsi espérer se rapprocher de l'état social que beaucoup entrevoient déjà, mais que nous sommes empêchés d'atteindre par les conditions de vie médiocre jusqu'ici réalisées. Il ne faut pas détruire ces conditions, mais les améliorer, les dépasser, les laisser loin derrière nous.

Nous nous élevons au-dessus de ce culte que l'on a longtemps professé pour la possession matérielle de la richesse ; ce n'est plus une distinction que d'être riche, et, en fait, on ne souhaite plus communément le devenir. Les hommes ne tiennent plus à l'argent pour l'argent, comme autrefois, et à coup sûr ils ne l'admirent plus, ni ceux qui le possèdent. Ce que l'on ambitionne aujourd'hui, outre une vie décente, c'est un emploi utile de son activité, l'occasion de rendre de grands services, seules distinctions réellement honorables pour un individu. Tout le surcroît inutile que nous accumulons ne nous fait pas le moindre honneur.

Il ne faut qu'une minute de réflexion pour s'apercevoir que, à l'égard de l'avantage personnel de l'individu, la possession d'une énorme quantité d'argent est inutile. Un homme n'est jamais qu'un homme : qu'il soit riche ou pauvre, il lui faut à peu près la même quantité et la même qualité d'aliments pour se nourrir, le même poids de vêtements pour se tenir chaud, et nul ne saurait occuper plusieurs pièces en même temps.

Mais quand on a des conceptions d'utilité générale, des plans dont la réalisation exige des ressources extraordinaires, quand on a l'ambition de faire fleurir le désert industriel comme la rose, de rafraîchir et galvaniser l'activité humaine par la perspective d'un emploi plus élevé et plus efficace, dans ce cas, on envisage la possession de la richesse comme l'agriculteur envisage la semence : on y voit le germe de récoltes nouvelles et opulentes dont les bienfaits ne pourront pas davantage être accaparés que les rayons du soleil.

Il y a deux espèces de sottise dans le monde. L'une est celle du millionnaire qui se figure, en amassant de l'argent, accumuler une puissance réelle, l'autre est celle du révolutionnaire pauvre qui croit qu'en enlevant la richesse à une classe pour la donner à une autre, on guérira tous les maux de la société. Tous les deux font fausse route. C'est comme s'ils essayaient d'accaparer tous les échiquiers et tous les dominos du monde, dans la pensée de s'assurer par là une grande science du jeu. De fait, quelques-uns des plus prospères gagneurs d'argent de notre époque n'ont jamais accru d'un sou la richesse de l'humanité. Qu'est-ce qu'un joueur ajoute à la richesse du monde ?

Si nous produisions tous, dans la mesure facilement atteinte de notre capacité, il y aurait assez pour nous tous et chacun de nous aurait assez. Toute disette réelle des choses nécessaires à la vie (nous ne parlons pas de la disette factice causée par le manque de métal sonnant dans la bourse d'un individu), toute disette réelle n'est due qu'à l'insuffisance de la production ; et l'insuffisance de la production n'est due trop souvent, elle-même, qu'à l'ignorance de ce qu'il faut produire et de la manière de le produire.

Le but

Voici quelles sont les croyances qu'il faut prendre pour point de départ :

Que la terre produit, ou est capable de produire, tout ce qu'il faut pour assurer à chacun la satisfaction de ses besoins non seulement en matière de nourriture mais en toute autre matière également ; car tout provient de la terre.

Qu'il est possible d'organiser le travail, la production, la circulation et la rémunération de telle sorte que tous ceux qui y contribuent reçoivent la part de richesse qui leur est assignée par une exacte justice.

Que, en dépit des défaillances de la nature humaine, notre système économique peut se régler de telle sorte que l'égoïsme, tout en subsistant peut-être, soit dépouillé du pouvoir de causer de sérieuses injustices économiques.

La vie est facile ou difficile selon l'habileté ou l'incapacité qui se manifestent dans la production et la circulation des richesses. On a cru longtemps que l'entreprise n'avait pour objet que le bénéfice. C'est une erreur. L'entreprise a pour objet l'utilité générale. Elle constitue une profession et il faut qu'elle ait une morale professionnelle reconnue, dont la violation par un individu le fasse mettre au ban de la Société. L'entreprise aurait besoin de s'inspirer davantage de l'esprit professionnel. Cet esprit vise à l'intégrité professionnelle, non par obligation, mais par fierté ; il recherche les atteintes qui y sont portées et les punit quand il les découvre.

Le monde des affaires deviendra un jour honnête.

Une machine dont le fonctionnement s'arrête à chaque

instant est une machine défectueuse et son défaut est en elle-même. Un homme qui tombe malade à chaque instant est un corps malade, et sa maladie est en lui-même. Il en est de même du monde des affaires. Ses défauts, qui résident pour la plupart dans sa constitution morale, gênent son développement et la font tomber à chaque instant dans la maladie. Un jour, la morale du monde des affaires sera universellement observée, et de ce jour elle apparaîtra comme la plus ancienne et la plus utile des professions.

Tout ce qu'on fait les entreprises industrielles de la Société Ford, tout ce que j'ai fait, c'est de tenter de mettre en lumière par des actes que l'utilité générale passe avant le bénéfice particulier et que diriger une industrie dont l'existence est un bienfait pour tout le monde est une noble profession.

Il m'est revenu souvent que le développement, considéré comme assez remarquable, de nos affaires (je ne dis pas succès car ce mot est une épitaphe et nous ne faisons que commencer), que la bonne marche de nos affaires était l'effet de quelque cause accidentelle, et que les méthodes que nous avons employées, bien qu'assez bonnes dans leur genre, ne convenaient qu'à nos produits, et ne pourraient s'appliquer à aucune autre industrie, ni même convenir à d'autres personnalités et à d'autres fabrications que notre personnalité et nos fabrications.

Il fut un temps où l'on tenait pour évident que nos théories et nos méthodes étaient radicalement fausses. C'est parce qu'on ne les comprenait pas. Les faits ont imposé silence à ces critiques, mais il reste la conviction très sincère que ce qui a été fait par nous n'aurait pu être fait par aucune autre société, que nous avons été touchés par une baguette magique, que nous-mêmes pas plus qu'aucun autre ne pourrions fabriquer des souliers ou des chapeaux, des machines à coudre ou des montres, ou des machines à écrire ni aucun autre article de la même manière que nous faisons des automobiles ou des tracteurs, et que si nous nous risquions dans d'autres domaines, nous ne tarderions pas à nous rendre compte de nos erreurs. Je ne crois rien de tout cela. Rien de ce que nous avons fait n'est sorti du néant ; les pages de ce livre en fournissent la preuve. Nous n'avons rien eu que les autres ne pussent avoir, pas d'autres bonnes chances que celle qui arrivent toujours à ceux qui se donnent de tout cœur à leur tâche. Nos débuts n'ont été marqués par aucune circonstance qui put être qualifiée de favorable. Nous avons commencé avec presque rien. Ce que nous possédons, nous l'avons gagné, et gagné par notre labeur incessant, par notre foi constante dans un principe. Nous avons pris un article de luxe et nous en avons fait un article d'utilité générale, et cela sans tricherie ni subterfuges. Au moment où nous avons commencé à fabriquer notre voiture actuelle, il y avait aux États-Unis peu de bonnes routes ; la gazoline y était rare et l'idée était fermement implantée dans l'esprit du public que l'automobile était tout au plus un joujou pour les riches. Notre seul avantage était qu'il n'y avait pas de précédents à note tentative.

Nous nous mîmes à fabriquer conformément à nos principes, principes qui étaient alors inconnus dans le monde des affaires. Ce qui est nouveau passe toujours pour étrange, et certains esprits sont constitués de telle sorte qu'ils ne peuvent se dégager d'une impression de défiance à l'égard de toute nouveauté. La réalisation industrielle de notre théorie change constamment, nous trouvons sans cesse des façons nouvelles et meilleures de l'appliquer, mais les principes eux-mêmes, nous n'avons jamais été dans la nécessité d'en changer, et je ne puis imaginer cette nécessité, car je les tiens pour absolument universels, et de nature à créer pour tous une vie meilleure et plus large.

Si mon opinion était autre, je ne continuerais pas à travailler, car l'argent que je gagne ne m'importe pas. L'argent n'est utile que lorsqu'il sert à mettre en évidence, par un exemple pratique, qu'une entreprise n'est justifiée que lorsqu'elle est utile, qu'elle doit toujours donner plus à la communauté qu'elle ne lui emprunte et que si l'existence d'une entreprise n'est pas un bienfait pour tout le monde, cette entreprise n'a pas le droit d'exister. J'ai fait cette démonstration à l'égard des automobiles et des tracteurs et je me propose de la poursuivre dans les chemins de fer et d'autres entreprises de services publics, non pas pour ma satisfaction personnelle, ni pour l'argent que j'y pourrai gagner, car il est parfaitement impossible, en appliquant ces principes, d'éviter de faire des bénéfices bien plus grands que si on ne travaillait qu'en vue des bénéfices. Je tiens à faire cette démonstration afin que nous puissions tous avoir davantage et que tous nous puissions mieux vivre en augmentant le rendement de toutes les industries. La pauvreté ne peut être abolie par une formule ; elle ne peut l'être que par beaucoup de travail intelligent. Notre entreprise n'est autre chose, en fait, qu'une expérimentation créée pour éprouver la valeur d'un principe. Si nous gagnons de l'argent, c'est une preuve de plus que nous avons raison, car l'argent est un argument qui n'a pas besoin de mots pour se faire valoir.

Dans mon premier chapitre, j'ai énoncé les principes. Que l'on me permette de la répéter ici où elle apparaîtra à la lumière des œuvres réalisées sous son inspiration car elle a été à la base de toute mon œuvre :

1. N'avoir pas de crainte pour l'avenir, ni d'idolâtrie pour le passé : quand on a peur de l'avenir, quand on craint d'échouer, on limite ses efforts. Mais un échec n'est que l'occasion de renouveler une tentative avec plus de sagesse : il n'y a pas de honte dans un échec honorable ; la honte,

c'est d'avoir peur d'échouer. Quant au passé, il ne peut servir qu'à fournir des indications pour les progrès de l'avenir.

2. Dédaigner l'esprit de concurrence. Quiconque fait quelque chose mieux que les autres devrait être seul à le faire. Il est criminel de tenter d'enlever des affaires à son voisin : criminel, parce que c'est vouloir, dans un intérêt personnel, diminuer la situation d'un autre, dominer par la force au lieu de l'intelligence.

3. Le sens du service rendu, de l'utilité générale, avant les bénéfices. Sans bénéfices, assurément, une affaire ne peut pas se développer ; il n'y a rien de foncièrement mauvais dans le fait de gagner de l'argent et une entreprise bien conduite ne peut manquer de donner des bénéfices, mais ceux-ci doivent être et sont nécessairement la récompense d'une utilité. Le profit ne doit pas être le point de départ, mais doit être le résultat des services rendus.

4. Ne pas réduire l'industrie au fait de vendre cher ce qu'on fabrique à bas prix. Elle consiste à se procurer les matières premières au prix convenable, à les transformer aux moindres frais possibles, en articles vendables, et à livrer ces articles aux consommateurs. Le jeu, la spéculation, la fraude ne peuvent qu'entraver la marche de ces opérations.

La production est nécessaire, mais c'est l'esprit qui l'anime qui compte surtout : la production qui satisfait à l'utilité générale est la conséquence inévitable d'un réel désir de faire œuvre utile. Les règles entièrement artificielles instituées pour la finance et l'industrie, et qui passent pour des lois, sont si fréquemment démenties que l'on voit bien que ce ne sont pas de bonnes suppositions.

L'assise de tout raisonnement économique, c'est la terre et

ses produits. Porter le rendement de la terre, sous toutes ses formes, à un développement et à une sûreté qui permettent d'en faire la base d'une véritable vie, de la vie qui ne consiste pas seulement à manger et à boire, c'est le plus haut degré d'utilité que l'on puisse atteindre. Voilà le véritable fondement d'un système économique.

Nous savons fabriquer. Le problème de la production a été brillamment résolu : nous sommes capables de produire par milliers les articles les plus variés. Le côté matériel de la vie est splendidement équipé et il y a aujourd'hui assez de procédés nouveaux et de perfectionnements tenus en réserve, n'attendant que d'être appliqués, pour donner à notre vie matérielle les satisfactions parfaites d'un nouvel âge d'or. Mais nous nous absorbons trop dans ce que nous faisons et ne pensons pas assez aux raisons que nous avons de le faire. Tout notre système de concurrence, tout notre effort de création, tout le jeu de nos facultés semblent dirigés uniquement vers la production matérielle et vers la richesse qui en est le fruit.

Il règne, par exemple, le sentiment qu'un individu ou un groupe peuvent réaliser un avantage aux dépens d'autres individus ou d'autres groupes : il n'y a rien à gagner à écraser qui que ce soit. Si le bloc des agriculteurs par exemple, écrasait le bloc des industriels, les agriculteurs s'en trouveraient-ils mieux ? Si le bloc des industriels écrasait les agriculteurs, les industriels s'en trouveraient-ils mieux ? Que gagnerait le capital à écraser le travail ? Ou le travail à écraser le capital ? Que sert à un industriel d'écraser un concurrent ? Non, la concurrence destructrice ne profite à personne. La concurrence qui a pour résultat la défaite du grand nombre et la domination des gens sans scrupule doit disparaître. Ce genre de concurrence manque des qualités qui font le progrès. Le progrès est fait d'une réalité généreuse, mais la mauvaise concurrence est égoïste : elle s'exerce pour l'avantage d'un individu ou d'un groupe. C'est une sorte de guerre, dont l'inspiration est dans le désir d'avoir quelqu'un. Tout cela est pur égoïsme. En d'autres termes, l'inspiration de cette concurrence n'est pas seulement le mérite que l'on a de produire, ni le désir de rendre des services, ni la saine ambition de réaliser une production scientifique ; tout ce qu'elle cherche, c'est d'éliminer du marché les rivaux et de le monopoliser en vue d'un bénéfice pécuniaire. Après quoi, on ne manque pas de fournir des articles de qualité inférieure.

Libérons-nous de cet esprit de concurrence destructrice, c'est se libérer en même temps de beaucoup d'idées toutes faites. Nous sommes beaucoup trop esclaves de vieilles méthodes et d'habitudes étroites et exclusives. Il nous faut plus de souplesse. Nous ne faisons parfois usage de choses que d'une certaine manière, nous envoyons certains biens que par un seul canal, et du jour où l'usage se ralentit, où cette destination est supprimée, nos affaires s'arrêtent du même coup et les tristes conséquences de la dépression industrielle se manifestent.

Voyez par exemple les grains : nous en avons aux États-Unis des millions et des millions de boisseaux dont on n'aperçoit aucun écoulement possible. Une partie sert à l'alimentation humaine et à celle des animaux, mais il en reste. Avant la prohibition des boissons alcoolisées, une certaine quantité de notre grain était distillée, ce qui n'était pas un emploi très avantageux des grains de bonne qualité. Cependant, durant de longues années, les céréales avaient été utilisées de ces deux façons, et quand un de ces deux marchés cessait de les absorber, quand les affaires allaient moins bien, l'écoulement des grains se ralentissait et les approvisionnements commençaient à s'accumuler de façon menaçante. C'est la fiction de l'argent qui entrave, en général, l'écoulement de ces stocks, mais même si l'argent ne manquait pas, il nous arriverait parfois de nous trouver dans l'incapacité de consommer les réserves de nourriture que nous possédons.

Quand les produits alimentaires deviennent trop abondants pour être consommés comme aliments, pourquoi ne pas essayer de leur trouver un autre usage ? Pourquoi ne se servir des grains que pour la distillation et la nourriture des porcs ? Pourquoi rester inerte, à se lamenter sur le désastre du marché des céréales ? N'y a-t-il pas d'autre façon de les employer que l'engraissement des porcs et la distillation ? Si, certainement. Il devrait y avoir pour les céréales tant d'usages possibles qu'il n'en restât que trop peu pour les moins importants. Il pourrait toujours y avoir moyen d'employer tout le grain sans gaspillage.

Il fut un temps où les agriculteurs s'en servaient comme de combustible, car il était alors abondant et le charbon était rare. C'était une façon grossière d'en disposer, mais elle contenait le germe d'une idée. Il y a du combustible dans les grains ; on en peut extraire de l'huile et de l'alcool à brûler, et il est grand temps que quelqu'un inaugure cette utilisation, pour donner un écoulement à nos stocks de céréales immobilisés.

Pourquoi n'avoir qu'une corde à son arc, au lieu de deux ? Si l'une casse, voici l'autre ! Si le marché aux porcs est languissant, pourquoi l'agriculteur ne ferait-il pas de son grain du carburant pour son tracteur ? Nous aurions besoin en tout d'une plus grande diversité de procédés. Le système des quatre voies appliqué partout ne serait pas une mauvaise chose. Notre système monétaire n'est qu'à une voie et c'est un bien beau système pour ceux qui le détiennent ; c'est un système parfait pour les financiers qui touchent les intérêts et dominent le crédit et qui sont littéralement les maîtres de l'organisation par laquelle l'argent est gagné et employé.

Qu'ils gardent leur système s'ils y tiennent. Mais le public commence à s'apercevoir qu'il est bien insuffisant dans les temps difficiles, car il bloque la voie et arrête la circulation.

S'il existe des mesures de protection spéciales pour les gros intérêts, il devrait bien y en avoir aussi pour le public en général. La diversité des moyens d'écoulement et d'emploi des disponibilités financières, telles sont les défenses les plus efficaces que nous pourrions avoir contre les crises économiques.

Il en est de même pour le travail. Il faudrait qu'il y eût des équipes volantes de jeunes gens prêts à se porter en cas de besoin aux champs, à l'usine, à la mine, au chemin de fer. Lorsque les feux de cent industries sont sur le point de s'éteindre à cause du manque de charbon, et lorsqu'un million d'hommes sont menacés de tomber en chômage, ce serait à la fois, semble-t-il, une bonne affaire et un acte d'humanité de la part d'un certain nombre de volontaires d'offrir leurs bras à la mine ou à la voie ferrée. Il y a toujours quelque chose à faire en ce monde, et il n'y a que nous autres hommes qui le puissions faire. Parfois le chômage est partout, et, au sens industriel, il n'y a rien à faire ; parfois le chômage n'existe que sur tel ou tel point. Mais il y a toujours en réalité quelque chose à faire. C'est cette vérité qui devrait nous inciter à nous organiser de telle sorte que ce qu'il y a à faire puisse être fait, et que le chômage fut réduit à son minimum.

Tout progrès débute de façon modeste et commence par l'individu, car la masse ne saurait être supérieure à la totalité des individus qui la composent. Le progrès commence donc par l'homme lui-même, quand celui-ci passe d'un intérêt à demi-éveillé au ferme propos de réaliser une idée, du tâtonnement à une méthode déterminée et sûre, de l'incertitude à la maturité du jugement, de l'apprentissage à la maîtrise ; quand il cesse d'être au travail un amateur pour devenir un homme qui éprouve à travailler une jouissance véritable, quand il n'est plus besoin qu'on le surveille pour qu'il fasse sa tâche mais qu'on peut s'en rapporter à lui, lui épargner la surveillance et les rappels à l'ordre. C'est de cela qu'est fait tout le progrès du monde. Mais ce progrès n'est pas facile. Nous vivons à une époque flasque où l'on fait croire aux gens que tout devrait se faire sans peine ; mais toute œuvre qui offre quelque intérêt donne toujours de la peine, et, plus haut on s'élève dans l'échelle des responsabilités, plus la tâche est difficile. Le repos doit avoir son tour, bien entendu. Tout homme qui travaille doit avoir sa part suffisante de loisir, doit avoir son fauteuil au coin d'un bon feu et autour de lui un cadre agréable. Il a droit à tout cela. Mais personne n'a droit au repos avant d'avoir achevé sa tâche.

Il ne sera jamais possible de combiner le travail avec un moelleux repos. Mais le travail est quelquefois plus pénible qu'il n'est nécessaire, et peut être allégé parfois par une sage direction. Il faut recourir à tous les procédés qui permettent à un homme de ne faire qu'un travail digne d'un homme et décharger le travailleur de tout ce qui peut être fait par la machine. Mais, en mettant tout au mieux, le travail est toujours le travail et quand on s'y met de tout cœur, on s'en aperçoit.

Et il n'est pas toujours possible de choisir son occupation. La tâche assignée est parfois inférieure à ce qu'on espérait. La véritable tâche d'un homme n'est pas celle qu'il aurait préférée, mais celle pour laquelle on le désigne. Il y a aujourd'hui plus de tâches impérieuses qu'il n'y en aura dans l'avenir, et tant que ces tâches existeront, il faudra bien quelqu'un pour y vaquer. Mais il ne faut pas que le travailleur soit pénalisé parce que son travail est petit. Car on peut dire en faveur de ces humbles occupations ce qu'on ne peut pas toujours dire de certaines autres dites à responsabilités : c'est qu'elles sont utiles, respectables et honnêtes.

Le temps est venu où le travail devrait être soulagé de ses corvées : les ouvriers ne se plaignent pas du travail, mais de l'élément corvée qu'il contient. Nous ne serons jamais tout à fait civilisés tant que nous n'aurons pas aboli le travail routinier dans le quotidien. C'est ce qu'opèrent jusqu'à un certain point les inventions nouvelles. Nous avons réussi dans une très large mesure à soulager l'ouvrier des tâches lourdes qui minaient ses forces, mais, en allégeant le travail de ce qu'il a de plus pénible, nous ne sommes pas encore parvenus à en faire disparaître la monotonie. Voici l'autre étape qui nous attend : l'abolition de la monotonie ; et, en essayant de la parcourir, nous découvrirons sans doute d'autres changements à apporter à notre système.

Il y a aujourd'hui plus d'occasions de travailler qu'il n'y en eut jamais, et aussi plus de chances d'arriver. Sans doute un jeune homme qui aborde aujourd'hui l'industrie entre dans une organisation très différente de ce qu'il eût trouvé il y a vingt ou vingt-cinq ans. Le système s'est resserré, il offre moins de jeu et de frottements ; moins de questions y sont laissées à la décision arbitraire de l'individu. Le travailleur moderne s'aperçoit qu'il fait partie d'une organisation qui ne lui laisse en apparence que peu d'initiative. Mais, en dépit de quoi, il n'est pas vrai que les hommes ne soient que des machines, que les chances de réussite aient disparu par l'effet de l'organisation. Si le jeune homme veut s'affranchir de ces idées et envisager le système présent tel qu'il est, il reconnaîtra que là où il croyait voir un obstacle, en réalité il trouve une aide.

L'organisation industrielle n'est pas un système imaginé pour empêcher la capacité de se développer mais pour réduire le gaspillage et les pertes causées par la médiocrité. Ce n'est pas pour empêcher l'homme ambitieux aux idées claires de faire de son mieux, mais pour empêcher le négligent et l'inerte de faire trop mal. Quand la paresse, l'insouciance, l'incurie ont la bride sur le cou, tout le monde en souffre, l'usine ne prospère pas et ne peut payer des salaires suffisants. Mais quand une organisation oblige les inertes à faire mieux qu'ils ne feraient naturellement, c'est pour leur bien : ils s'en trouvent mieux physiquement, moralement et pécuniairement. Quels salaires pourrait-on bien payer, si on abandonnait l'incurie à ses propres méthodes et à son train de production ?

Si l'organisation industrielle, en corrigeant un peu les défauts de la médiocrité, avait également pour effet d'abaisser le niveau de la capacité, elle serait un très mauvais, très mauvais système. Mais, alors même qu'un système est parfait, il a besoin d'individus capables pour le mettre, en œuvre. Nul système ne fonctionne de lui-même, et celui d'aujourd'hui exige pour fonctionner plus d'intelligence que les anciens. Il faut aujourd'hui plus d'intelligence que jamais, bien qu'elle ne s'exerce peut-être pas de la même façon qu'autrefois. Il en est comme pour la force motrice : autrefois chaque machine était actionnée par son moteur spécial ; la source de force était contiguë à la machine. Aujourd'hui, nous avons éloigné la force et l'avons concentrée dans l'usine de force motrice. Les meilleures intelligences sont dans l'usine de force mentale.

Toute entreprise qui se développe crée en même temps des situations nouvelles pour des hommes capables ; elle ne peut faire autrement. Cela ne veut pas dire que de nouvelles chances d'avenir s'offrent à tous chaque jour et en masse ; il n'en est rien. Elles ne se présentent qu'après beaucoup de travail, et c'est l'homme qui, tout en supportant la monotonie de la tâche quotidienne garde un esprit alerte et avisé qui finit par arriver aux postes de direction. Les facultés que l'on recherche dans les affaires ne sont pas l'éclat ni le brillant, mais les qualités solides et sérieuses qui sont une garantie. Les grosses entreprises ne marchent nécessairement que d'une allure lente et circonspecte. Un jeune homme doué d'ambition doit voir les choses de loin et donner aux événements une ample période de temps pour se réaliser.

Bien des choses vont changer. Nous allons apprendre à être les maîtres plutôt que les serviteurs de la nature. En dépit de toute l'habileté que nous nous supposons, nous dépendons encore dans une large mesure des ressources naturelles et nous ne nous imaginons pas qu'elles puissent être remplacées. Nous tirons du sol le charbon et les minéraux et nous abattons les arbres des forêts. Puis nous employons le charbon et le métal, et les voilà détruits. Quant aux arbres, il leur faut pour repousser plus que la durée d'une vie humaine. Mais un jour nous équiperons les sources de chaleur qui nous entourent et n'aurons plus besoin de charbon. Dès maintenant, nous produisons de la chaleur au moyen de l'électricité fournie par une chute d'eau. Nous perfectionnerons ce procédé. Par les progrès de la chimie, j'en suis tout à fait convaincu, on parviendra à découvrir le moyen de tirer des végétaux des substances plus durables que les métaux : c'est à peine si nous commençons à tirer parti du coton. On pourra fabriquer du bois meilleur que le bois qui pousse de la terre. Le véritable esprit d'utilité nous créera tout cela. Il faut seulement que chacun de nous joue sincèrement son rôle.

Tout est possible

Tout est possible... « La foi est la substance de ce que nous espérons, le garant de ce que nous n'avons point vu ».

Henry Ford

TABLEAU DE CONVERSION ENTRE LES MESURES ANGLO-AMERICAINES ET LES MESURES MÉTRIQUES

	mètre
1 Mile	1 609,315
1 Yard	0,91438
1 Pied	0,30479
1 Pouce	0,02540
	Mètre carré
1 Yard carré	0,8361
1 Pied carré	0,0929
1 Pouce carré	0,000645
	Litres
1 Bushel ou boisseau	36,347
1 Gallon	4,5435
	Kilogramme
1 Livre ou pound	0,45359
1 Ounce	0,02835
	MONNAIE
1 Dollar	5,18 francs or
1 Cent	1/100 de dollar

BONUS OFFERT

ENREGISTREZ VOTRE LIVRE

Recevez gratuitement une série de photographies au retraçant la vie d'Henry Ford en allant sur :

https://www.steevencadel.fr

Printed in Poland
by Amazon Fulfillment
Poland Sp. z o.o., Wrocław

94851941R00213